Knaur.

Über die Autorin:
Katharina Wulff-Bräutigam, geboren 1965, hat als Dokumentarfilmerin und Journalistin unter anderem bei Spiegel-TV und RTL gearbeitet. In ihren Dokumentarfilmen *Kinder der Erleuchtung* und *Aufgewachsen in der Sekte* verarbeitete die Autorin ihre eigene Geschichte. Katharina Wulff-Bräutigam lebt mit ihrer Familie in München.

Katharina Wulff-Bräutigam

Bhagwan, Che und ich

Meine Kindheit in den 70ern

Knaur Taschenbuch Verlag

Besuchen Sie uns im Internet:
www.knaur.de

Vollständige Taschenbuchausgabe Mai 2006
Knaur Taschenbuch.
Ein Unternehmen der Droemerschen Verlagsanstalt
Th. Knaur Nachf. GmbH & Co. KG, München

Umschlaggestaltung: ZERO Werbeagentur, München
Umschlagabbildung: Mauritius Images, Mittenwald
Satz: Ventura Publisher im Verlag
Druck und Bindung: Clausen & Bosse, Leck
Printed in Germany
ISBN-13: 978-3-426-77875-3
ISBN-10: 3-426-77875-0

2 4 5 3 1

Für meine Kinder
Jonas und Selina

Inhalt

Anmerkung der Autorin:
Einige Namen und Orte sind zum Schutz
der Privatsphäre geändert worden.

1
Demos statt Milupa-Brei

Ein großer dunkler Polizeiknüppel zischte haarscharf an mir vorbei und traf meine Tante Lieselotte am Kopf. Es geschah am 2. Juni 1967 auf der Schah-Demonstration in Berlin, auf die mich meine Eltern mitgenommen hatten. Wie Tausende von anderen Studenten folgten Mona und Peter dem Aufruf des AStA der FU Berlin und demonstrierten an diesem Tag vor der Oper gegen den Staatsbesuch des Schahs von Persien, gegen die gewaltsame Unterdrückung und Ausbeutung des iranischen Volkes. Schah Mohammed Resa Pahlewi war einer der erklärten Hauptfeinde der europäischen Linken, und entsprechend wurde sein autoritäres Regime angeprangert.

An diesem 2. Juni also war meine Tante Lieselotte bei uns zu Besuch in Berlin. Mit der linken Studentenbewegung hatte die ältere Dame nichts zu tun, doch aus Solidarität, wollte sie uns auf die Demonstration begleiten. Hätte sie geahnt, was sich dort zutragen würde, wäre ihre Entscheidung sicher anders ausgefallen. Die anfangs sehr friedlich verlaufende Demonstration eskalierte nämlich sehr schnell in gewaltsamen Zusammenstößen, die für mich – damals knapp zweijährig – als erschütternde Horrorszenen im Gedächtnis haften blieben. Ängstlich klammerte ich mich am Hals meines Vaters fest, der mich die ganze Zeit huckepack trug, und bekam in dem Gedrängel den einen oder anderen Stoß ab. Plötzlich brach Panik aus; einige Polizisten begannen mit ihren Knüppeln auf die Demonstranten einzuschlagen. Die aufbegehrenden Studenten sollten in die Enge getrieben werden, so dass sie am Ende ausweglos in einer Sackgasse landeten. Das war eine Anordnung des damaligen Regierenden Bürgermeisters Pastor Heinrich Albertz und für viele Polizisten eine willkommene Gelegenheit, ihren aufgestauten Frust abzulassen. Unerbittlich schlugen sie auf die Demonstranten ein – ohne Rücksicht auf Frauen und Kinder. Meine Mutter bekam es mit der Angst zu tun. Neben ihr brach eine junge Frau bewusstlos zusammen. Ein Polizist schlug hemmungslos auf sie ein. Mona versuchte mich in dem Gedrängel zu schützen, indem sie sich ganz dicht an meinen Vater drückte.

Panisch rannten meine Eltern in die Richtung, in die sie getrieben wurden. Wie ein nasser Sack hing ich am Rücken meines Vaters und konnte mich nur mit Mühe festhalten. Meine Tante Lieselotte hatte Schwierigkeiten, hinter uns herzukommen und verschwand mehrmals in der drängenden Menschenmasse. Wieder neben uns bekam sie plötzlich einen heftigen Schlag auf den Hinterkopf und schrie laut auf. Als sie schmerzverzerrt in sich zusammensackte, dachten meine Eltern schon das Schlimmste, doch dann zwang sie sich weiterzulaufen. Lieselotte erlitt eine leichte Gehirnerschütterung.

Am meisten Angst hatten meine Eltern vor den so genannten »Jubel-Persern«, den unscheinbar in Zivil auftretenden iranischen Geheimpolizisten, die noch erheblich aggressiver waren als die Berliner Polizei. Meinem Vater war

es unbegreiflich, wie der Regierende Bürgermeister die brutalen Eingriffe dieser Männer zulassen konnte. Seiner Meinung nach hätten die Demonstranten vor solchen gewalttätigen Schlägern geschützt werden müssen.
Der nächste Schock traf uns, nachdem wir einen halben Kilometer weitergerannt waren. Wie eine endlos verlaufende Gefängnismauer schnitt uns ein hoher Bauzaun den Weg ab. Wir waren hoffnungslos gefangen. Ich weiß nicht, was uns noch passiert wäre, wenn Peter nicht zufällig ein kleines Loch im Zaun entdeckt hätte, durch das wir flüchten und letztendlich über die Krumme Straße entkommen konnten. Eine Stunde später wurde hier der Student Benno Ohnesorg von einem jungen Polizisten von hinten erschossen. Meine Eltern waren völlig schockiert. Gegen prügelnde Polizisten konnte man sich ja vielleicht noch wehren, aber einen wehrlosen Menschen von hinten abzuknallen, das war in ihren Augen ein Staatsverbrechen. Und nun gingen sie erst recht auf die Straße.

Als Student der Theaterwissenschaften fühlte sich Peter in der Rolle des Pierrot am wohlsten. Mit steifem weißen Kragen, schwarzer Bommelmütze und aufgemalter Träne auf der Wange erschien er auf dem Faschingsfest im Hobbykeller eines Freundes – so verkleidet sah er Mona zum ersten Mal. Es war der 22. Februar 1964.
Sie saß an der Bar, und ihre katzenhaften, schwarz geschminkten Augen blitzten ihn herausfordernd an. Meine Mutter war mit ihren 20 Jahren eine bildschöne Frau mit starkem Sexappeal. Sämtliche Männer waren hinter ihr her; die meisten ließ sie aber abblitzen, denn sie war abenteuerlustig und wollte sich nicht fest binden. Mein Vater

war hingerissen von ihrer rassigen Schönheit: Lange dunkelbraune Haare umrahmten ihr ausdrucksstarkes Gesicht, und ihr bauchfreies Top betonte mit dazu passendem Glockenrock die weiblichen Formen.
Mona war der Star des Abends, und angesichts der vielen Verehrer, die sich um sie scharten, bereute Peter einen Moment lang seinen traurigen Aufzug als Pierrot. Trotzdem nahm er all seinen Mut zusammen und wagte es, Mona anzusprechen. Einen Trumpf hatte er ja in der Tasche. Peter war sehr redegewandt und hatte damit schon öfter bei Frauen Eindruck gemacht.
Vielleicht war es sein Witz, der Mona reizte, jedenfalls schien sie Interesse an meinem Vater zu finden. Peter konnte sein Glück nicht fassen. Als er später mit ihr tanzte, spürte er den Neid der anderen Männer und fühlte sich wie im siebten Himmel.
Mein Vater war damals 23 Jahre alt und keineswegs unattraktiv. Er hatte eine schlanke, sportliche Figur und feine Gesichtszüge. Vor allem aber hatte Peter viel Charme; er war humorvoll und verstand es, mit seiner romantischen Art die Frauen für sich zu gewinnen.
Ich glaube, meine Mutter verliebte sich in meinen Vater, weil er so anders war. Statt ihr ständig den Hof zu machen, wie es Mona gewohnt war, hielt sich Peter spürbar zurück. Es war wie ein Versteckspiel. Nie zeigte er Mona, was er für sie empfand. Bei ihrem ersten Treffen tat mein Vater so, als interessiere er sich gar nicht für sie. Peter nahm Mona auf eine Party seines Freundes mit. Nachdem er sie seinen Bekannten vorgestellt hatte, ließ er meine Mutter dann einfach links liegen. Den ganzen Abend amüsierte er sich und tanzte mit anderen Frauen; nur Mona

schenkte er kaum Beachtung. Sie schien ihm völlig egal zu sein. Meine Mutter war zutiefst verletzt. Sie erkannte nicht, dass es nur eine Taktik war. Wütend verließ sie die Party und beschloss, Peter ein für alle Mal zu vergessen. Doch der Kerl ging ihr nicht mehr aus dem Kopf. Als mein Vater sie ein paar Tage später anrief, um sich mit ihr zu verabreden, ließ sie sich wieder auf ihn ein.
Am meisten irritierte es meine Mutter, dass sich Peter fünf Monate lang weigerte, mit ihr zu schlafen. In der Regel gingen die beiden nach ihrem abendlichen Rendezvous zu Mona; sie wohnte zur Untermiete in die Hölderlinstraße in Charlottenburg. Nachdem sie meinen Vater spätabends erfolgreich in ihr Zimmer geschmuggelt hatte – die »Hausherrin« war nämlich sehr streng –, legten sie sich erst mal aufs Bett. Langsam zogen sie sich aus und küssten sich. Peter streichelte Mona am ganzen Körper und war höchst erregt – doch es passierte nichts. Mona war gekränkt, so lange hingehalten zu werden. Die beiden machten schier alles, zu dem eigentlichen Geschlechtsakt kam es allerdings nicht. So etwas war ihr noch nie passiert. Bis dahin hatten sich die Männer immer darum gerissen, mit ihr zu schlafen. War sie für Peter vielleicht nicht attraktiv genug? Nun beschlichen meine Mutter Selbstzweifel.
Mein Vater war ein Träumer, fast schon ein Illusionär; als begeisterter Leser von Kierkegaard und Schnitzler war er sehr romantisch veranlagt. Am liebsten spielte er den zurückhaltenden Liebhaber, der seine Gefühle nur in leidenschaftlichen Briefen zum Ausdruck brachte. Er hatte ein bestimmtes Bild von meiner Mutter, und daran hielt er fest. Mona war für ihn die Unnahbare, die er aus der Ferne

bewunderte und auf ein Podest stellte. Man hätte sie mit einer teuren Porzellanvase vergleichen können, die man nur ansehen, aber nicht berühren darf, da sie sonst zerbrechen könnte.
Im Grunde aber hatte Peter Angst, er könne Mona verlieren, wenn er mit ihr schlief. Schon öfter hatte mein Vater die Erfahrung gemacht, dass eine Leidenschaft erlosch, nur weil er mit dem Mädchen zu früh im Bett gelandet war. Bei Mona sollte das anders sein; sie war etwas ganz Besonderes für ihn.
Dass der ersehnte Liebesakt dann so ganz unvorbereitet in Grunewald unter freiem Himmel stattfand, ließ sich meine Mutter auch nicht träumen. Als meine Eltern eines Tages in einer Waldlichtung schmusten, konnte sich Peter nicht mehr zurückhalten und schmiss all seine guten Vorsätze über Bord. Ohne weiter nachzudenken, fiel er über Mona her. Das Ganze war alles andere als romantisch, doch Mona war überglücklich.

Meine Eltern führten in Berlin ein geradezu klischeehaftes Studentenleben. In der Szene galten sie als Traumpaar. Jeden Abend gingen sie aus und trafen sich mit ihren Freunden auf Partys oder hingen in Kneipen herum. Peter und Mona kannten viele Leute, waren beliebt und hatten Spaß.
Trotzdem unterschied sich ihr Leben in einem wesentlichen Punkt: Während Peter mit Begeisterung Theaterwissenschaften studierte, sich sein Geld aber nebenbei als Busschaffner verdienen musste, wurde Monas Studium der Innenarchitektur von ihrem wohlhabenden Vater finanziert.

Mona und Peter –
frisch verliebt

Peter teilte sich ein Zimmer mit einem Kumpel in einer achtköpfigen Männer-WG. Seine Bude war beliebter Treffpunkt sämtlicher Studentengruppen und vor allem nachts extrem laut. An Schlaf war kaum zu denken, deswegen übernachtete mein Vater gerne bei Mona. In den Armen seiner Liebsten schlief es sich tausendmal besser. Doch auch hier musste er jeden Morgen um 4 Uhr auf-

stehen, denn sein Job als Busschaffner begann um 5 Uhr. Während sich Peter also Nacht für Nacht aus dem Bett quälte, schlief Mona seelenruhig weiter. Für meinen Vater war das sehr hart. Nach seiner Frühschicht schleppte er sich dann um zehn Uhr morgens zur Vorlesung an der Uni, in der er regelmäßig einschlief.
Absehen von der allmorgendlichen Müdigkeit war mein Vater von seinem Studium besessen. Er kannte so gut wie jedes Theaterstück und ließ sich in Berlin keine Aufführung entgehen. Weil er für die vielen Theaterbesuche nie genug Geld hatte, musste er in dichtem Gedränge mit einem der billigen Stehplätze vorlieb nehmen. Jedes Wochenende stellte er sich die ganze Nacht lang an, auf einem kleinen Klapphocker draußen in der Kälte sitzend, um eine der begehrten Karten zu bekommen. Meiner Mutter war diese Tortur viel zu anstrengend; eine Tochter aus gutem Hause war Besseres gewöhnt. Das fing schon bei den Wohnverhältnissen an. Während Peter mit sieben anderen Junggesellen in einer eher schäbigen Studentenbude hauste, bewohnte Mona ein großes Zimmer in einer riesigen Altbauwohnung in Charlottenburg, die einer alten Dame gehörte. Neben ihrem Studium hatte sie auch einige gut bezahlte Jobs als Fotomodell und konnte sich deshalb – anders als Peter – einiges leisten.

»Sexuelle Revolution« war eine der Kernlosungen in der linken Studentenbewegung, und in diesem Sinne wollten auch meine Eltern leben. Alle sprachen von der freien Liebe. Traute Zweisamkeit? Das gab es nun nicht mehr, denn Treue galt als spießig, und man wollte ja ausbrechen aus der engen Adenauergesellschaft der muffigen fünfziger

Mona – kokett und verführerisch.
Sie genoss es, bewundert zu werden

Jahre – ganz nach dem Motto: »Wer zweimal mit dem Gleichen pennt, gehört schon zum Establishment.«
Die jungen Leute wollten anders leben als die Generation ihrer Eltern, die ihrer Meinung nach in verlogenen, scheinheiligen Ehen ein tristes Dasein führten. So war es nun bei den Berliner Studenten angesagt, mehrere Liebhaber zu haben. Jeder konnte sich ohne Gewissensbisse einen Seitensprung erlauben. Auch Mona, die anfangs etwas skeptisch war, ließ sich von Peter davon überzeugen. Er erklärte ihr das Ganze so: »Weißt du, bevor diese bürgerlichen Eifersüchtelein aufkommen, lass uns lieber realistisch sein. Es wird sowieso der Punkt kommen, da ver-

knallen wir uns mal in jemand anderen und wollen mit demjenigen ins Bett gehen. Dann sollten wir das auch machen, denn wenn unsere Liebe keinen Seitensprung aushält, dann war es sowieso nichts. Wir wissen doch, dass wir zusammengehören, auch wenn wir mal fremdgehen.«

So zurückhaltend Peter bei seiner geliebten Mona anfangs auch war, bei anderen Frauen hatte er weniger Berührungsängste. One-Night-Stands konnten ihm ja nicht gefährlich werden.

Mona, die alles andere als ein schüchternes Mauerblümchen war, liebte es, im Mittelpunkt zu stehen und von vielen Männern umgarnt zu werden. Während sie gerne mit dem anderen Geschlecht flirtete und gelegentlich auch mehr zuließ, wurde sie sehr eifersüchtig, wenn Peter ernsthaft mit einer anderen Frau zugange war. Sie bemühte sich zwar, dem neuen Trend der sexuellen Freiheit zu folgen, hatte aber enorme Schwierigkeiten damit. Im Grunde ihres Herzens fand Mona diese freie Einstellung verlogen. Zumindest konnte sie es nicht ertragen, wenn mein Vater sich für eine andere Frau interessierte.

Trotz seiner kleinen Abenteuer war Mona Peters große Liebe. Nie hätte er sie wegen einer anderen verlassen. Einmal war er mit Mona auf einer großen Party eines Studienkollegen. Sie blieben aber nicht den ganzen Abend zusammen, sondern machten dort ihre eigenen Bekanntschaften. Es dauerte nicht lange, da wurde Peter auch schon von einem attraktiven Mädchen angesprochen. Sie dachte, er wäre allein, und sah ihre große Chance bei ihm. Peter, der gerne mit schönen Frauen flirtete, ließ sich auf das Mädchen ein und fing an, mit ihr zu schmusen. Für seine Begriffe hatte sie zwar fühlbar wenig Busen, doch für eine Nacht war sie sicher eine heiße Nummer. Da auch Mona gerade intensiv mit einem anderen Typen beschäftigt war, bot er dem Mädchen an, sie mit dem Taxi nach Hause zu fahren. Im Gegensatz zu Peter nahm das Mädchen die Geschichte allerdings ernst. Im Taxi fragte sie ihn gleich: »Es ist wirklich nett, dass du mich nach Hause begleitest. Können wir uns morgen wieder treffen?« Da merkte Peter, dass sie eine feste Bindung wollte, und sagte ihr offen ins Gesicht: »Nee, du, eine feste Freundin habe ich schon, aber ich würde gerne die Nacht mit dir verbringen.« Daraufhin kassierte mein Vater eine Ohrfeige und wurde aus dem Taxi geschmissen.

Wäre es nach meinen Eltern gegangen, hätte das Leben ewig so weitergehen können, doch es kam anders. Nach einem Jahr wurde Mona mit mir schwanger. Es war ein Schock für sie, denn sie hatte sich fest vorgenommen, nach Amerika auszuwandern, um dort als Innenarchitektin Karriere zu machen. Trotzdem: Eine Abtreibung kam für sie nicht in Frage. Auch Peter freute sich auf ein Baby und überzeugte meine Mutter, dass sie das zusammen schon schaffen würden. Doch so leicht ging es nicht. Monas Eltern waren entsetzt – ein uneheliches Kind! – und bestanden darauf, dass die beiden heirateten. Obwohl Peter nicht im Geringsten den Ansprüchen meines Großvaters entsprach, musste dieser ihn wohl oder übel als Schwiegersohn akzeptieren; das gesittete Familienleben war ihm heilig. Mona blieb also nichts anderes übrig, als sich dem Willen ihrer Eltern zu beugen, und heiratete meinen Vater – mit gemischten Gefühlen. Auf ihrer eigenen Hochzeit war

sie todunglücklich. Nie wieder würde sie so ein Leben führen können wie bisher. Ab jetzt würde ein anderer Wind wehen. Das unbeschwertes Lotterleben war vorbei; stattdessen würde sie in ein enges, biederes Familienleben gepresst werden. Diese und andere Gedanken gingen ihr durch den Kopf. Mona fühlte sich kontrolliert. Alle um sie herum waren ihr fremd, selbst ihr eigener Ehemann. Als die Hochzeit vorbei war, brach es aus ihr heraus. Meine Mutter verfiel in einen furchtbar langen Heulkrampf.
Auch für Peter war die Hochzeit kein Freudenfest. Als Mona losheulte, krampfte sich alles bei ihm zusammen. Sollte das der Ausdruck von Glück sein – bis dass der Tod uns scheidet? Meinem Vater war sehr mulmig zumute. Monas Lebensplanung hätte ihn alarmieren müssen. Meine Mutter wollte schon immer die große weite Welt entdecken. Die Schwangerschaft hatte ihr einen Strich durch die Rechnung gemacht.

Am 15. August 1965 wurde ich geboren – nicht gerade als Wunschkind. Mona fühlte sich mit ihrer neuen Rolle als Mutter von Anfang an überfordert. Nachdem sie mich sechs Wochen lang gestillt hatte, fasste sie schweren Herzens den Entschluss, mich für ein Jahr nach München zu ihrer Mutter und ihren beiden Schwestern zu bringen, um ihr Studium in Berlin zu beenden. Es war nicht leicht für sie, sich von mir zu trennen und mich in einer anderen Stadt abzugeben. Trotzdem brachte sie es übers Herz. Anfangs musste Mona viel weinen und hatte arge Gewissensbisse, wenn sie an mich dachte. Sie befand sich in einem Zwiespalt. Einerseits hatte sie große Sehnsucht nach mir, andererseits war ihr das Studium aber doch wichtiger.

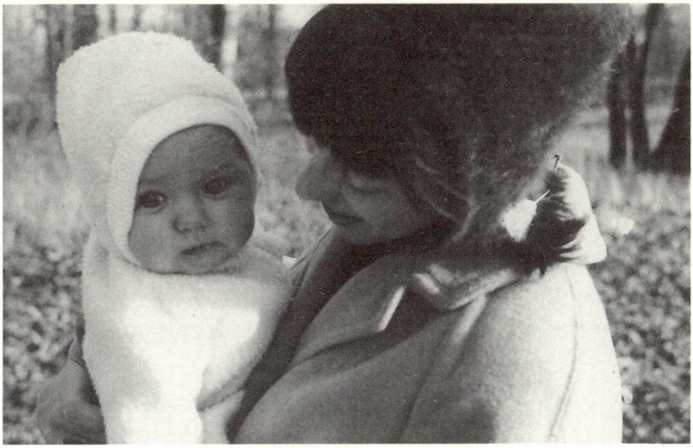

Mütterliche Fürsorge – während meines ersten Lebensjahres eine Ausnahmesituation

Mona wollte auf keinen Fall als frustrierte Hausfrau enden, sondern sich in ihrem Beruf behaupten können und Karriere machen.

Nicht nur für Mona war es hart, auch ich litt sehr unter der Trennung. Erst viele Jahre später habe ich begriffen, was der frühe Verlust meiner Mutter für mich bedeutete. Diese Trennung riss mir den Boden unter den Füßen weg. Schon sechs Wochen nach meiner Geburt verlor ich jeglichen Halt. Das für einen Säugling selbstverständliche und lebenswichtige Gefühl der mütterlichen Zuwendung, der Wärme und Geborgenheit hatte ich urplötzlich verloren. Natürlich hatte ich auch von meiner Oma und meinen beiden Tanten viel Liebe und Wärme bekommen. Doch ich wurde zu viel hin und her gereicht, um zu einer von ihnen ein tiefes Vertrauensverhältnis aufbauen zu können. Ich war das »Familienkind«, das nicht wusste, wohin es gehörte. Wenn meine Mutter gelegentlich zu Besuch nach München kam, war sie mir fremd. Nie wollte ich von ihr auf den Armen getragen werden.

Während ich in München lebte, wurden meine Eltern in Berlin immer mehr von der Studentenbewegung aufgesogen. Der neue Zeitgeist erfasste viele junge Leute. Es galt, die kleinkarierte Spießbürgerlichkeit zu bekämpfen und die alten Zöpfe radikal abzuschneiden. Neue Modelle sollten die althergebrachten Lebensformen ablösen. Die Jugend war in Aufbruchsstimmung und hielt dem verhassten Establishment Mao Tse-tung und Che Guevara als revolutionäre Ikonen entgegen. Für meine Mutter war das sehr spannend, denn zum ersten Mal rebellierten die Jugendlichen gegen festgefahrene Regeln und aufgeplusterte Autorität. Aber auch gegen den bedingungslosen Gehorsam der Nachkriegsgesellschaft wurde demonstriert. Und wie Mona wollten viele jungen Leute ihre Persönlichkeit frei entfalten.

Obwohl meine Mutter kein besonders politischer Mensch war, ließ sie sich von Rudi Dutschke und Fritz Teufel, den Leitfiguren des Sozialistischen Deutschen Studentenbundes (SDS), sehr beeinflussen. Sie ging auf jede Veranstaltung, bei der Dutschke oder Teufel einen Vortrag hielten. Mona war begeistert von den beiden. Sie hatten nicht nur eine bewundernswerte Ausstrahlung, sondern aus ihrer Sicht auch ein fundamentales Wissen. Aber auch Ulrike Meinhof fand meine Mutter toll. Zusammen mit Andreas Baader hielt die Kolumnistin der Zeitschrift *konkret* auf einigen Sit-ins gesellschaftskritische Reden. Mona bewunderte die Mutter zweier Kinder, die sich mit einer sol-

chen Power für eine bessere und gerechtere Welt einsetzte. In ihren Augen strahlte Ulrike Meinhof eine enorme Stärke und unerschütterlichen Mut aus.
Da Peter wegen seiner Doktorarbeit ein halbes Jahr nach Wien ging, war Mona viel allein unterwegs. Meine Eltern führten also eine klassische Wochenendbeziehung und fühlten sich wieder so frei wie in ihrer ersten »Honeymoon-Zeit« vor der Ehe. Mein Vater engagierte sich zwar nicht ganz so stark in der linken Szene wie Mona, er bekämpfte aber auch die veralteten Strukturen an den Hochschulen. Die Universitäten waren noch durchdrungen vom undemokratischen Geist der hehren Wissenschaft. Wie viele Studenten wehrte sich auch mein Vater gegen die elitäre Abgehobenheit, gegen die völlig veralteten, lebensfernen Lehrinhalte. Der Protest flammte in den Hörsälen auf – und auf der Straße.

Als meine Mutter nach einem Jahr nach München kam, um mich nach Berlin zu holen, sträubte ich mich zunächst. Wer war diese fremde Frau, die ihre Hände ausstreckte und mich auf den Arm nehmen wollte? Ich hatte doch schon eine Mama, und das war meine Tante Conny, die jüngere Schwester meiner Mutter. Nach dem Tod meiner Großmutter verbrachte ich die letzten Monate bei ihr. Endlich hatte ich einen Halt gefunden, und jetzt sollte ich schon wieder weggerissen werden.
Conny war ratlos, als ich mich wie ein Äffchen an sie klammerte und nicht loslassen wollte. Mein Verhalten war ihr peinlich. Deswegen fragte sie ihre Schwester Mona: »Möchtest du das Bobbele vielleicht mal wickeln?« Doch Mona antwortete nur: »Ach nein, mach du das mal

lieber. Du kennst dich doch inzwischen viel besser aus mit ihr.«

Meine Mutter und ich waren uns fremd und hatten massive Schwierigkeiten, zueinander zu finden. Mona hatte offenbar Angst vor meiner Ablehnung und reagierte entsprechend unsicher. Aber auch ich fürchtete mich – ich hatte Angst vor dieser Frau, die ich nicht kannte und die mich mitnehmen wollte. Am schlimmsten war es jedoch für meine Tante Conny, weil sie mich im Laufe des Jahres so lieb gewonnen hatte, dass es ihr fast das Herz brach. Beim Abschied weinte sie bitterlich.

Während ich in München unter der Obhut meines Großvaters eher streng erzogen worden war, hatte ich in Berlin nun auf einmal zwei Revoluzzer als Eltern, die die bürgerliche Kleinfamilie radikal ablehnten. Statt der strengen Regeln, die ich schon als Einjährige befolgen musste, vermittelten mir meine Eltern nun einen unkonventionellen, recht wilden Lebensstil. Da meine Mutter das Hausfrauendasein hasste, waren wir ständig unterwegs. Zu den verschiedenen Veranstaltungen, den »Go-ins«, »Sleep-ins«, «Teach-ins« und »Love-ins«, die Mona besuchte, nahm sie mich einfach mit. Ganz selbstverständlich breitete sie in einer Ecke des Raumes eine Krabbeldecke aus und ließ mir »freien Lauf«. Die Beschwerden eingefleischter Theoretiker und politischer »Weltverbesserer«, die nichts mit Kleinkindern anfangen konnten, ignorierte sie mit erstaunlicher Gelassenheit.

Auch auf Demonstrationen wurde ich mitgenommen. Die Stimmung war meistens gut, denn von den protestierenden Studenten ging ein so unglaublicher Enthusiasmus aus, dass der Missmut der anwesenden Polizisten fast völlig überspielt wurde. Manchmal kippte die Stimmung aber auch jäh um, und es kam zu heftigen Zusammenstößen. Dann verzog sich meine Mutter mit mir schnell an den äußersten Rand der Menschenmenge. Schließlich waren die schmerzhaften Einsätze der Wasserwerfer oder die Knüppelschläge der Polizisten nicht zu unterschätzen. Mona hatte in der Studentenszene auch einige Freundinnen mit Kindern kennen gelernt. Bei politischen Veranstaltungen schlossen sie sich immer zusammen. Für uns Kinder hatte es den Vorteil, dass wir uns nicht mehr so langweilten, und unsere Mütter konnten sich die Verantwortung teilen. Auf den Demonstrationen waren wir meistens eine Gruppe von fünf Müttern mit Kindern, die sich am äußersten Ende des Menschenzuges aufhielt. Wir bekamen dort hinten zwar nicht ganz so viel mit wie vorne, waren aber aus der Schusslinie, wenn es gefährlich

Mona mit Freunden auf einer Vietnam-Demo

wurde. Einmal sah ich, wie ein junger Mann von einigen Polizisten mit aller Gewalt in einen Polizeibus gezerrt wurde. Ich hatte keine Ahnung, was er angestellt hatte, aber allein wie er von den Polizisten behandelt wurde, machte mir Angst. Er wehrte sich mit Händen und Füßen gegen die brutalen Handgriffe der Ordnungshüter, hatte aber keine Chance gegen sie.

Es gab auch mal eine sehr schöne Demonstration: die von Fritz Teufel organisierte »Friedensdemo«. Nach dem Vorbild der »Blumenkinder« aus der Hippiebewegung in Kalifornien sollten die Frauen alle reich mit Blumen geschmückt sein und mit Sträußen auf die Polizisten zugehen. Das Motto lautete »Liebe und Frieden statt Kampf und Aggression«. Und es war wie ein Wunder, der Plan funktionierte. Die Polizisten waren sichtlich verwirrt von der herzlichen Ausstrahlung der Demonstranten. So etwas hatten sie noch nicht erlebt. Wie angewurzelt standen sie da und nahmen verlegen die Blumensträuße der Frauen entgegen. Statt lauter Agitation kam mitreißende Musik aus den Lautsprechern. Alle tanzten wie verrückt und umarmten sich innigst. Es herrschte ein unglaubliches Zusammengehörigkeitsgefühl unter den Demonstranten. Auch wir Kinder hatten sehr viel Spaß. Wir fassten uns bei den Händen und tanzten wild im Kreis herum. Als uns so schwindelig wurde, dass wir nur noch schwarz sahen, ließen wir uns lachend auf den Boden fallen. Es war eine irre Stimmung. Mona war als Blumenkind verkleidet und hatte sichtlich Spaß daran, die verklemmten Polizisten zu bezirzen. Durch ihrer offene, enthusiastische Art schaffte sie es tatsächlich, einige von den stoischen Herren mitzureißen. Meine Mutter ergriff einfach die Hände der uniformierten

Männer und forderte sie zum Tanz auf. Fast keiner konnte ihr widerstehen.

Der wohl herausragendste Auslöser für die Protestaktionen der Studenten war der Vietnamkrieg. Auch meine Eltern protestierten gegen die amerikanische Kriegsführung, der Hunderttausende vietnamesischer Zivilisten zum Opfer fielen. Die Kritik richtete sich vor allem gegen den flächendeckenden Einsatz chemischer Kampfstoffe und gegen das Massaker von My Lai, bei dem ein ganzes Dorf von US-Truppen auf grausamste Weise ausgelöscht wurde.

In Berlin gab es mehrere Demonstration gegen den Vietnamkrieg. Auch ich war einmal dabei. Zusammen mit meiner Mutter und vielen anderen lief ich den Ku'damm entlang und skandierte begeistert: »Ho-Ho-Ho Chi Minh«, ohne zu wissen, was der Name bedeutete. Ich war dermaßen angesteckt von dem leidenschaftlichen Eifer der anderen rings um mich herum, dass ich lauthals mitschrie. Nur eines nervte mich ein bisschen: Im dichten Gedränge konnte ich aus meiner Kinderperspektive nur auf hektisch laufende Beine blicken und knallte regelmäßig gegen ein großes Plakat, das mein Vordermann genau auf meiner Augenhöhe trug.

Der Protest meiner Eltern gegen den Vietnamkrieg wurde von meinem Onkel Erich, Peters Bruder, bestärkt. Er arbeitete für die deutsche Entwicklungshilfe als Arzt in Vietnam. Immer wenn er uns während seines Heimaturlaubs besuchte, berichtete er von grausamen Kriegserlebnissen und Furcht erregenden Machenschaften der US-Armee. Sein Engagement galt immer mehr der vietnamesischen Bevölkerung. Heimlich behandelte er Mitglieder des Vietkong, die vom kapitalistischen Regime gefoltert worden waren. Eines Tages deckte Erich einen politischen Skandal auf. In Vietnam waren zu der Zeit 80% der Bevölkerung Buddhisten. Der südvietnamesische Diktator Ngo Ding Diem, der von den Amerikanern unterstützt wurde, war hingegen Katholik. Aus politischem Kalkül hatte er anlässlich des traditionellen buddhistischen Feiertags jegliche Art von Feierlichkeiten verboten – ein unfassbarer Skandal für die vietnamesische Bevölkerung, denn dieser Feiertag war heilig. Da die Bevölkerung das Verbot nicht hinnehmen wollte, gab es im ganzen Land Proteste. Diem ließ sofort Panzer auffahren, die wahllos in die aufgebrachte Menge schossen. Mein Onkel Erich, der sich auch auf der Straße in Saigon aufhielt, sah, wie ein Panzer acht unschuldige Kinder niederwalzte. Nach außen wollte das südvietnamesische Regime den Vorfall vertuschen, doch Erich hatte die toten Kinder heimlich fotografiert und die Fotos später als Beweismaterial nach Deutschland geschmuggelt.

Als mein Onkel den Vorfall an der deutschen Botschaft publik machen wollte, gab man ihm zu verstehen, dass sein Engagement nicht erwünscht sei. Man wolle Ärger mit den USA vermeiden. Schließlich werde Ngo Ding Diem von den Amerikanern unterstützt, und Deutschland sei von den USA abhängig. Doch Erich ließ nicht locker, auch dann nicht, als man drohte, ihm die finanzielle Unterstützung als Arzt der Deutschen Entwicklungshilfe zu entziehen. Ein Jahr später veröffentlichte er unter dem Pseudonym Georg Alsheimer das Buch *Vietnamesische Lehrjahre*, in dem er all sein geheimes Wissen über den

Vietnamkrieg preisgab. Das Buch wurde ein Bestseller. In der Folgezeit galt »Alsheimer« bei den linken Studenten als Held und wurde auch vom SDS als mutiges Vorbild angesehen.
So ehrenvoll Erichs Engagement als Arzt und Kriegsgegner in Vietnam auch war, privat war mein Onkel ein echter Weiberheld, der sich kein Techtelmechtel mit einer attraktiven Frau entgehen ließ. Nach monatelanger harter Arbeit mitten im Dschungel Vietnams hatte Peters älterer Bruder verständlicherweise einen Heißhunger auf Liebe; er sehnte sich nach der Zärtlichkeit einer Frau. So machte meine Mutter einen Deal mit ihm. Immer wenn uns Erich in Berlin besuchte, stellte ihm Mona eine nette Freundin vor, die gerne bereit war, mit dem bekannten »Alsheimer« ein kleines Abenteuer zu erleben. Mein Onkel genoss diese kurzen Urlaubsaffären, und es störte ihn nicht, dass er dabei so manche Herzen brach.

Im August 1967 kam mein Vater aus Wien zurück und wurde wieder ein festes Mitglied unserer Kleinfamilie. Natürlich bedeutete dies für meine Eltern eine ziemliche Umstellung, denn sie waren es bis dahin gewöhnt, allein zu leben. Zum Glück hatten sie jedoch genug Ablenkungen, um dem Alltagstrott zu entgehen – sprich: Sie lebten ihre Bedürfnisse aus, wie alle Achtundsechziger. Meine Eltern waren jung, unternehmungslustig und wollten vor allem eines: eine neue, bessere Welt schaffen. Eine Welt, in der alle Tabus fielen. Partys und Drogen gehörten dazu, Kinder allerdings weniger. So war es für Peter und Mona nur verständlich, dass sie auf Feste gingen und mich allein zu Hause ließen. Im Grunde war das kein Problem für mich, denn ich war schon mit vier Jahren sehr selbstständig. Trotzdem machte ich es meiner Mutter nie leicht. Es kam öfter vor, dass mich Mona abends ins Bett brachte und mir erst kurz vorm Einschlafen erklärte: »Nüdelchen ...« – so nannte mich meine Mutter immer, wenn sie etwas von mir wollte – »... also, ich und der Papi, wir gehen noch mal kurz weg. Wenn wir zurückkommen, schläfst du schon tief, und dann komm ich noch mal zu dir und gebe dir einen dicken Kuss, ja?« Ich protestierte dann heftig: »Ich will aber nicht, dass du mit dem Papi weggehst.« Darauf entgegnete meine Mutter: »Ach Katharina, jetzt stell dich nicht so an. Wir sind doch gleich wieder da. Ich bringe dir auch was Schönes mit.« Nach einer Weile gab ich mich geschlagen und stellte mich schlafend. Sobald meine Eltern weg waren, stand ich wieder auf und untersuchte die Küchenschränke nach etwas Süßem. Nachdem ich fündig geworden war, setzte ich mich vor den Fernseher und genoss das Gefühl, etwas Verbotenes zu tun. Es war ein trotziges, wohliges Gefühl, so als wollte ich mich mit dieser verbotenen Tat an meinen Eltern rächen.

Als ich eines Nachts mal wieder allein vor dem Fernseher saß, zog ein heftiges Sommergewitter auf. Wegen der stickigen, schwülen Luft hatte meine Mutter die Fenster offen gelassen. Während der Regen laut herunterprasselte, schlug der tobende Wind die Fenster heftig auf und zu. Es donnerte und blitzte in ohrenbetäubender Lautstärke. Ich war damals vier Jahre alt und hatte fürchterliche Angst. Verzweifelt versuchte ich die Fenster zu schließen, doch gegen den starken Wind kam ich nicht an. Panisch rannte ich im Nachthemd auf die Straße, um meine Mutter zu suchen. Weit und breit war keine Menschenseele zu sehen. Da kam mir plötzlich im strömenden Regen ein fremder Mann entgegen und fragte mich: »Wo willst du denn hin?« Ich schluchzte: »Zu meiner Mama.« Da ich noch nicht weit von zu Hause entfernt war, zeigte ich dem Fremden unser Haus. Der Mann klingelte bei den Nachbarn, die verschlafen aufmachten und mich mitleidig anguckten. Dann nahmen sie mich bei sich auf, gaben mir Süßigkeiten und ließen mich königlich in ihrer Bettritze schlafen. Obwohl ich das Ehepaar kaum kannte, fühlte ich mich wie im siebten Himmel. Vorher hatten die Nachbarn noch an unsere Haustür einen Zettel gehängt »Ihre Tochter ist bei uns, Müller«. Peinlich berührt holte mich meine Mutter am nächsten Morgen bei ihnen ab. Es war ihr sichtlich unangenehm. Als sie aber sah, wie glücklich die Müllers über meinen Besuch waren, hatte sie fast kein schlechtes Gewissen mehr.

Ich fand den Aufenthalt bei unseren Nachbarn so schön, dass ich mich jedes Mal, wenn meine Eltern abends weg waren, auf die Treppe im Hausflur setzte und wartete, bis jemand vorbeikam. Sobald ein Hausbewohner auftauchte, fragte ich ganz unverschämt, ob ich mit ihm in die Wohnung gehen könne. Meistens wurde ich zwar nur verblüfft angeschaut und dann kopfschüttelnd sitzen gelassen, aber manchmal ging mein Wunsch auch in Erfüllung.

In den Kreisen meiner Eltern war es völlig normal, uns Kinder abends allein zu lassen. Sie sahen darin keinen Grund, sich schämen zu müssen. Im Gegenteil. Wir Achtundsechziger-Kids wurden regelrecht dazu erzogen, allein zurechtzukommen. Ich persönlich war mit meinen Gefühlen allerdings im Zwiespalt. Einerseits hatte ich es genossen, wenn meine Eltern abends weggingen, denn dann konnte ich ja tun und lassen, was ich wollte, und bekam nicht ständig zu hören: »Jetzt geh endlich ins Bett!«; andererseits fühlte ich mich in solchen Situationen aber auch einsam und sehnte mich nach einem behüteten Familienleben.

Kurz vor Abschluss seiner Dissertation über »Berlin – Wien um die Jahrhundertwende anhand eines Wiener Theaterkritikers« fand mein Vater zusammen mit anderen Studenten heraus, dass sein Doktorvater ein Nazi gewesen war. Er hatte sich im Dritten Reich durch eine systemtreue »wissenschaftliche« Arbeit hervorgetan und nach dem Krieg seine Karriere bruchlos fortsetzen können. Für die antifaschistisch eingestellten Studenten war das natürlich ein gefundenes Fressen. Die Enthüllung führte zu einem Skandal, worauf dem Mann kurzerhand gekündigt wurde. Für meinen Vater bedeutete das allerdings das vorzeitige Ende seiner Doktorarbeit; ein schwerer Schlag, denn er hatte mehrere Jahre darin investiert. Zum Glück fand sich dann doch noch ein Professor in München, der sich seiner Arbeit annehmen wollte. Nur hatte der neue Professor ganz andere Vorstellungen von der Thematik seiner Arbeit, und das bedeutete, dass Peter vieles komplett überarbeiten musste, obwohl er doch schon fast fertig war. Schließlich war mein Vater so frustriert wegen der Schikanen dieses Mannes, dass er sein Studium kurz vor seinem Abschluss hinschmiss.

2

Offen für ein Experiment

1969 zogen wir nach München und machten dort unsere erste Erfahrung in einer Wohngemeinschaft. Peter hatte zwar schon in Berlin in einer Männer-WG gelebt, der Alltag verlief dort aber sehr anonym, und das Zusammenleben entsprach eher einer Zweckgemeinschaft. In München sollte das nun anders werden. Hier wollten meine Eltern bewusst eine neue Lebensform ausprobieren. Ihr Ziel war es, mit anderen gemeinsam etwas aufzubauen, sich gegenseitig zu unterstützen und harmonisch zusammenzuleben. Diese Form von Wohngemeinschaft war eine neue Einrichtung der Linken und zu dieser Zeit noch kaum verbreitet. Für Peter und Mona war die Gründung einer WG eine echte Herausforderung, schließlich mussten sie sich intensiv auf neue Leute einlassen. Sie hatten aber das Kleinfamilienleben satt und waren offen für Experimente. Zusammen mit zwei flüchtigen Freunden aus München wagten sie den Schritt, in eine große Altbauwohnung in der Ungererstraße in Schwabing zu ziehen.

Unsere neue Wohnung in München stand die ersten Monate so gut wie leer, weil keiner Geld für die Anschaffung von Mobiliar hatte. Meine Mutter hatte zwar einen wohlhabenden Vater, doch streng wie dieser war, verlangte er von seiner ältesten Tochter, dass sie nach ihrem Studium selbst für ihren Unterhalt aufkommen müsse. Mona arbeitete zwar noch gelegentlich als Model, doch damit kamen wir nicht weit.

Im Zimmer meiner Eltern lag eine große Matratze, daneben stand eine umgedrehte Apfelsinenkiste als Betttischchen; ansonsten war der Raum leer. Nur auf dem Boden stapelten sich überall Bücher.

Kisten aller Größen dienten uns als Tische und Stühle. Nur in der Küche befand sich ein großer Holztisch mit richtigen Stühlen, den meine Mutter vorzeitig von ihrer Großmutter geerbt hatte. Die restliche Wohnungseinrichtung kam überwiegend vom Sperrmüll. Da meine Mutter Innenarchitektur studiert hatte, verstand sie es, die Wohnung trotz spärlichster Mittel schön einzurichten. Teure Designer-Möbel kamen für meine Eltern schon deshalb nicht in Frage, weil sie sich bewusst abheben wollten von bürgerlichen Lebensformen, die Ausdruck einer kapitalistischen Wohlstandsgesellschaft waren.

Schon bald fand Mona mit Hilfe ihres einflussreichen Vaters, der in München als leitender Stadtplaner arbeitete, eine Festanstellung als Innenarchitektin. Anfangs fühlte sie sich in der bayrischen Hauptstadt gar nicht wohl. Während in Berlin die Post abging, glich München eher einem verschlafenen Nest. Sie kannte hier auch nur wenig Leute, mit denen sie etwas anfangen konnte. Weil sie sich politisch weiter engagieren wollte, schloss sie sich der linksorientierten Studentengruppe KPD-ML an, einem Ableger des SDS, der sich die Verbreitung der mar-

*Raus aus der WG –
Ausflug aufs Land*

xistisch-leninistischen Lehre auf die Fahne geschrieben hatte. In dieser Gruppe gab es außer meiner Mutter nur Studenten. Sie war also die erste »Werktätige«, die es zu »bearbeiten« galt, denn die studentischen Aktivisten wollten in erster Linie die arbeitende Bevölkerung agitieren. Zweimal die Woche kam ein »Studentenheini« zu uns in die Wohnung, der meiner Mutter stundenlang Privatunterricht im Marxismus-Leninismus gab. Für mich waren diese Unterrichtsstunden todlangweilig. Vom Marxismus verstand ich sowieso nichts, nur eines registrierte ich sehr: Diese Typen nahmen jedes Mal meine Mutter in Beschlag. Andauernd nörgelte ich: »Wie lange dauert das denn noch? Mami, wann spielst du was mit mir?«
So eifrig diese MLer auch waren, mit Kindern konnten sie gar nichts anfangen. Völlig irritiert von meinen ständi-

gen Unterbrechungen, versuchten sie mich zusammen mit meiner Mutter zur Ruhe zu bringen. Vergeblich. Schon nach einigen Sitzungen waren sie so genervt, dass sie freiwillig das Feld räumten. Bingo!

Usch und Wolf, die mit uns zusammenlebten, waren ein ziemlich verrücktes Paar. Usch war 25 Jahre alt und eine für die damaligen Verhältnisse sehr ungewöhnliche Frau. Allein ihre Kleidung war flippig genug, um Anlass für öffentliches Ärgernis zu geben. Schon als Kind rebellierte sie gegen alles Angepasste und trug zum Ärger ihrer Mutter die Hosen immer linksherum. Auch ihr Freund Wolf war alles andere als angepasst und der bürgerlichen Gesellschaft sicherlich ein Dorn im Auge.

Beide waren frisch verliebt und hingen meistens schmusend in irgendeiner Ecke unserer Wohnung herum. Jeden Abend verbrachte das Paar im »Nest«, einer verschrienen Kneipe in der Leopoldstraße. Für viele junge Leute war das »Nest« wie ein Wohnzimmer. Dort trafen sich Künstler aber auch viele Intellektuelle. Es war ein Ort, an dem man diskutierte.

Für mich wirkte das »Nest« wie eine dunkle, verrauchte Höhle, überfüllt mit wild gestikulierenden Erwachsenen, die versuchten, die laute Musik zu übertönen. Usch und Wolf hatten sich im »Nest« kennen gelernt. Er arbeitete als Standfotograf beim Film, sie studierte Sprachen. Usch war sehr intellektuell, und sie liebte es, bei Gesprächen die Männer aus dem Konzept zu bringen. Keiner traute ihr so ein fundiertes Wissen zu. Sie war sehr klein, zierlich, hatte ein puppenhaftes Gesicht und wirkte mit ihren langen blonden Haaren eher wie eine zerbrechliche Fee als eine Intellektuelle. Auch in der Frauenbewegung engagierte sie sich energisch; im Republikanischen Club in der Grillparzerstraße nahm sie regelmäßig am Emanzipations-Arbeitskreis teil. Bei diesen Treffen tauschten sich die Frauen aus und diskutierten über ihre Ehe- und Beziehungsprobleme. Usch war begeistert von der revolutionären Frauengruppe. Sie hatte sich zum Ziel gesetzt, für die weiblichen Rechte zu kämpfen, denn fast jede Ehefrau war noch von ihrem Mann abhängig. Die Hausfrauen wollten aber nicht mehr nur funktionieren und am Herd stehen, sondern selbstständiger sein. In der Frauengruppe konnten sie sich Luft verschaffen und Dampf ablassen.

Wolf, der sich nie traute, eine Frau anzusprechen, weil er ein linkischer Typ war und ein bemerkenswertes Talent hatte, in jedes Fettnäpfchen zu treten, beobachtete Usch sicher ein halbes Jahr lang im »Nest«, bevor sie ihn endlich bemerkte und ihn bat, sich zu ihr zu setzen. Es war Liebe auf den ersten Blick.

Ich werde die Hochzeit der beiden nie vergessen. Die Entscheidung zu heiraten war ganz spontan gefallen; das Datum des Hochzeitstag hatten sie allerdings gezielt gewählt: den 1. April. Nach der Trauung trommelten Usch und Wolf fünfzig Leute zusammen, um sie zu einer Party am Stehausschank im Untergeschoss bei Hertie einzuladen. Meine Eltern dachten erst, das Ganze sei ein Aprilscherz, doch dem war nicht so. Dennoch fiel die Hochzeitsfeier nicht allzu üppig aus. Das Brautpaar hatte genau 20 Mark in der Tasche, um einige Gäste auf ein Gläschen Bier einzuladen. Wer konnte, sollte sein Bier allerdings besser selber bezahlen. Für die Hochzeitsgesellschaft war das

Usch und Wolf beim
»Hochzeitsmahl« zu Hause

kein Problem. Die meisten der Anwesenden waren Hippies und hielten sowieso nichts von bürgerlicher Etikette. Entsprechend fielen auch die Hochzeitsgeschenke aus. Neben der Zeitschrift *Der Wachtturm* von den Zeugen Jehovas bekam das Brautpaar ein altes Feuerzeug, eine Schachtel Zigaretten oder einfach nur eine Umarmung.
Für die Passanten war unsere verrückte Truppe nicht im Geringsten als Hochzeitsgesellschaft zu erkennen. Die Braut hatte ein dunkelbraunes langes Samtkostüm an,

dazu einen passenden Hut mit riesiger Krempe, eine schwarze Sonnenbrille und eine große Kuhglocke um den Hals. Der Bräutigam hingegen war wie ein Mafiaboss gekleidet und trug eine eigenartige Sonnenbrille mit riesigen, runden Gläsern. Beide hatten Plastikringe mit einem großen pinkfarbenen Klunker an den Fingern.
Da keiner der Gäste viel Geld in der Tasche hatte und kaum konsumierte, reagierte der Wirt nach einer Weile etwas ungehalten. Schließlich blockierte dieses Pack die ganzen Tische. Wie Rumpelstilzchen tobte er wild herum und schrie am laufenden Band: »Wenn Sie hier nicht sofort verschwinden, hole ich die Polizei …«, doch keiner schien ihn zu bemerken – im Gegenteil. Die Gäste waren ausgelassen, lachten viel und fingen sogar noch an zu tanzen. Der Wirt brachte es dann doch nicht fertig, die Polizei zu rufen, und verzog sich murrend wieder hinter seine Theke.

Ich liebte Usch von Anfang an. Wenn meine Mutter länger arbeiten musste, holte sie mich vom Kindergarten ab und las mir in ihrem Zimmer etwas vor. Da sie im Gegensatz zu Mona nicht arbeitete und viel zu Hause war, hatte sie Zeit, sich mit mir zu beschäftigen. Ich war gerade in der berüchtigten »Warum-Phase« und hatte Usch wahrscheinlich tausend Löcher in den Bauch gefragt. Sie war aber nie genervt, sondern antwortete mir geduldig auf all meine Fragen. So etwas war ich nicht gewöhnt. Mona kam damals immer spät von der Arbeit nach Hause und wollte verständlicherweise erst mal ihre Ruhe haben. Danach machte sie kurz ein Abendessen und brachte mich ins Bett. Eine Gute-Nacht-Geschichte gab es nur, wenn meine Mutter noch genug Energie hatte.

Trotz guter Vorsätze hatte unsere Wohngemeinschaft wenig Gemeinsamkeiten. Während Usch und Wolf meistens bis elf Uhr vormittags im Bett lagen und am Nachmittag ins »Nest« verschwanden, musste meine Mutter jeden Tag früh aufstehen, um rechtzeitig in der Arbeit zu sein. Mein Vater war ständig unterwegs; er kam und ging, wann es ihm gefiel. Wenn er mich mal ins Bett brachte, dann war das etwas ganz Besonderes. Peter hatte eigentlich nur eine verantwortungsvolle Aufgabe, und das war, mich rechtzeitig in den Kindergarten zu bringen. Wir waren kein einziges Mal pünktlich.

Mona war die Einzige, die hart arbeitete. Entsprechend war ihre Stimmung. Am Abend war sie oft schlecht gelaunt und nörgelte an allem herum. Es kam auch vor, dass meine Mutter laut schrie, wenn ihr etwas nicht passte. Dann zuckte Usch immer zusammen und verkroch sich in ihr Zimmer. Die zierliche Frau konnte so eine geballte Power nicht ertragen; sie bekam einfach Angst, auch wenn sie sah, dass Mona unter enormem Druck stand. Meine Mutter hingegen hätte sich mehr Solidarität von Usch gewünscht. Statt ihr hilfreich zur Seite zu stehen, hing Usch in ihren Augen den ganzen Tag verliebt mit Wolf herum.

Manchmal arbeitete meine Mutter auch zu Hause. Auch wenn ich allein spielen musste, war ich darüber jedes Mal sehr froh. Trotzdem hatte ich oft das Gefühl, dass sich meine Mutter gar nicht für mich interessierte. Einmal erzählte ich ihr eine lange Geschichte, während sie an ihrem Zeichentisch einen Plan entwarf. Dabei nickte sie mir immer aufmunternd zu. Als ich mit der Geschichte fertig war, fragte ich sie: »Findest du das nicht auch, Mami?«,

Auf dem Weg in den Kindergarten

worauf sie mir mit der süßesten Stimme antwortete: »Was hast du noch mal gesagt, mein Schatz?« Ich war außer mir vor Wut. Da erzähle ich mir die Seele aus dem Leib, und meine Mutter hört mir gar nicht zu.

Usch hörte mir immer zu, besonders am Wochenende, wenn meine Eltern ausschlafen wollten. Bis zehn Uhr vormittags durfte ich Peter und Mona nicht stören. Meine Mutter, die einen sehr leichten Schlaf hatte, kreischte schon, wenn ich die Tür nur öffnete: »Raus hier, wir wollen schlafen!«, während sich mein Vater einfach tot stellte, sobald ich etwas von ihm wollte. Also zog ich die Konsequenz und kroch stattdessen jeden Samstag- und Sonntagmorgen mit einem Buch zu Usch unter die Bettdecke. Nach einer Weile las sie mir jedes Mal etwas vor.

Wolf war ein liebenswerter, aber auch ein eigenwilliger Typ. Manchmal war er so sehr in seine eigene Welt vertieft, dass er offenbar den Bezug zur Außenwelt verlor. Einmal hatte das fatale Folgen. Meine Mutter stand eines Abends gerade vor dem Spiegel im Bad und schminkte sich für eine Party, als ich ein Fläschchen hochgiftiges Sagrotan entdeckte und einen Schluck daraus trank. Ich dachte, es wäre mein geliebter Hustensaft, der die gleiche knallrote Farbe hatte. Ohne nur ein Wort herauszubringen, lief ich blau im Gesicht an und wälzte mich verkrampft auf dem Boden. Als mich meine Mutter so schmerzverzerrt sah, war sie geschockt. Der Anblick war so schlimm, dass sie dachte, ich würde gleich sterben. Panisch rannte Mona ins Wohnzimmer und rief Wolf zu: »Schnell, wir brauchen die Nummer vom Notarzt.« Wolf saß relaxt auf dem Sofa, las ein Buch und ließ sich nicht aus der Ruhe bringen. Gemütlich stand er auf und meinte: »Lass mich mal nachschauen, irgendwo habe ich doch erst letztens die Nummer vom Notarzt im *stern* gesehen.« Dann kam er mit einem riesigen Stapel *stern*-Hefte zurück und blätterte darin herum. Meine Mutter verlor die Geduld. Endlich kam sie auf die Idee, bei der Auskunft anzurufen.
Im Schwabinger Krankenhaus wurde mir dann sofort der Magen ausgepumpt. Wäre ich nur ein paar Minuten später gekommen, hätte ich wahrscheinlich schwer wiegende Verätzungen im Magen davongetragen. Monas Nerven lagen blank. Eines war ihr unbegreiflich: Wie konnte sich

Wolf nur so realitätsfremd verhalten, während ihr Kind fast im Sterben lag? Mit guten Ratschlägen war er gerne zur Stelle, aber wenn man ihn wirklich brauchte, konnte man nicht auf ihn zählen. Dass Mona aber auf seine Hilfe angewiesen war und damit auch keine Glanzleistung bewies, kam ihr nicht in den Sinn.

Usch war alles andere als eine brave Ehefrau. Anstatt ihrem Mann ein Essen zu bereiten, wenn er abends von der Arbeit kam, trieb sich die emanzipierte Frau gerne allein in Kneipen herum. Manchmal kam sie sogar die ganze Nacht lang nicht nach Hause. Wolf litt natürlich unter der Freizügigkeit seiner Frau, ließ sich aber nichts anmerken. Schließlich wollte er nicht eifersüchtig und kleinkariert wirken.

Während es für Usch wichtig war, sich sexuell auszuleben, tat Wolf immer so, als seien ihm ihre Seitensprünge völlig gleichgültig. Dafür kompensierte er seine Eifersucht oft mit Krankheiten, nur um etwas Aufmerksamkeit von seiner Frau zu bekommen. Er konnte herzerweichend jammern: »Hilfe, mein Herz sticht so. Ich sterbe.« Usch war gerne bereit, ihren hypochondrischen Wolf zu pflegen. Also bekamen beide, was sie brauchten, und führten eigentlich eine ganz gute Ehe.

Peter lieferte mich jeden Tag im Kindergarten ab und fuhr dann angeblich in die Uni. Zumindest glaubte das Mona, bis herauskam, dass sich Peter tagelang auf dem Tennisplatz und beim Segeln herumtrieb. Am liebsten vergnügte er sich mit seinem schon damals gut verdienenden Freund Hans-Otto.

In Peters Augen war Hans-Otto ein witziger Typ, mit dem er sich gerne verabredete, weil sein Freund Geld für zwei in der Tasche hatte. Hans-Otto war ein Meister im Weiber-Aufreißen.
Mona hatte natürlich kein Verständnis für diese Männerfreundschaft. Es machte sie wütend, dass sie den ganzen Tag arbeiten musste, während sich Peter ein schönes Leben machte.
Wenn mein Vater schon nicht studierte, sollte er wenigstens einkaufen gehen und den Haushalt führen. Jeden Morgen schrieb sie meinem Vater einen Zettel, was er alles erledigen sollte. Ganz wichtig war für sie, dass er den Boiler rechzeitig anmachte, damit sie gleich ein heißes Bad nehmen konnte, wenn sie abends nach Hause kam. Natürlich vergaß Peter das fast immer und erfüllte so gut wie keine seiner »Pflichten«.
Als es wieder einmal zu einem Streit wegen dem Boiler gekommen war, zog mein Vater die Konsequenzen. Am nächsten Morgen, als Mona schon zur Arbeit gegangen war, schrieb er ungefähr hundert Zettel, auf denen stand: »Mach den Boiler an!« Diese hängte er in der ganzen Wohnung auf und verschwand für ein paar Tage.
Mona kochte vor Wut. Nachdem sie noch einen Liebesbrief von einer gewissen Traudl in Peters Schreibtischschublade fand, war der Ofen vollends aus – zumal sie in diesem Brief behauptete, von Peter schwanger zu sein. Wutentbrannt teilte sie Peter mit, dass sie die Beziehung beenden wolle und erst mal eine Auszeit bräuchte.
Meine Mutter fand es unzumutbar, dass sich Peter weder in der Kindererziehung noch im Haushalt einbrachte und nur seinen Neigungen nachging. Nach Monas Ansicht

übernahm er überhaupt keine Verantwortung und überließ alle unangenehmen Pflichten und Aufgaben ihr.
Mein Vater reagierte zwar etwas irritiert auf Monas Entscheidung, akzeptierte dann aber ihren Entschluss. Er zog zunächst mal zu seinem Freund Hans-Otto. Später ließ er sich für schlecht bezahlte Ein-Tages-Jobs einspannen und tingelte eine Zeit lang als Buchvertreter durch Deutschland, um sich über Wasser zu halten. Peter hatte damit kein Problem. Wenn er es sich recht überlegte, war er über die Trennung gar nicht so unglücklich. Endlich konnte er machen, was er wollte, ohne ständig Monas »Gezeter« in den Ohren zu haben.

Es dauerte nicht lange, bis meine Mutter einen neuen Freund gefunden hatte – einen sehr attraktiven Engländer namens Robert, der in München eine gewisse Prominenz hatte. Jeden Morgen konnte man ihn in der Fernsehsendung »Englisch lernen mit Robert« bewundern. Mit seinem schwarzen Haar und dem dunklen Teint machte Robert eine fabelhafte Figur vor der Kamera. Vor allem die Frauen himmelten ihn an und schickten ihm haufenweise Fanpost. Auch Mona war hin und weg von diesem athletischen, sehr männlichen Typ. Sie hatte Robert auf einer Party kennen gelernt, wo sie sich gleich näher gekommen waren.
Als Mona mit Robert zusammen war, hatte sie den ganzen Tag gute Laune und strahlte über das ganze Gesicht. Für mich war das eine völlig neue Situation, denn ihre permanente Ungeduld und Gereiztheit war wie verflogen. Es war verblüffend, wie witzig und ausgelassen Mona sein konnte.

Ich war sehr glücklich in dieser Zeit und wünschte mir, dass dieser Zustand nie aufhören würde.
Anders als im Verhältnis zwischen Mona und Peter gab nun Robert den Ton in der Beziehung an. Er war wesentlich autoritärer als Peter und ließ sich von den Launen meiner Mutter nicht unterkriegen. Im Gegenteil, er gab ihr gehörig kontra. Mona brauchte offensichtlich einen resoluten Typen an ihrer Seite, der ihr sagte, wo es langgeht, denn sie liebte die Konfrontation.
Robert bemühte sich sehr um meine Gunst, doch ich wurde einfach nicht warm mit ihm. Ich wollte und konnte mich nicht auf diesen fremden Mann einlassen, der auf einmal in mein Leben eingedrungen war.
Ich war inzwischen fünf Jahre alt und vermisste meinen Vater, den ich nur manchmal am Wochenende sah. Oft heulte ich nachts im Bett und wünschte mir, dass meine Eltern wieder zusammenkämen.
Am schönsten war es für mich, wenn ich am Sonntag nachmittag mit Peter Hand in Hand ins Fußballstadion ging – Bayern gegen 1860 München. Zusammen mit eingefleischten Fans saßen wir in der Südkurve und brüllten für die 60er – mein Vater hielt nämlich grundsätzlich zu der schwächeren Mannschaft. In diesen Momenten fühlte ich mich so verbunden mit ihm, dass ich alles um mich herum vergaß. Wir zwei gegen den Rest der Welt. Er war mein Verbündeter, auf den ich mich hundertprozentig verlassen konnte – zumindest am Sonntagnachmittag.
Auch Peter litt unter der Situation, mich nur so selten zu sehen. Als er mich einmal an einem Samstagnachmittag zu Hause abholte, stürzte ich freudig in seine Arme und wollte ihn nicht mehr loslassen. Mein Vater drückte mich

fest an sich und war so gerührt über meine Zärtlichkeit, dass ihm die Tränen kamen. Ich war ganz erstaunt, dass mein Vater weinen konnte, und tröstete ihn: »Aber Papi, du musst doch nicht weinen. Jetzt bin ich doch bei dir und lass dich nicht mehr allein. Das verspreche ich dir.«

Nachdem meine Eltern 1970 bereits ein Jahr getrennt waren, fragte Onkel Erich Mona, ob sie ihn nach Frankfurt auf die Buchmesse begleiten wolle – für eines seiner Bücher sollte er mit einem Preis ausgezeichnet werden. Begeistert stimmte sie zu, denn mit Erich hatte sie trotz der Trennung von meinem Vater weiterhin viel Spaß gehabt. Geschickt wie mein Onkel war, lud er auch meinen Vater nach Frankfurt ein, ohne dass die beiden voneinander wussten.
Als sich meine Eltern in Frankfurt auf dem Messegelände gegenüberstanden, waren sie erst mal geschockt. »Eine Frechheit ist das, mir nichts von Peter gesagt zu haben«, empörte sich meine Mutter bei Erich. »Wenn ich das gewusst hätte, wäre ich nie mitgekommen …« Auch mein Vater war nicht gerade begeistert über Monas Anwesenheit. Auf der Buchmesse gingen sie sich beide aus dem Weg und taten so, als seien sie sich gleichgültig. Erst im Lauf des Abends kamen sie sich wieder näher. Erich hatte fürs Dinner ein romantisches Restaurant mit Kerzenlicht ausgewählt. Sein Plan funktionierte hervorragend. Ganz unbemerkt rückten Peter und Mona mit ihren Stühlen ein Stückchen näher zusammen. Während sich mein Vater von seiner charmantesten Seite zeigte, hörte ihm Mona mit leuchtenden Augen zu und lachte über seine Witze. Die beiden waren so verliebt, dass sie alles um sich herum

vergaßen. Erich, der sich etwas überflüssig vorkam, verabschiedete sich verlegen. Daraufhin fingen die beiden so hemmungslos an zu knutschten, dass der Kellner sie dringend darum bat, sich ein anderes Liebesnest zu suchen.

Wieder in München befand sich meine Mutter in der Zwickmühle. Robert war inzwischen bei uns in die WG eingezogen und fest mit Mona zusammen. Wie sollte sie ihm nun klar machen, dass sie sich wieder in Peter verliebt hatte? Das Schlimmste war aber, dass sie auch noch an Robert hing und ihn auf keinen Fall aufgeben wollte. Am liebsten hätte sie beide Männer gehabt. Dann kam ihr eine Idee. Mona lud Peter in die Ungererstraße ein und stellte ihm Robert vor. Mein Vater, der bereits von dem neuen Freund meiner Mutter wusste, verhielt sich sehr unsicher. Robert, der Ahnungslose, fand Peter von Anfang an sympathisch. Er mochte diese lockere, lässige Art meines Vaters und lud ihn gleich drei Tage später wieder in die WG ein. Es war unglaublich, aber die beiden wurden tatsächlich Freunde. Schon bald gestand Peter seinem Nebenbuhler, dass er Mona immer noch liebe, worauf der nur ganz cool antwortete: »Klar Mann, ist doch kein Problem. Dann teilen wir sie uns eben.« Kurze Zeit darauf zog mein Vater wieder in die Ungererstraße ein. Robert und Peter kamen prima miteinander aus. Sie akzeptierten es, dass sie Mona beide gerne hatten. Als Robert meinem Vater noch einen Job verschaffte, war die Freundschaft perfekt. Der Engländer inszenierte nämlich auch selbst geschriebene revolutionäre Theaterstücke für das Moderne Theater. Meinen Vater, der Theaterwissenschaften studiert hatte, konnte er dabei gut gebrauchen. Die beiden

schrieben also zusammen einige Theaterstücke. Die Aufführungen waren zum größten Teil sehr verrückt und für die normale Bevölkerung ziemlich abgehoben, doch bei den jungen Leuten kamen sie gut an.
Einerseits war Mona über die Dreieckskonstellation ihrer Beziehung glücklich, andererseits aber auch etwas überfordert. Klar, sie hatte es so gewollt, dennoch musste sie aufpassen, dass sie keinen ihrer Männer bevorzugte und sich niemand vernachlässigt fühlte. Das war nicht leicht. Ihre Empfindungen für die beiden hielten sich die Waage, auch wenn sie unterschiedlich gelagert waren. Während sie in Peter immer noch ihren verträumten Romantiker sah, gab ihr Robert mit seiner männlichen Stärke einen gewissen Halt. Eine Nacht verbrachte sie mit Peter, die nächste Nacht wieder mit Robert.
Für mich war diese Situation nicht leicht. Plötzlich hatte ich zwei »Papas«, die um die Gunst meiner Mutter buhlten. Auch wenn ich diese Beziehung nicht verstand, gewöhnte ich mich daran. Mir war alles egal, solange mein Vater wieder bei uns wohnte. Dafür nahm ich selbst Roberts Anwesenheit in Kauf.
Für die Männer schien diese ungewöhnliche Beziehung kein Problem zu sein; sie hatten Respekt voreinander und eine Menge Gemeinsamkeiten. Es kam sogar vor, dass die beiden so vertieft in ihre Arbeit waren, dass sie bis spät in die Nacht zusammenhockten und Mona völlig vergaßen. Manchmal gingen sie auch noch spätabends in die »Seerose« in der Feilitzschstraße, wo damals viele junge Leute Schach spielten. Robert war ein Meister im Schach. Peter und Robert spielten immer zusammen gegen zwei andere. Wer verlor, musste die Zeche bezahlen. Da die

beiden meistens gewannen, konnten sie sich mehrere Biere leisten.
Eines Tages schlug Robert meinem Vater in der »Seerose« ein neues Spiel vor. »Lass uns doch mal gegeneinander Schach spielen. Der Gewinner darf die Nacht mit Mona verbringen. Der Verlierer muss sich die Nacht woanders um die Ohren schlagen.« Mein Vater willigte sofort ein: »Ja, das ist mal etwas anderes. Eine tolle Idee. Lass uns um Mona spielen.« In der »Seerose« hatte sich der Wettbewerb zwischen Robert und Peter schnell herumgesprochen. In kürzester Zeit bildete sich eine Gruppe um den Tisch der beiden, um das spannende Spiel zu verfolgen. Einige hielten zu Robert, die anderen zitterten für Peter. Mein Vater hatte sich wirklich tapfer gehalten, doch Robert war einfach besser. Peter verlor das Spiel. Während Robert in das gewärmte Bett seiner Ehefrau kriechen konnte, schlenderte mein Vater lustlos durch die leeren Straßen von Schwabing. Irgendwann landete er in einer zwielichtigen Nachtbar. Trotz seines lotterhaften Erscheinungsbildes gewährte ihm der Türsteher Eintritt. Peter flog dann aber raus, als sich herausstellte, dass er sein Bier nicht bezahlen konnte. Als Nächstes führte ihn sein Weg in den Englischen Garten, wo er sich zu ein paar Pennern gesellte. Peter wurde sofort in die Runde aufgenommen – er war ja ein hervorragender Unterhalter. Mein Vater muss so überzeugend gewesen sein, dass ihn die Penner am nächsten Morgen nicht gehen lassen wollten. In ihren Augen war er jetzt einer von ihnen. Doch mein Vater hatte nur noch einen Wunsch: ein warmes, weiches Bett.
Auf Dauer war diese Dreiecksbeziehung für alle Beteiligten keine Lösung. Vor allem Mona merkte, dass sie sich

wieder stark zu Peter hingezogen fühlte. Die beiden verband mehr, als sie dachten. Nicht nur dass sie in mir ein gemeinsames Kind hatten, es war auch eine Art Seelenverwandtschaft und eine große Liebe, die sie zusammenhielt. Trotzdem war es für Mona nicht leicht, sich von ihrem Liebhaber zu trennen, mit dem sie immerhin ein halbes Jahr zusammengelebt hatte. Schweren Herzens trennte sie sich von ihm. Und Robert, der dem verliebten Ehepaar nicht mehr im Weg stehen wollte, zog – ganz Gentleman – aus der Wohngemeinschaft aus.

Nun waren wir wieder eine richtige Familie: Vater, Mutter, Kind. Über diese neuen Verhältnisse war ich so glücklich, dass ich einen Freudentanz in meinem Zimmer aufführte. Schließlich wollte ich wie alle Kinder, dass meine Eltern zusammenleben, ohne dass sich ein Dritter dazwischendrängt. Robert war zwar lieb zu mir gewesen, trotzdem war ich froh, als er weg war.

Es kränkte mich jedoch sehr, als ich erkennen musste, dass wir keine normale Familie waren und auch nie eine werden würden. Meine Eltern waren viel zu sehr in der linken Szene integriert, als dass sie einen Schritt in die Bürgerlichkeit getan hätten.

Unsere WG war nicht nur ein beliebter Ort für heiße Diskussionen über Emanzipation, Menschenrechte und linke Politik. Es gab ein ständiges Kommen und Gehen der eigenartigsten Gestalten. Eine Freundin meiner Mutter, die gerade aus Indien kam, war immer in viele Tücher und Saris gehüllt und von oben bis unten mit klirrendem indischen Schmuck behängt. Ein anderer Freund von uns fiel im Haus regelmäßig mit seinem schwarzen langen Ledermantel, kombiniert mit schwarzer Sonnenbrille und schwarzen Lederhandschuhen auf. Daneben erregten zwei schwarze Reggae-Musiker mit wilden Rasta-Locken viel Aufmerksamkeit. Generell hatten fast alle unsere Besucher lange Haare und wirkten in ihren Hippie-Klamotten sehr verwahrlost. Bei den Nachbarn waren wir längst als die »Verrückten« verschrien. Vor allem aber machten uns die nächtelangen Partys bei den Hausbewohnern nicht gerade beliebt.

Die Partys hatten es wirklich in sich. Auch ich konnte nicht einschlafen, weil die Musik oft sehr laut aus dem Wohnzimmer dröhnte. Jedes Mal, wenn ich mich über den Lärm beschwerte, nahm mich Mona auf den Schoß und ließ mich einfach mitfeiern, statt mich wieder ins Bett zu schicken.

Ich genoss das Gefühl, mittendrin und trotzdem bei meiner Mutter zu sein; wenn es ihr gut ging, konnte sie unglaublich liebevoll sein. Ich gewöhnte mich schnell an diese Partystimmungen. Das Wohnzimmer war fast dunkel. Nur ein paar brennende Kerzen standen auf dem Boden im Raum verteilt. Dazwischen lagen überall Kissen, auf denen es sich die Leute bequem machten. Viele Gäste waren stoned. Einige lagen wie bewusstlos auf dem Rücken, andere diskutierten in kleinen Grüppchen oder tanzten wild durch das Zimmer. Es wurden hauptsächlich die Stones oder Pink Floyd aufgelegt. Mir kamen die Feste vor wie Theaterstücke, die ich mir als Unbeteiligte anschaute. Irgendwann wurde ich so müde, dass mir die Augen zufielen. Dann legte mich meine Mutter auf ein Kissen und ließ mich dort weiterschlafen.

Nur am nächsten Morgen, wenn ich als Erste aufwachte, war das Ganze eine ekelhafte Angelegenheit. Nicht selten kroch mir ein grauenhafter Gestank aus überfüllten Aschenbechern in die Nase, oder ich stolperte über umgekippte Wein- und Bierflaschen sowie über alte Essensreste auf stinkenden Papptellern. Es herrschte Chaos pur. Da die Partys meistens am Wochenende stattfanden, saß ich manchmal bis mittags im Dreck und wartete, bis jemand aufstand und die Wohnung aufräumte.

Trotz anfänglicher Schwierigkeiten ist Usch seit 30 Jahren die beste Freundin meiner Mutter. Die beiden haben viel zusammen erlebt und einige Höhen und Tiefen überwunden. Sie verbindet nicht nur eine lange Vergangenheit, sondern auch ein tiefes Vertrauen.

Heute leitet Usch in München den Kindergarten »Kirchenmäuse« in Bogenhausen; schon immer war es ihr Wunsch gewesen, mit Kindern zusammenzuarbeiten. Ich kann mir auch keinen besseren Beruf für sie vorstellen. Alle Kinder, die ich kenne, lieben diese Frau. Tragischerweise ist ihr eigenes Kind mit 15 Jahren an Muskelschwund gestorben. Das war ein harter Schicksalsschlag für Usch. Ihr Sohn Flo war ein ganz besonderer Junge. Er wusste, dass er sterben würde, und akzeptierte das auch. Flo nahm seine unheilbare Krankheit viel leichter hin als Usch, die viele Jahre brauchte, um diesen schweren Verlust zu verarbeiten.

Nach Flos Tod trennte sich Usch von Wolf. Sie wollte erst mal allein sein und ihre eigenen Perspektiven realisieren. Dann geschah aber etwas Unglaubliches: nach zehn Jahren fanden Usch und Wolf wieder zueinander. Keiner hatte es geahnt, aber die Liebe zwischen ihnen war nie ganz erloschen und loderte nun wieder auf. Heute leben sie in einer kleinen Wohnung in Neuhausen. Die wilden Zeiten von damals sind lange vorbei. Beide sind älter und ruhiger geworden.

Manchmal fragt sich Usch, ob die heutige Jugend ihr Leben genauso genießen kann wie sie damals. Als junge Frau war sie so unbeschwert; sie hatte keine Sorgen und keine Zukunftsängste. Es war eine andere Zeit, in der nur wenige an die Zukunft dachten oder Bausparverträge abschlossen – Usch und ihre Freunde lebten einfach in den Tag hinein. Natürlich ist ihr bewusst, dass das heute nicht mehr so leicht geht. Alles wird teurer, viele soziale Leistungen werden gestrichen. Es herrscht allgemein eine Unsicherheit. Das macht Angst.

Usch ist jetzt 60 Jahre alt. An eine gute Altersversorgung hat sie nie gedacht. Als Erzieherin bekommt sie nur eine kleine Rente – gerade genug zum Überleben. Trotzdem bereut sie ihr unbeschwertes Leben nicht. Sie hatte sich eben ausgelebt. Auch heute braucht Usch keinen Luxus. Materielle Dinge sind ihr nicht wichtig, dafür die Menschlichkeit, die ihrer Meinung nach in der heutigen Gesellschaft viel zu kurz kommt.

3

Matsch-Schlachten und Bandenkriege

Zu meiner Tante Conny, Monas jüngerer Schwester, hatte ich weiterhin eine enge Beziehung. Ich genoss es, von ihr verwöhnt zu werden und im Mittelpunkt zu stehen. Wenn sie mich am Wochenende von zu Hause abholte, durfte ich mir immer aussuchen, was wir unternehmen würden. Das war für mich das Schönste. Endlich konnte ich mal bestimmen, was gemacht wird, und war nicht mehr der »Mitläufer« wie bei meinen Eltern.

Auch Conny hatte inzwischen geheiratet und lebte mit ihrem gut aussehenden, aber sehr bürgerlichen Mann in Münchens Nobelgegend Grünwald.

Meine Tante war ein ganz anderer Typ als meine Mutter. Während die zwei Jahre ältere Mona eher eine klassische Schönheit war und ihre weiblichen Reize sehr betonte, war Conny mehr der burschikose Pfadfindertyp – sehr natürlich und im Gegensatz zu meiner Mutter selten aufgestylt. Trotzdem war sie keineswegs unweiblich und sehr attraktiv.

Conny machte sich immer lustig über meine Mutter, wenn die sich am Abend »aufbrezelte« und auf Partys eine etwas übertriebene, kokette Art zur Schau trug. Dagegen

belächelte Mona ihre jüngere Schwester, wenn die sich betont emanzipiert zeigte.
Als Conny 1968 eine Tochter bekam, brach für mich erst mal eine Welt zusammen. Ich fühlte mich zurückgestoßen und aufs Abstellgleis gestellt, denn auf einmal bekam Miriam, meine kleine Cousine, ihre ganze Aufmerksamkeit. Miriam war drei Jahre jünger als ich und schrie jedes Mal so laut, wenn ich sie sah, dass ich den Kontakt zu meiner Tante erst mal einschränkte.
Schon nach drei Jahren ging Connys Ehe in die Brüche; sie war nun allein erziehend, was damals als sehr anrüchig galt. Eines war für Conny aber noch viel schlimmer: Als Studentin für das Lehramt an der Pädagogischen Hochschule wusste sie nicht, wo sie tagsüber ihre zweijährige Tochter unterbringen sollte. Sie hatte keine andere Wahl, als Miriam während ihres Studiums zur PH mitzunehmen. Auch andere Studentinnen hatten dieses Problem. Die damaligen Krippen und städtischen Kindergärten waren nicht nur überfüllt, sondern auch so streng geführt, dass Conny sowie viele aufgeschlossene Studentinnen ihre Kinder dort nicht hinbringen wollten. Notgedrungen schlossen sie sich zusammen und forderten von der PH einen Raum für ihre Sprösslinge. Erst nach langem Kampf wurde dieser Forderung stattgegeben; die studierenden Mütter bekamen ein kleines Zimmer, in dem sie ihre Kinder unterbringen konnten. Mit der Betreuung wechselten sie sich täglich ab. Aber auf Dauer war dieser spärliche Raum ohne Küche und Garten keine Lösung.
Eine Bekannte meiner Tante, Barbara, studierte an der Kunstakademie und war dort AStA-Vorsitzende. Barbara siedelte das Thema Erziehung auf der politischen Ebene an

und beschloss kurzerhand, einen Akademiekindergarten zu gründen. Eines Morgens besetzte sie zusammen mit einem Dutzend anderer Mütter die Baracken im Park der Kunstakademie, die eigentlich für die Meisterschüler bestimmt waren, und verkündete selbstverständlich: »Das ist jetzt der neue Akademiekindergarten.« Doch so leicht war es nicht. Es begann ein harter Kampf zwischen den Müttern und dem Kultusministerium. Nachdem die Kunststudentinnen die Baracken besetzt hatten, ließ die Stadt München in der folgenden Nacht große Schlösser anbringen, so dass sie am nächsten Tag nicht mehr hereinkamen. Die Mütter wussten sich sofort zu helfen. Sie brachen die Schlösser einfach auf und bezogen mit den Kindern wieder die Baracken. Dieses Katz-und-Maus-Spiel dauerte so lange, bis die Stadt endlich die Trägerschaft für den neuen Akademiekindergarten übernahm. Auf diese Weise entstand also eine der ersten Elterninitiativen Münchens, bei der sich auch meine Tante Conny eifrig betätigte.

Da die meisten Eltern tagsüber studierten oder schon arbeiteten, engagierten sie drei antiautoritär eingestellte Erzieher für ihre wilden Sprösslinge. Kochen und Putzen mussten die Mütter allerdings selbst.

Conny war begeistert von dem antiautoritären Konzept. Sie wollte verhindern, dass die Erzieher ihr Kind durch ständige Bevormundung und Maßregelungen unterdrücken, wie es seinerzeit in den städtischen Kindergärten üblich war. Ihre Tochter sollte sich frei entfalten können und nicht in Abhängigkeit und Unselbstständigkeit gehalten werden.

Der Akademiekindergarten war berüchtigt für seine legeren Erziehungsmethoden. Es gab dort zwei männliche und

Für Kinder das Paradies:
der Akademiekindergarten in der Türkenstraße

eine weibliche Bezugsperson, die alles andere als einen anstrengenden Arbeitstag hatten. Meistens hingen sie stoned im Garten herum und ließen die Kinder frei im Dreck »bazeln«. Sie hielten sich an das antiautoritäre und bequeme Konzept, Kinder so sein zu lassen, wie sie sind. Wenn meine Tante Conny am Nachmittag Miriam abholte, hing dieser die voll geschissene Windel schon in den Kniekehlen, und ihr wunder Hintern war rot wie eine Tomate. Conny hielt zwar viel von antiautoritärer Erziehung, ein bisschen mehr Fürsorge hätte sie sich aber trotzdem gewünscht. Das Wickeln galt den Erziehern als eine zutiefst bürgerliche und übertriebene Maßnahme. Stattdessen rauchten sie umso mehr Joints und diskutierten. Miriam und die anderen Kleinkinder wurden einfach sich selbst überlassen. Conny fand das nicht in Ordnung. Als sie aber

Kritik äußerte, wurde sie als spießige Übermutter bezeichnet.
In dieser Zeit entstanden in München eine ganze Reihe antiautoritärer Einrichtungen linker Eltern, die sich bewusst abgrenzen sollten von den Städtischen Kindergärten. Diese Einrichtungen wurden einfach »Kinderläden« genannt, denn die ersten entstanden in leer stehenden Einzelhandelsgeschäften, die den neuen Supermärkten zum Opfer gefallen waren. Als ich einmal an so einem neu gegründeten Kinderladen vorbeilief, pressten bestimmt zehn Kinder ihre Nasen an die großen Fensterscheiben und streckten den Passanten die Zunge heraus. Ich weiß noch, wie sich die Leute auf der Straße darüber aufregten. Für die Mehrheit der Bevölkerung waren diese antiautoritären Kinderläden ein Skandal.
Nachdem meine Eltern von Berlin nach München gezogen waren, sollte auch ich in den neu gegründeten, antiautoritären Kindergarten in der Königinstraße kommen. Ich war vier Jahre alt und freute mich sehr darauf. Kurz vor meinem ersten Tag wurde der Kinderladen allerdings geschlossen, weil die Erzieherin, damals übrigens eine Bekannte meiner Mutter, mit zwei Komplizen eine Bank überfallen hatte und zu 15 Jahren Haft verurteilt wurde. Der Einbruch hatte sich wenigstens gelohnt, denn die überzeugte Sozialistin erbeutete laut Zeitungsberichten 80 000 DM, die sie den Armen schenkte.
So schnell fanden meine Eltern keine antiautoritäre Alternative für mich. Vielleicht hatten sie auch keine Lust, wochenlang einen geeigneten Kinderladen zu suchen – jedenfalls kam ich in den nächstbesten Städtischen Kindergarten, wo zufällig gerade ein Platz frei wurde. Dort

herrschte strenge Erziehung zum Gehorsam. Ich weiß noch, wie verblüfft ich war, als ich in diesem Kindergarten meinen ersten Tag verbrachte. Wir größeren Kinder mussten brav an den Tischen sitzen und etwas malen, während sich die Kleineren mucksmäuschenstill in der Spielecke beschäftigen sollten. Nach einer Weile wurden drei Kinder aus der Spielecke etwas lauter und kicherten albern herum. Sofort wurden sie heftig von den »Tanten« zur Ruhe ermahnt. Als die Kinder nicht aufhörten herumzualbern, wurde die ganze Gruppe bestraft, indem wir alle eine halbe Stunde lang mit geschlossenen Lippen und dem Zeigefinger auf dem Mund kerzengerade auf dem Stuhl sitzen sollten. Doch dann passierte etwas, was mich schockierte. Daniel, ein vierjähriger Junge, der zu der wilderen Sorte gehörte, blödelte noch während unserer »Bußezeit« herum und wurde daraufhin schlimm bestraft. Eine Erzieherin band Daniels Hände hinter seinem Rücken an den Stuhl und klebte ihm ein Klebeband auf seinen Mund. Daniel zappelte und schrie verzweifelt, doch es half ihm nichts. Selbst an den Stuhl gebunden mit dem Klebeband auf seinem Mund, versuchte er sich noch mit Hilfe suchenden, weit aufgerissenen Augen zu wehren, indem er sich hin und her wand und immer wieder angsterfüllte Laute von sich gab. Dieses Bild werde ich nie vergessen. Es verfolgte mich noch im Schlaf.

In jeder Beziehung war mein Kindergarten nichts anderes als eine Anstalt für Zucht und Ordnung. Jeden Tag mussten wir in einem kargen, dunklen Saal zwei Stunden lang Mittagschlaf halten – wie in einer Kaserne auf harten Pritschen, die wir vorher holten und in vorgeschriebenem Armeslänge-Abstand nebeneinander aufstellten. Vorne

Orientierungslos zwischen unterschiedlichen Erziehungskonzepten

saß die Aufseherin und wachte wie ein Dämon. Wehe, wenn man nur ein Wort sagte, dann musste man nachschlafen. Die Regel lautete: Bei einem Wort, fünf Minuten nachschlafen, bei zwei Wörtern, zehn Minuten nachschlafen … Da kamen schnell mal ein bis zwei Stunden zusammen. Auch ich machte einmal die schmerzhafte Erfahrung, im Hochsommer bei traumhafter Temperatur mit zwei Leidensgenossen im Dunkeln auf meiner Pritsche liegen bleiben zu müssen, während alle anderen vergnügt ins Freie sprangen. Das war sehr hart. Am schlimmsten waren aber die schadenfrohen Hänseleien der anderen Kinder, die uns fürchterlich »bemitleideten«.

In dieser Zeit lebte ich in zwei grundverschiedenen Welten. Einerseits musste ich den autoritären Kindergarten ertragen, andererseits sog ich über meine Eltern das antiautoritäre Lebensgefühl der Hippies auf. Da prallten

Extreme aufeinander, die mich damals ziemlich aus dem Konzept brachten. Weder von den »Tanten« im Kindergarten, die uns zu Gehorsam drillten, noch von meinen Eltern, die viel zu »rebellisch« waren, um sich ausgiebig mit meiner Erziehung zu beschäftigen, bekam ich einen Halt. Als ich meiner Mutter einmal später erzählte, wie sehr ich meinen Kindergarten hasste, war sie ganz erstaunt. Sie hatte gar nicht bemerkt, wie unglücklich ich dort war. Sie musste damals so viel arbeiten und war so sehr in ihre eigene Welt vertieft, dass sie bei mir nicht genau hinschaute.

Wenn ich morgens meinen Eltern sagte: »Ich will aber nicht in den Kinderarten«, dann nahmen sie das gar nicht ernst. Aus ihrer Sicht machte ich bloß Theater und wollte mal wieder meinen Willen durchsetzen. Da inzwischen beide arbeiteten – mein Vater hatte immer wieder Gelegenheitsjobs –, hatte ich keine andere Wahl, als in den verhassten Kindergarten zu gehen.

Während ich also mit Strenge in Schach gehalten wurde, durfte meine Cousine Miriam im Akademiekindergarten machen, was sie wollte. Einmal holte ich sie zusammen mit meiner Tante Conny etwas frühzeitig ab. Ich war damals sechs Jahre alt und konnte nicht fassen, was ich da sah. Während der Erzieher seelenruhig Zeitung las (die anderen beiden waren wahrscheinlich schon gegangen), stülpten sich die Kinder gegenseitig ihre Nachttöpfe wie Helme auf den Kopf und spielten »Vietnamkrieg«. Einige Kids hüpften auf den Tischen herum, auf denen noch das Mittagessen stand, und zerstörten dabei so manche Teller. Ein Mädchen schmierte ihrer Freundin Bananenbrei in die Haare, während die andere mit Essensresten um sich warf.

Zwei Jungs lagen auf dem Boden und schlugen gegenseitig aufeinander ein. Einer der beiden schrie immer wieder: »Du Scheißbulle.« Am meisten irritierte mich aber meine Cousine, die in der Ecke saß und mit ihrem Kot herumspielte. Für ihre Mutter war dieser Anblick ganz normal, denn es gehörte zum antiautoritären Konzept, mit seiner »Scheiße« zu spielen. Für Conny war es selbstverständlich, dass der Kot das erste Produkt der Kinder und damit ein Geschenk an die Mutter war. Die Eltern vom Akademiekindergarten fanden es wichtig, dass ihre Kinder ihre anale Phase frei ausleben durfen und dass sie so lange wie möglich genussvoll in die Windeln »kacken« durften. Nur so, hieß es damals, kann sich später eine freie Sexualität entwickeln, denn wenn das Kind zu früh auf den Topf gesetzt wird, ist es später beim Sex gehemmt. Es wurde gezwungen, den Anus zuzukneifen.

Dem unbeteiligten Fußgänger auf der Türkenstraße bot der Akademiekindergarten folgendes Bild: zwei heruntergekommene Baracken in einem verwilderten Garten, in dem nackte Kinder kreischend wie wilde Affen herumspringen. Es war sicher ein spannender Anblick, sonst wären nicht so viele Passanten stehen geblieben und hätten sich das Spektakel wie im Zoo angeschaut. Viele Leute regten sich über die Verwahrlosung der Kinder auf. Dass der Akademiekindergarten so verdreckt und ungepflegt war, störte allerdings nur die Öffentlichkeit.

Wenn meine Tante ihre Tochter Miriam am Spätnachmittag abholte, war der Akademiekindergarten manchmal so dreckig, dass es gestunken hat. Conny war das egal. Die Eltern hielten es nicht für notwendig, ordentlich zu putzen. Im Gegenteil: Ordnung und Sauberkeit galt als

kleinkariert und spießig. Sie hatten schließlich wichtigere Dinge zu erledigen.
Tante Conny ließ meine Cousine Miriam so oft wie möglich nackt herumlaufen – selbst auf Spielplätzen, wo sie nicht selten von anderen Müttern blöd angeredet wurde. Miriam genoss das Gefühl des Nacktseins und spielte überall ungeniert mit ihrem Geschlechtsteil herum. Conny war es ganz egal, was die anderen sagten. Ihr Kind sollte nicht so verklemmt erzogen werden, sondern von Anfang an ein natürliches Körpergefühl ausleben. Nur wenn sich Miriam im Hochsommer in der Straßenbahn die Kleider vom Leib riss und sich dann nackt und breitbeinig auf die Bank setzte, war es Conny doch ein wenig peinlich. Antiautoritäre Erziehung hin oder her, in dieser Situation wurde Miriam trotz lautem Geschrei schnell wieder angezogen.
Auch mein Freund Micha, der später mit Miriam in einer WG in der Römerstraße lebte, kam in einen der ersten Kinderläden Münchens. Seine Mutter Claudia war eine von Connys Studienkolleginnen und eine Freundin meiner Mutter. Claudia war eine echte Powerfrau. Sie war groß, gut gebaut und hatte eine sehr tiefe, dominante Stimme. Auch wenn Claudia sicher von vielen Männern gefürchtet wurde, hatte sie doch eine Menge Verehrer. Sie war aber schon vergeben, denn sie lebte mit ihrem Mann Nils und ihrem Sohn Micha in einer klassischen Kleinfamilie in Haidhausen.
Wie Conny und Mona engagierte sich auch Claudia in der linken Studentenbewegung. Eines Tages sah sie einen Anschlag an einem Baum auf der Straße hängen »Junge Leute suchen aufgeschlossene Eltern für neuen Kinderladen«. Claudia, die dringend eine Betreuung für ihren dreijähri-

gen Sohn brauchte, meldete sich sofort bei den »jungen Leuten« und gründete 1969 zusammen mit den anderen den so genannten »Mäuseladen« in der Morassistraße.
Auch im »Mäuseladen« sollte es anders zugehen als in den Städtischen Kindergärten. Die bürgerliche Erziehung mit ihrem Zwang zur Sauberkeit war für Claudia nur ein Mittel, Kinder zu unterdrücken.
Im »Mäuseladen« durften sich die Kids so dreckig machen, wie sie wollten. Micha liebte es, mit Matsch zu spielen und sich damit von oben bis unten einzuschmieren. Am liebsten mochte er die Matsch-Schlachten im Garten. Manchmal war ich auch dabei, wenn ich ihn im »Mäuseladen« mit meiner Mutter spätnachmittags besuchte. Wir bewarfen uns so lange mit Matsch, bis wir kaum noch zu erkennen waren. Während Mona meinen verdreckten Anblick auf dem Nachhauseweg etwas peinlich fand, hatte Claudia nicht das geringste Problem mit Michas Erscheinungsbild. Warum sollte er sich waschen, wenn er keine Lust dazu hatte? Im »Mäuseladen« hatten die Kinder alle Freiheiten. Man wollte sich bewusst von den Städtischen Kindergärten abgrenzen; für Claudia waren sie Friedhöfe, in denen das ursprüngliche Wesen der Kinder begraben wurde.
Im »Mäuseladen« lautete die Devise: Die Kindergruppe reguliert sich von selbst. Das heißt, die Kids sollten sich in jeder Beziehung ausleben, ohne dass sich Erwachsene einmischen. Claudia sowie alle anderen Eltern glaubten, dass Kinder von Geburt an gut seien und nur von den Erwachsenen verdorben würden. Je mehr sich die Eltern also mit Verboten einmischen würden, desto mehr fingen die Kinder an, ihr schlechtes Verhalten zu kopieren und die

Mein Freund Micha
im »Mäuseladen«

Hierarchien der Erwachsenen zu übernehmen. Also müssten die Kids sich selbst überlassen werden.
Dass die Kleinen mit dieser Situation völlig überfordert waren, hatte man schlicht übersehen. Die Größeren gingen auf die Kleineren los und verprügelten sie hemmungslos, ohne dass irgendjemand auf die verzweifelten Hilfeschreie der Kinder eingegangen wäre. Eines Tages nahm eine Praktikantin Claudia mal zur Seite und sagte ihr: »Du, dem Micha geht es hier richtig schlecht. Der wird jeden Tag aufs Übelste verdroschen.« Claudia reagierte erst mal sehr empfindlich darauf und konterte: »So ein Blödsinn. Die Gruppe reguliert sich doch von selbst.« Doch dann beobachtete sie die Kinder heimlich von draußen und konnte sich davon überzeugen, dass die Praktikantin leider Recht hatte. Da war sie dann schockiert

und zog erstmals die von ihr angenomme Theorie in Zweifel.
Um aus dem üblichen Rollenmuster auszubrechen, suchten sich die Eltern des »Mäuseladens« bewusst eine männliche Bezugsperson aus. Thilo war ein großer, gut aussehender Sozialpädagoge, der statt Kindererziehung attraktive Frauen im Kopf hatte. Auch Claudia sah ihn im »Mäuseladen« mehr mit Müttern flirten, als sich mit Kindern zu beschäftigen. Es gab keine Frau, mit der Thilo nicht im Bett gewesen war. Durch sein permanentes Balzverhalten löste er eine unglaubliche Dynamik aus. Zwischen den Eltern gab es fürchterliche Eifersuchtsdramen, die aber niemand offen zeigen konnte, sonst wäre man ja sofort als kleinkariert abgestempelt worden.
Die Eifersucht kam aber versteckt zum Ausdruck. Statt ehrlich die eigenen Gefühle zu offenbaren, versuchten alle, ihren Frust durch kritische Bemerkungen zu kompensieren. Claudia, die auch mal zu Thilos Favoritinnen gehörte, bekam zum Beispiel von einer Nebenbuhlerin ständig zu hören: »Was ich dir schon immer mal sagen wollte, Claudia, mir stinkt es irre, dass du dich hier immer so wichtig machst« oder: »Ich kann es nicht ertragen, wie dominant du dich in der Gruppe verhältst.«
Besonders während des Elternabends wurde jeder Einzelne in die Mangel genommen. Es gab nicht nur endlose Diskussionen über bessere Erziehungsmethoden, sondern auch über Ehe- und Sexualprobleme. Denn eine angespannte Ehe überträgt sich negativ auf das Verhalten des Kindes, und das wollte man ja tunlichst vermeiden. Jeder durfte sich also in das Privatleben des anderen einmischen, was meistens in heftigstem Streit endete.

Über das Erziehungsproblem stellte man die ganze Gesellschaft in Frage und wollte das Privatleben jedes Einzelnen verändern. Ein wichtiger Punkt war für die Eltern, das Lebensmodell Kleinfamilie aufzugeben und mit den Kindern in eine große Kommune zu ziehen. Das war nämlich in ihren Augen die einzige wahre Lebensform, in der die Kinder frei aufwachsen konnten. Also gründete Claudia mit ihrer Familie und vier anderen Elternpaaren aus dem »Mäuseladen« eine große Kommune am Stadtrand Münchens, in der sie jegliche Form bürgerlichen Lebens aufgaben.

Im Kinderladen war ganz selbstverständlich Partnertausch angesagt. Ja, es wären wohl Zweifel aufgekommen, wenn nicht jeder mal mit jedem geschlafen hätte. Nach dem Elternabend ging die Gruppe gerne noch einen trinken. Claudia freute sich immer, wenn die Stimmung in der Kneipe etwas ausgelassener wurde und man sich nach ein paar Gläschen Wein näher kam. Mit der natürlichsten Selbstverständlichkeit verabschiedete sich Claudia von ihrem Mann Nils, um mit einem anderen Vater nach Hause zu gehen. Allerdings spürte sie dabei immer einen kleinen Stich im Herzen, wenn ihr Mann mit einer anderen abzog. Um ja im Trend zu liegen, unterdrückte sie ihre Gefühle. Kein Wunder, dass nach zwei Jahren im Kinderladen so gut wie jede Ehe in die Brüche ging. Auch Claudias Ehe hielt die vielen Seitensprünge nicht aus. Sie nahm es tapfer und ohne mit der Wimper zu zucken hin. Eisern hielt sie sich an die Achtundsechziger-Theorie, dass ein monogames Eheleben sowieso nicht in das neue Konzept einer freien, uneingeschränkten Liebe passe.

1970 gründete die Münchner SPD in der Rheinstraße die »Freie Private Grundschule« (FPG). Mit dieser antiautoritären »Versuchsschule« wollte man der Öffentlichkeit zeigen, dass das deutsche Schulsystem auch ohne Druck und strenge Maßnahmen funktionieren kann.
Meine Eltern waren begeistert von dieser Idee, und so wurde ich 1971 mit knapp sechs Jahren in die FPG eingeschult. Es war eigentlich gar keine Schule, denn sie war in zwei windschiefen Baracken in einem kleinen Garten untergebracht – direkt neben der trutzigen Simmernschule. Als mich meine Eltern am ersten Schultag in mein Klassenzimmer begleiten wollten, wurden sie zu meiner Enttäuschung gleich wieder weggeschickt. In der FPG wollte man nämlich, dass die Kinder von Anfang an selbstständig handelten und nicht am Rockzipfel ihrer Mütter hingen. Da stand ich nun mit meiner riesigen Schultüte in der Tür des Klassenzimmers und hatte fürchterliche Angst. Der Anblick meiner zukünftigen Klassenkameraden machte mir nicht gerade Mut. Einige Kinder balancierten auf den Schultischen, die zu einem großes Hufeisen zusammengestellt waren, andere tobten kreischend durch den Raum und rannten mich dabei beinahe um. Drei Jungs spielten Fußball, und zwei andere waren damit beschäftigt, die schönsten Schultüten ihren schreienden Eigentümern aus den Händen zu reißen. Als ich mich endlich aufraffte, um mir einen Platz zu suchen, bekam ich auch noch einen Ball an den Kopf geknallt mit dem begleitenden Kommentar: »Hau ab, du blöde Kuh.« Am liebsten wäre ich ganz schnell wieder nach Hause gerannt, aber das ging ja nicht. Endlich kam der Lehrer ins Klassenzimmer und brachte die tobende Bande nur mit Mühe zur Ruhe. Schreiend

machte er den Kindern klar, dass sie sich doch erst mal alle hinsetzen sollten, danach könnten sie ja weitertoben. Ich saß ja schon eine ganze Weile mit meiner Schultüte an meinem Platz, als sich plötzlich ein Junge neben mir niederließ. »Hallo, ich bin der Phillip«, sagte er. Schüchtern wie ich war, stellte ich mich kleinlaut vor und hatte damit schon verloren. Phillip erkannte meine Unsicherheit und nützte diese Schwäche gnadenlos aus. Ich wusste genau, auf was er es abgesehen hatte: auf den Inhalt meiner großen, bunt glitzernden Schultüte. Er selbst hatte nur eine mit Obst gefüllte, handgemachte Öko-Tüte aus umweltfreundlichem Buntpapier dabei. Es dauerte nicht lange, da kam auch schon die gefürchtete Frage: »Was hast du denn in deiner Schultüte drin? Darf ich mal reinschauen?« Was blieb mir anderes übrig. Widerwillig reichte ich ihm mein Heiligtum. Nachdem Phillip die Schultüte ausgiebig untersucht hatte, bediente er sich von meinen herrlichen Süßigkeiten, während er schmatzend sagte: »Du lässt mich doch mal probieren, oder?« Jedes Teil, das Phillip verschlang, schmerzte mich zutiefst, doch ich hatte nicht den Mut, ihn daran zu hindern. Ein paar Süßigkeiten ließ er mir gnädigst übrig und verkündete großzügig: »Hier hast du auch noch was.«

Die FPG war eine Ganztagsschule, in der es weder Noten noch Verbote gab. Wir Kinder »sollten« die Lehrer duzen und lernen, selbstständig zu handeln. So konnten wir frei entscheiden, ob wir am Unterricht teilnehmen oder nicht. Der freiwillige Unterricht fand am Vormittag statt, wogegen nachmittags nach dem Mittagessen verschiedene Freizeitaktivitäten wie Sport, Werken oder die Theatergruppe angeboten wurden.

Im hinteren Teil des Klassenzimmers gab es die Spielzone, in der sich die meisten Kinder aufhielten. Viele rannten aber schon in der ersten Schulstunde raus ins Freie, tobten sich aus und tauchten erst wieder zum Mittagessen auf. Nur wenige Schüler befanden sich in der so genannten »Lerngruppe« im vorderen Teil des Klassenzimmers. Unser Lehrer, Hans, war eigentlich ein netter Kerl, doch kaum ein Kind beachtete ihn. Im Klassenzimmer herrschten permanentes Geschrei und Getobe. Hans schien das nicht zu stören. Der gelernte Sozialpädagoge war immer gut gelaunt und spielte am liebsten Gitarre im Unterricht. Da ich vorher in meinem strengen Kindergarten Zucht und Ordnung gewohnt war, konnte ich mich nur schwer in die chaotische Klassengemeinschaft integrieren. Das Ganze kam mir vor wie eine Heiß-Kalt-Dusche.

Was heute undenkbar wäre, fand damals an der FPG tatsächlich statt: Alle drei Tage gab es einen Elternabend; dort wurde über die neuen pädagogischen Ziele und Fortschritte der Kinder diskutiert. Mona war eine von den engagierteren Müttern. Sie war begeistert, dass die FPG so anders war als alle anderen Schulen. Hier lernte sie nicht nur interessante und freigeistige Leute kennen, die etwas riskieren wollten, sondern konnte mitbestimmen, wie der Schulunterricht gestaltet wird. Das fand sie sehr spannend. Schon immer hatte sich meine Mutter von neuen revolutionären Dingen mitreißen lassen.

Auch Peter war von meiner antiautoritären Schule angetan. Weniger wegen des Konzeptes als vielmehr wegen der legeren Regeln. Wir verbrachten nämlich das Wochenende gerne in Ammerland am Starnberger See, wo meine Eltern bei einem Bauern ein kleines Zimmer gemietet hatten. Oft fuhren wir erst am Montagmorgen wieder nach München zurück. Wenn mich meine Eltern dann um zehn Uhr nach der großen Pause in der FPG ablieferten, regte sich niemand auf. Es war völlig egal, wann ein Kind zum Unterricht erschien. Das kam dem lässigen Lebensstil meiner Eltern sehr entgegen.

Ich hatte wenig Freunde in der FPG, denn ich war schüchtern und hatte einfach nicht die draufgängerische Power, die von den Achtundsechziger-Kindern erwartet wurde. Vielleicht lag es daran, dass ich in meinem spießigen Kindergarten ganz andere Verhaltensmuster gelernt hatte und viel stiller war als die anderen. Jedenfalls fanden mich die meisten Schüler uninteressant. Oft stand ich in der Ecke und habe die anderen Kinder nur beobachtet. Ich fühlte mich ausgeschlossen und hatte gar kein Bedürfnis, Kontakt mit den anderen zu suchen. Nur ein Mädchen bewunderte ich sehr. Sie hieß Natalie, hatte lange blonde Haare und trug wunderschöne, von ihrer Mutter selbst genähte lange Kleider – wie eine Prinzessin. Natalie war nicht nur sehr hübsch, sondern nahm auch eine führende Rolle in der Klasse ein. Sie bestimmte, was gespielt wurde und wer mitspielen durfte. Alle Jungs waren in Natalie verknallt und wollten mit ihr zusammen sein. Phasenweise war Natalie mit irgendeinem Jungen »verlobt«, bis es ihr mit ihm zu langweilig wurde und der nächste drankam.

Ich hatte das Gefühl, Natalie ging es sogar richtig auf die Nerven, so viele Verehrer zu haben. Alle Jungs wollten sie immer küssen und stürzten sich auf sie. Eines Tages sagte sie im gebieterischen Ton: »Jetzt reicht es mir. Wer von mir einen Kuss haben möchte, der muss sich schön in der Reihe anstellen. Jeder darf sich nacheinander einen Kuss bei mir abholen.« Gesagt, getan, die Jungs stellten sich brav in einer Schlange an, während Natalie wie eine Königin auf ihrem Platz thronte und jedem Einzelnen die Backe hinstreckte.

So wie Natalie wäre ich auch gerne gewesen, aber dazu war ich viel zu scheu und unauffällig. Mit meinen dünnen blonden Haaren, die strähnig auf meine Schultern fielen, meinem runden, viel zu weichem Mondgesicht und meiner piepsigen, unsicheren Stimme hatte ich keine Chance. So fügte ich mich in mein Schicksal und spielte in den Pausen am liebsten allein. Im hinteren Teil des Schulhofes gab es eine kleine verborgene Ecke hinter einem Busch am Zaun. Dort hatte ich mir ein kleines »Häuschen« aus Brettern und Steinen gebaut. Mein eigenes kleines, trautes Heim, in dem mich niemand sah und störte. Jede freie Minute verbrachte ich in dieser Ecke und spielte mit mir selbst »Vater, Mutter, Kind«.

Meine Eltern hatten über die FPG einen großen Freundeskreis. Am Wochenende unternahmen wir oft etwas mit anderen Elternpaaren und deren Kindern. Im Sommer fuhren wir zum Beispiel an den Starnberger See zum Baden, und im Winter gingen wir Schlitten fahren. Das war sehr schön.

Bei diesen Ausflügen fühlte ich mich ausnahmsweise wohl mit den anderen Kindern und nicht so ausgeschlossen wie in der Schule. Denn jedes Mal, wenn meine Eltern dabei waren, verlor ich meine schüchterne Zurückhaltung. Während wir Kinder also vergnügt spielten, kamen sich unsere Eltern näher. Sie flirteten miteinander und luden sich abends gegenseitig auf Partys ein. Es war in den Kreisen meiner Eltern ja so normal, dass ein Ehepartner auf

einem Fest mit einem anderen schmuste oder ins Bett ging – zumindest solange es Spaß machte.
Einmal verknallte sich meine Mutter in einen Vater aus meiner Klasse und traf sich abends öfter mit ihm. Ich bekam davon wenig mit, denn wenn Mona zu ihrem Lover ging, schlief ich meistens schon. So ein kleines Abenteuer fand sie sehr aufregend, ihre Liebe zu Peter sah sie dadurch nicht gefährdet. Wozu auch? Das Ganze war doch nur ein harmloses Strohfeuer, das sie nur ausleben wollte. Meinem Vater gegenüber gab sie ihre Affären so selbstverständlich zu, dass dieser sprachlos war. Peter war zum Glück kein eifersüchtiger Mensch, und so nahm er Monas Verhältnisse erstaunlich gelassen hin. Er wusste, dass es keine ernst zu nehmenden Geschichten waren und hatte dadurch zumindest auch die Berechtigung, mit anderen Müttern zu flirten.
Florian, ein Junge aus der dritten Klasse in der FPG, wurde von seiner Mutter sogar manchmal auf Sexpartys mitgenommen. Die Eltern einer seiner Klassenkameradinnen besaßen eine alte Villa auf dem Land, in der die Post abging. Während die Kinder zum Spielen in den Garten geschickt wurden, vergnügten sich ihre Eltern in den zahlreichen Zimmern des Hauses. Bis zum Abend waren sie exzessiv beschäftigt und ließen sich bei ihren Sprösslingen nicht mehr blicken. Manchmal sah Florian, wie ein Elternteil nackt von einem Zimmer ins andere huschte und dann wieder für längere Zeit verschwand. Für ihn war das keine Party, sondern eine große »Rudelbumserei«.
Auch wir Kinder wurden auf der FPG schon frühzeitig im Sexualkundeunterricht aufgeklärt. Ich fand es allerdings widerlich, als Hans, unser Lehrer, einmal zwei über-

dimensionale Poster an der Wand aufhängte, auf denen Fotografien von Geschlechtsteilen und verschiedenen Sexualpraktiken abgebildet waren. Meine Klassenkameradin Natalie fand diese Darstellungen so ekelhaft, dass ihr ganz schlecht wurde. Doch anscheinend gehörte so eine extreme Darstellung zur antiautoritären Erziehung.
Die meisten Schüler in der FPG hatten linksgerichtete Eltern, die ihnen zu Hause alles erlaubten und keine Grenzen setzten. Auch in dieser Einrichtung hatten die Kinder Narrenfreiheit. Kein Wunder, dass sich die älteren Kinder einen Spaß daraus machten, die jüngeren zu schikanieren. Konsequenzen gab es keine, denn die Schüler sollten allein mit Aggressionen und Konflikten fertig werden. So schauten die Lehrer gelassen zu, wenn ein älteres Kind ein jüngeres verhaute.
Da ich mit meinen knapp sechs Jahren zu den Jüngsten gehörte, war ich ein beliebtes Opfer. Jedes Mal, wenn ich verzweifelt zu einem Lehrer rannte und Hilfe suchte, wurde ich eiskalt weggeschickt und damit wieder in die Hände meines »Angreifers« getrieben.
Als Kind war mein Leben von Ängsten geprägt. Ich hatte Angst vor Menschen, Angst vor Konfrontation, Angst vor Unbekanntem und Angst vor Autorität. Am meisten Angst hatte ich aber vor Dschingis' »Schülerbande« – sechs draufgängerischen Jungs aus der vierten Klasse, die es hauptsächlich auf schwache Mädchen der ersten Klasse abgesehen hatten. Es fing damit an, dass ich schon auf dem Weg zur Schule von hinten überfallen und von drei Jungs gefesselt wurde. Anschließend bekam ich einen widerlichen Schnupftabak in die Nase gesteckt. Es war eine schreckliche Tortur, denn meine Nase brannte danach fürchterlich.

Eine andere Lieblingsbeschäftigung der Bande war es, uns Kinder aus der ersten Klasse an einen selbstgebauten Marterpfahl hinter der Schule zu binden. Wie immer war ich eines ihrer Lieblingsopfer. Das Ganze war halbwegs zu ertragen, denn irgendwann kam eine »Lehrkraft« vorbei, die mich wieder losband. Nur einmal hatte ich Pech. Als ich wieder einmal am Marterpfahl festgebunden war, fing es an, in Strömen zu regnen. Der Unterricht war bereits beendet. Alle Kinder rannten nach Hause, um sich ins Trockene zu bringen – nur mich hatten sie vergessen. Ich hing damals drei Stunden lang heulend und patschnass bis auf die Unterhose am Marterpfahl, bis mich der Hausmeister fand und losband.

Neben Dschingis' Bande entstanden noch zwei weitere Banden, die es genauso lustig fanden, schwächere Kinder zu demütigen. Nachts hatte ich Albträume und jeden Morgen panische Angst, in die Schule zu gehen. Meinen Eltern erzählte ich allerdings kaum etwas von meinen Sorgen, denn immer wieder bekam ich von den Erwachsenen zu hören: »Du musst lernen, mit Konflikten allein umzugehen und dich durchzusetzen.« Da ich nicht schwach wirken wollte, musste ich die Banden als unabänderliche Tatsache hinnehmen.

Dschingis, der gefürchtetste Bandenführer, war mongolischer Abstammung und sah mit seinen schmalen Schlitzaugen und seinen langen schwarzen Haaren wie ein Indianer aus. Dschingis beherrschte alle erdenklichen Kampfsportarten wie Judo oder Karate und war deshalb unschlagbar. Vor einem Jahr traf ich ihn in Hamburg und erzählte ihm, dass ich damals sehr unter ihm gelitten hatte. Der 42-jährige Mann war ganz verlegen und erklärte mir, dass er sich schon früh durchsetzen musste, weil er mit seinen Geschwistern eine Zeit lang in einer Ausländersiedlung in Karlsfeld gelebt hatte. Dort ging es hart zu. Es gab gefährliche Bandenkriege und viel Aggression. Dieses Potenzial habe er dann wohl später weitergegeben. Witzigerweise ist Dschingis heute ein sanfter Familienvater geworden, der als Produktionsleiter beim Film arbeitet.

In der FPG dachten sich die Banden immer wieder neue Schikanen aus. Regelmäßig jagten sie uns jüngere Mädchen durch den Schulhof, um uns mit aller Gewalt die Unterhose runterzuziehen. Es war ein Albtraum. Da hatte ich eines Tages eine geniale Idee. Als die Bande wieder auf mich zuraste, um sich auf mich zu stürzen, zog ich mir blitzschnell freiwillig die Hose runter. Die Jungs schauten etwas verblüfft, ließen mich dann aber stehen und suchten sich ein spannenderes Opfer. Danach hatte ich wenigstens in dieser Hinsicht Ruhe.

Ariella, Natalies ältere Schwester aus der zweiten Klasse, konnte das nicht behaupten. Auch sie war ein beliebtes Opfer. Einmal riss ihr eine Bande die Kleider vom Leibe und verbrannte sie vor ihren Augen in einem kleinen Lagerfeuer hinter der Schule. Danach banden die Jungen das hilflose Mädchen nackt an einen Baum und peitschten sie mit Brennesseln aus. Ariella schrie, aber keiner kam ihr zur Hilfe.

Erst als ein Kind entführt wurde und die ganze Nacht nicht nach Hause kam, bekamen die Lehrer ein schlechtes Gewissen. Sie mussten sich fragen, ob sie nicht etwa ihre Aufsichtspflicht verletzt hatten. Und sie erkannten, dass der Spaß wohl doch zu weit gegangen war. Ariella sah zu, wie sämtliche Eltern und Lehrer am nächsten Morgen das vermisste Kind suchten. Endlich fanden sie den verschleppten Jungen eingesperrt im Keller eines anderen Schülers. Beim nächsten Elternabend wurde beschlossen, alle Banden in Zukunft besser im Auge zu behalten.

Mona und Peter waren überzeugt, dass die FPG gut für mich war. Bei vielen Kindern funktionierte das antiautoritäre Konzept auch; sie profitierten davon. Nur bei mir hat es nicht gefruchtet, denn schwache Kinder wurden unterdrückt. Leider haben das meine Eltern erst zu spät erkannt.

Als ich in die dritte Klasse kommen sollte, wurde die FPG aus finanziellen Gründen geschlossen. Die SPD weigerte sich, weiterhin Zuschüsse zu zahlen. Mona regte sich sehr darüber auf. Ihrer Meinung nach hatte die SPD die FPG doch nur gegründet, um mehr Wählerstimmen zu bekommen. Als die Partei die Wahl dann gewonnen hatte, interessierte sie sich nicht mehr für die Schule. Eine Zeit lang schafften es einige Eltern – wie auch Mona und Peter –, das Schulgeld selbst zu bezahlen, doch auf Dauer waren tausend Mark im Monat zu viel.

Da ich in den ersten beiden Schuljahren nicht einmal richtig lesen gelernt hatte, wiederholte ich zusammen mit vielen anderen Kindern die zweite Klasse auf einer normalen Schule. Nur ein paar wenige aus der FPG schafften es, den gesamten Lehrstoff in den Sommerferien nachzubüffeln.

Im Gegensatz zu »bürgerlichen« Kindern hatte ich sehr viele Freiheiten. Ich durfte auf Partys mitfeiern, brauchte mich nie anständig zu benehmen, durfte in der Wohnung mit anderen Kindern schreien, toben und mich dreckig machen, musste nie mein Zimmer aufräumen, musste nicht essen, was ich nicht mochte, und wurde von Anfang an zur Selbstständigkeit erzogen. Meine Mutter war wirklich tolerant, nur ihre permanente Ungeduld entsprach gar nicht der antiautoritären Erziehung. Wenn ich frech war oder ihr nicht gehorchte, diskutierte sie nicht lange herum. Wenn Mona etwas forderte, hatte sie einen bestimmenden Ton. Wenn das nicht funktionierte, haute sie mir kurzerhand eine runter. Als ich älter wurde, fielen ihr die Ohrfeigen zwar immer schwerer, weil ich gelernt hatte auszuweichen, doch auch später noch bekam ich öfter eine »hinter die Löffel«. Ich wusste genau, wann der Bogen überspannt war und es für mich nur noch hieß, ganz schnell wegzulaufen. Unsere Altbauwohnung eignete sich perfekt für so ein »Fangspiel«. Ich rannte durch die vielen Flügeltüren im Kreis herum und meine Mutter wutschnaubend hinter mir her – so lange, bis sie mich irgendwann erwischte.

Mona hatte es allerdings nicht leicht mit mir. So schüchtern ich in der Schule auch war, in vertrauter Umgebung konnte ich ein echter »Zornpinkel« sein. Manchmal bekam ich solche Wutanfälle, dass ich das ganze Zimmer meiner Eltern verwüstete. Ich schmiss sämtliche Bücher aus dem Regal, fegte mit einer Hand den Schreibtisch leer, zerriss wichtige Papiere und zerschnitt sogar einmal die Lieblingsbluse meiner Mutter. Es geschah immer dann, wenn ich mich ungerecht behandelt fühlte. Dann stieg so eine Wut in mir hoch, dass ich nicht anders konnte, als mich zu rächen. Das Schlimmste war aber einmal, als ich Monas gesamten Erbschmuck aus Wut ins Klo warf und an der Strippe ziehen wollte. Panisch war meine Mutter hinter mir hergerannt, doch bevor sie mich aufhalten konnte, hatte ich den Schmuck schon ins Klo geworfen.

Ganz cool sagte ich: »Wenn du nur einen Schritt näher kommst, spüle ich das Zeug runter.« Mona schrie verzweifelt: »Wehe du tust das.« Als sie aber merkte, dass ihr Schimpfen nichts nützte, versuchte sie es auf die sanfte Tour: »Nüdelchen, bitte, tu mir den Gefallen und zieh nicht an der Strippe. Du darfst dir auch was Schönes wünschen.« Damit war ich einverstanden. Gemein war nur, dass ich hinterher, als Mona ihren Schmuck in Sicherheit gebracht hatte, doch noch eine Ohrfeige für meine Frechheit kassierte.

Mein Vater, der jeden Abend erst spät nach Hause kam und sich mit solchen alltäglichen Erziehungsproblemen nicht herumschlagen musste, war in meinen Augen der »heilige Papi«, bei dem man sich über die »böse Mami« ausheulen konnte. Ich brauchte dieses Ventil, wo ich meine ganze Wut ablassen konnte. Mein Vater hörte sich meine Beschwerden immer geduldig an und stellte sich tröstend auf meine Seite. Zumindest gab er mir das Gefühl, mit meinen Anschuldigungen im Recht zu sein.

Meine Mutter verspürte ständig den Druck, etwas leisten zu müssen. Nie kam sie richtig zur Ruhe. Diesen Druck gab sie unbewusst an mich weiter. Nur war sie bei mir an der falschen Adresse. Ich war von Natur aus ein sehr verträumtes und langsames Kind. Manchmal brachte ich Mona mit meinem Schneckentempo zur Weißglut. Sie wollte, dass ich schnell und gut funktioniere, so wie sie selbst als Kind gut funktionierte, konnte es aber bei mir nicht erzwingen. Witzigerweise ist es heute Monas höchstes Ziel, innere Ruhe zu finden, also genau die Lebenshaltung einzunehmen, die mir als Kind gegeben war.

Meiner Erinnerung nach hat mich meine Mutter nur selten liebevoll in den Arm genommen oder mich ausgiebig getröstet. Viel öfter habe ich das Bild vor Augen, dass mich Mona genervt wegschickte, weil ich ihr zu viel war. Diese Worte liegen mir noch in den Ohren: »Was ist denn schon wieder, Katharina«, »Ich habe jetzt keine Zeit«, »Siehst du nicht, dass ich zu tun habe«, »Stell dich mal nicht so an, das wird schon wieder« …

Mona hatte selbst eine schwache Mutter, die sie oft wegschickte und ablehnte, weil ihr die Erziehung von drei Töchtern über den Kopf wuchs. Daneben hatte Mona einen sehr strengen Vater, der sie zum Gehorsam drillte. Mein Großvater arbeitete als Architekt bei Albert Speer. Er war zwar nie in der Partei gewesen, aber autoritärer eingestellt. Darunter litt meine Mutter sehr. Wenn sie und ihre jüngeren Schwestern etwas anstellten, mussten sie sich in einer Reihe aufstellen, die Hose runterlassen und bekamen entsprechend viele Schläge auf den Po. Als Älteste kassierte Mona die meiste Prügel. Ihre jüngere Schwester Conny bekam in der Regel zwei Schläge, während die kleine Christiane schon vorher so laut schrie, dass sie mit einem kleinen Klaps davonkam.

Die Achtundsechziger-Revolte kam meiner Mutter sehr gelegen. Sie bot ihr den Rahmen, um endlich aus den repressiven Strukturen ausbrechen zu können. Als sie mit 21 Jahren heiratete und mich zur Welt brachte, fühlte sich Mona wieder in eine Zwangsjacke gepresst. Sie konnte mir also nicht das geben, was ich so dringend brauchte: Geborgenheit und Wärme.

4

Am Anfang war das Chaos

Meine Tante Conny lag mit ihren antiautoritären Erziehungsmethoden voll im Trend der Achtundsechziger-Bewegung, doch war sie keine emanzipierte Frau. Nach der Trennung von ihrem Mann konnte sich die damals 24-Jährige als allein erziehende Mutter nur schwer durchsetzen. Es schien ihr zum Beispiel unmöglich, zu einer Bank zu gehen und sich dort ein eigenes Konto einzurichten, denn um die finanziellen Dinge hatte sich bisher immer ihr Mann gekümmert. Den Frauen wurde in dieser Zeit auch eingeredet, dass sie solche Dinge nicht können und dass es Männersache sei, genauso wie das Autofahren. Als Conny also zum ersten Mal allein zur Hypo-Bank ging, hatte sie unglaubliche Angst. Es ging ihr nur ein Gedanke durch den Kopf: »Hoffentlich schaffe ich das.« Ebenso hart war es für meine Tante, eine neue Wohnung für sich und ihre Tochter zu finden. Die Vorstellung, mit Miriam isoliert in einem kleinen Appartement leben zu müssen, bedrückte sie sehr. Da erzählte ihr eines Tages eine Studienkollegin, dass in einer große Kommune am Harras ein Zimmer frei geworden wäre. Es war eine zweistöckige alte Villa mit großem Garten, in der auch

noch drei andere allein erziehende Mütter lebten. Conny schien das der ideale Ort zu sein, endlich aus dem bürgerlichen Leben auszubrechen und mal etwas ganz Neues auszuprobieren. Und so zog sie 1971 mit meiner damals dreijährigen Cousine Miriam ein. In der Kommune wohnten insgesamt acht Erwachsene und fünf Kinder: vier allein erziehende Mütter mit ihren Kindern, ein getrenntes Elternpaar mit Kind und zwei allein stehende Männer.
Ganz im sozialistischen Sinne waren auch hier schicke Möbel tabu. Je einfacher und spärlicher die Einrichtung, desto besser. Statt Betten gab es nur Matratzen auf dem Boden, und statt Schränken wurden einfache Regale benutzt, auf denen alles lag, was man brauchte. Einige der Mitbewohner verwendeten für ihre paar Habseligkeiten auch nur ein paar rohe Bretter, die sie an der Wand befestigten.
Jeder Erwachsene hatte zwar ein eigenes Zimmer, ansonsten war aber Besitzdenken verpönt. So wie in Kommunen üblich, galt der kommunistische Leitsatz: Alles wird fair geteilt. Das Auto, das Essen, das Geld, die Partner und selbst die Kinder. Alle Dinge in der Kommune waren Gemeingut und durften von jedem benutzt werden. Für Conny, die bisher ein großbürgerliches Leben gewöhnt war, bedeutete das eine krasse Umstellung. Die meisten Kommune-Mitglieder kamen aus sozial schwachen Arbeiterfamilien – was ja bei den Achtundsechzigern angesagt war. Es sollte ja keine Klassengesellschaft mehr geben, in der die Reichen bestimmen, sondern alle sollten gleichberechtigt sein. Conny hatte Schwierigkeiten, ihr bürgerliches Verhalten von heute auf morgen aufzugeben. Sie hing an ihren persönlichen Sachen, die sie nicht so selbst-

verständlich mit allen teilen wollte. Dafür erntete sie heftige Kritik: »Mann, bist du spießig«, oder: »Geh doch zurück in dein bürgerliches Leben.« Conny bemühte sich zwar, lässig und freakig zu erscheinen, wirkte dabei aber nicht sehr überzeugend. Für die anderen Mitbewohner war sie immer noch viel zu brav und angepasst.

Am meisten hatte Conny mit Agnes zu kämpfen, einer allein erziehenden Mutter aus der Kommune. Sie war zehn Jahre älter als sie, sehr emanzipiert und hochintellektuell. Conny bewunderte die gestandene Frau, die früher Stewardess war, eine lange Ehe hinter sich hatte, unglaublich gebildet wirkte und mit beiden Beinen auf dem Boden stand. Aus Connys Sicht war Agnes die Superfrau, die alles schaffte. Umgekehrt war meine Tante für Agnes nichts anderes als ein ängstliches Hascherl, das nicht mal in der Lage war, ohne Hilfe ein Regal aufzubauen. Oft musste sich Conny sarkastische Bemerkungen von Agnes anhören, die sie als unselbstständiges Weibchen bezeichnete. Einerseits war meine Tante in der Kommune gezwungen, ihr Weibchen-Dasein aufzugeben, andererseits spürte sie genau, wie eifersüchtig Agnes auf sie war – dass sie nur einen Anlass suchte, um ihren Frust bei ihr abzulassen. Agnes war keine Schönheit und wirkte durch ihre emanzipierte Art sehr hart. Bei Männern kam sie längst nicht so gut an wie Conny, die mit ihrer weiblichen, weichen Seite sehr attraktiv wirkte. Das machte Agnes ernsthaft zu schaffen.

Spätestens als sich Fred, einer der zwei allein stehenden Kommune-Bewohner in Conny verliebte, war für Agnes der Ofen aus. Der junge Hengst war doch immer von ihr besessen gewesen und total hinter ihr her, bis diese Conny

aufkreuzte und ihr einen Strich durch die Rechnung machte. Das konnte sie sich nicht gefallen lassen.
Als sich Conny von Fred endlich überreden ließ, mit ihm mal eine Nacht zu verbringen, stürzte Agnes wie eine Furie in Connys Zimmer, ertappte die beiden auf frischer Tat und schrie meine Tante an: »Lass gefälligst deine Hände von Fred.« Ihr bisheriger Liebhaber stotterte nur etwas beschämt: »Komm, Agnes, jetzt hab dich doch nicht so kleinlich. Wir waren schließlich nie fest zusammen. Mach mal keine Szene, ja.« Doch danach huschte er mit gesenktem Kopf und eingezogenem Schwanz in sein Zimmer. Auch Conny war diese Situation mehr als unangenehm. Seit dem peinlichen Vorfall versuchte sie, Agnes lieber aus dem Weg zu gehen.
Die fünf Kinder wohnten alle zusammen in einem großen Zimmer. Miriam war mit ihren drei Jahren die Kleinste und besonders stolz auf ihr neues Dreirad, das sie gerade von ihrem Papa geschenkt bekommen hatte. Da auch die Kinder in der Kommune alles teilen sollten, nahmen ihr die größeren Kinder das Dreirad andauernd weg und fuhren abwechselnd damit herum. Für Miriam war das zu viel. Sie war gerade in der Phase, in der sie ihr Ego entdeckte, und schrie andauernd »meins«, während sie vergebens hinter ihrem Dreirad herrannte. Wenn dann Andrea, eine andere Mutter, auf sie einredete: »Nein, Miriam, das Dreirad ist für alle da«, bekam meine Cousine einen hysterischen Anfall. Miriam war in dieser Zeit mit allem überfordert. Erst wurde sie von ihrem geliebten Vater getrennt, und dann durfte sie nicht mal eine ihrer Spielsachen behalten. Hinzu kam, und das war sicher das Schlimmste, dass Miriam nicht zu ihrer Mutter durfte, wann sie wollte. Es

gab nämlich folgende Regel: Damit die Kinder nicht die ganzen Neurosen ihrer Eltern übernehmen, sollten sie viele Bezugspersonen haben. Das heißt, jeder Erwachsene hatte einen Tag in der Woche Dienst, an dem er die Kids mit dem Auto in den Kindergarten fuhr, wieder abholte, ihnen abends ein Essen kochte und sie danach ins Bett brachte. Die eigentlichen Eltern sollten sich, wenn sie keinen Dienst hatten, zurückziehen und sich auf keinen Fall in die Erziehung des anderen einmischen. Für Miriam war das der Horror. Nachdem sie mit drei anderen Kindern aus der Kommune bis spätnachmittags im Akademiekindergarten war, wollte sie natürlich am Abend mit ihrer Mutter zusammen sein und auch von ihr ins Bett gebracht werden. Conny hatte aber wie alle Erwachsenen in der Kommune nur einem Tag in der Woche Kinderdienst. Jeden Abend machte Miriam ein riesiges Geschrei, wenn sie von einem Kommune-Mitglied zusammen mit den anderen Kids ins Bett gebracht werden sollte. Meine Cousine schrie: »Hau ab. Ich mag dich nicht. Ich will zu meiner Mama«, aber es nutzte nichts. Auch ihre Mutter musste sich wohl oder übel an die Kommune-Regeln halten. Nur schwer konnte sie ihre Tränen unterdrücken, wenn sie Miriam im Nebenzimmer schreien hörte. Am liebsten wäre sie rübergerannt und hätte sie umarmt, doch Conny blieb hart. Schließlich sollte Miriam lernen, selbstständig zu werden und sich abzunabeln, so wie es von den Achtundsechziger-Kindern erwartet wurde. Die Quittung für diese Entscheidung bekam sie, als ihre Tochter nachts immer aufstand und in ihr Bett krabbelte. Das war eine Todsünde. Hauptregel Nr. 1 in der Kommune war: Kinder sollen nicht im Bett ihrer Eltern schlafen, denn dann ist die emotionale Bindung zu stark und der Abnabelungsprozess gehemmt.

Es war wirklich nicht leicht, eine Achtundsechzigerin zu sein. Nein, aber da musste man durch. Denn Conny wollte von den anderen akzeptiert werden. Die anderen waren sehr kritisch. Sie waren hochbegabte Rhetoriker, politisch sehr aktiv und bewandert in der maoistischen Lehre. Natürlich erwarteten sie das gleiche Engagement von meiner Tante. Jeden Abend wurde am großen runden Tisch in der Küche hochtrabend über politische Themen diskutiert. Das war Pflichtprogramm. Alle sollten gemeinsam für die gleiche Sache kämpfen. Wenn Conny mal ins Kino ging, wurde sie hinterher kritisch angeschaut – »Na, wo warst du denn schon wieder? Hast du mal wieder was Besseres vorgehabt?«

Conny bemühte sich zwar, doch sie konnte sich nicht so stark für Politik und die gemeinsame Sache begeistern, wie es von ihr erwartet wurde. Auch rhetorisch war meine Tante nicht ganz so schlagfertig wie die anderen. Bei Diskussionen ließ sie sich grundsätzlich unterbuttern. Wenn dann auch noch spätabends Miriam heulend in die Küche zu ihrer Mutter lief und meinte, dass sie nicht schlafen könne, kamen von den anderen verachtende Kommentare wie: »Na, musst du wieder am Rockzipfel deiner Mutter rumhängen? Komm endlich aus deiner Babyrolle raus.«

Miriam waren solche Sprüche völlig egal, aber Conny fühlte sich dann immer sehr schuldig. Ja, sie war das schwarze Schaf in der Kommune, und diese Rolle wurde sie so schnell nicht mehr los.

Man kann nicht sagen, dass Conny unpolitisch war. Sie ging gerne auf Demonstrationen und zu Sit-ins, sie hörte

sich verschiedene Vorträge an und war von den Achtundsechziger-Ideologien überzeugt – allein schon wegen der antiautoritären Erziehung –, doch sie wollte nicht so verbiestert und bierernst an die Sache herangehen wie ihre Mitbewohner.
Als ich einmal Conny und Miriam zusammen mit meinen Eltern in ihrer Kommune besuchte, wurde ich gleich ins Kinderzimmer geschickt. Meine Eltern begleiteten Conny in die Küche zu den anderen Mitbewohnern, die gerade in eine heftige Diskussion verstrickt waren.
Als ich das Kinderzimmer betrat, schenkte mir keines der Kinder Beachtung. Sie tobten herum oder waren mit irgendetwas anderem beschäftigt. Nur Miriam rannte freudig auf mich zu und zeigte mir gleich ihre Spielsachen, die jetzt Gemeingut geworden waren. Es war ein großes Zimmer, in dem insgesamt fünf Betten standen. In der Mitte hatten die Kinder aus Stühlen, Tischen und herunterhängenden Betttüchern eine Höhle gebaut. Mir fiel auf, dass die anderen Kommune-Kinder längst nicht so viel Spielsachen hatten wie meine Cousine und dass sie sich überwiegend mit selbst geschnitzten Holzsachen sowie Stöcken und Steinen beschäftigten. Statt mit Kinderspielzeug spielten sie mit Alltagsgegenständen wie zum Beispiel einem alten Telefon, einer verrosteten Schreibmaschine oder Töpfen und Geschirr aus der Küche. Erst später begriff ich den Grund: Gekaufte Spielsachen waren bei den Achtundsechzigern verpönt, denn sie wollten sich ja vom kapitalistischen Konsumzwang lösen.
Mona, die inzwischen Connys Mitbewohner kennen gelernt hatte, war entsetzt über die kalte Atmosphäre, die in der Küche herrschte. Diese Kommune kannte ja gar

keinen Spaß am Leben. Das waren ja alles politische Fanatiker, die nur theoretisches Zeug laberten, aber nichts davon in die Praxis umsetzten. Die lebten doch nur für ihre sinnlosen Diskussionen. Meine Mutter sah außerdem, wie unglücklich ihre Schwester war, und versuchte sie zu überreden, wieder auszuziehen. Doch Conny wollte nicht klein beigeben. Sie zwang sich zum Durchhalten, so wie es von ihr erwartet wurde. Schließlich war sie eine überzeugte Achtundsechzigerin, und das wollte sie den anderen beweisen.

Im Frühling 1972 zog ich mit meinen Eltern aus der Wohnung in der Ungererstraße aus. Peter und Mona führten inzwischen ein ganz anderes Leben als Usch und Wolf, die immer noch viel im »Nest« herumhingen. Selbst mein lotterhafter Vater hatte inzwischen einen seriösen Job als Redakteur in einer zum Bertelsmann-Konzern gehörenden Gesellschaft, die das private Rundfunkprogramm in Deutschland verbreitete, und war nun ein ernst zu nehmender Bestandteil der arbeitenden Bevölkerung. So trennten sich ihre Wege. Mit einem gemeinsamen Freund und einer allein erziehenden Mutter gründeten wir dann eine neue WG in der Viktoriastraße in Schwabing. Es handelte sich um eine 200-Quadratmeter-Wohnung mit großer Dachterrasse. Trotzdem war ich geschockt von unserem neuen Zuhause. Die Wohnung war total heruntergekommen. Decken wie Böden waren nach Bombeneinschlägen während des Zweiten Weltkriegs beschädigt. Die Wände waren völlig verdreckt und mit Löchern übersäht, die Fenster teilweise zerschlagen und mit Pappkarton ausgebessert. Als ich mit meinem Vater die Wohnung das erste Mal besichtigte, öffnete uns eine achtzigjährige Frau die Tür. Sie war Schauspielerin gewesen, später dann verwitwet und lebte seit fünfzig Jahren in dieser Wohnung, in der sie offensichtlich schon lange keinen Handstrich mehr getan hatte. Weil sie pleite war, vermietete sie die sechs Zimmer an Studenten. Sie selbst schlief in einer alten mit Kissen ausstaffierten Zinkbadewanne im Bad. Trotzdem nahmen wir die renovierungsbedürftige Wohnung. Sie kostete damals 300 Mark Miete im Monat. Das war viel Geld für meine Eltern und ihre Freunde.

Ganz im Trend der siebziger Jahre strichen meine Eltern und die anderen WG-Mitglieder Wände und Türen unserer Wohnung in knallbunten Farben an und legten einen stechend grellorangefarbenen Teppich aus.

Inzwischen war Peters und Monas politischer Eifer merklich abgekühlt; umso intensiver waren sie in die Schwabinger Künstlerszene eingetaucht. Vielleicht lag es daran, dass Klaus, unser Mitbewohner, Maler war und für Richard Hartmanns Galerie arbeitete. Es war eine große Galerie in Schwabing, in der eine Vernissage nach der anderen stattfand. Natürlich waren auch meine Eltern immer eingeladen. Klaus nahm den harten Kern der Gäste nach Mitternacht gerne noch mit zu uns in die Viktoriastraße, wo dann kräftig weitergefeiert wurde. Kein Wunder, dass unsere WG schon bald ein bekannter Künstlertreffpunkt wurde. Es herrschte ein permanentes Kommen und Gehen. Manchmal gabelten meine Eltern irgendwelche Freaks oder mittellose Künstler auf, die sich dann monatelang bei uns einnisteten – so wie Gerhart, der die Großzügigkeit meiner Eltern gnadenlos ausnützte. Er war Bildhauer, hatte aber nie einen Pfennig in der Tasche und zu dieser Zeit mal wieder keine Bleibe. Gerhart war

ein lieber Kerl, trotzdem ging mir seine Anwesenheit auf den Wecker. Nachts schlief er immer auf einer Matratze in unserem großen Gemeinschaftsraum. Wenn ich morgens zur Schule musste, sah ich ihn dort schnarchend auf dem Rücken mit weit ausgestreckten Armen und Beinen liegen. Er erinnerte mich an einen toten Käfer. Meistens machte ich einen weiten Bogen um ihn herum, denn Gerhard roch immer etwas unangenehm nach altem Rauch und Alkohol. Was mich aber am meisten störte, war, dass er seine stinkenden Socken überall liegen ließ. Selbst im Wäschekorb verursachten sie einen unglaublichen Gestank. Gerhart dachte gar nicht daran, wieder auszuziehen. Wozu auch, wenn keines der anderen »WG-Mitglieder« seine Anwesenheit als störend empfand.
Mona liebte den Trubel in unserer Wohnung. Die Türen standen für jedermann offen, und das machte sich bemerkbar. Meine Eltern mochten diese Lebendigkeit. Es war immer etwas los, und sie lernten dabei viele neue interessante Menschen kennen. Kleinfamilie war verpönt.
Unser Mitbewohner Klaus war mein Patenonkel. Als Studienfreund meiner Mutter hatte er in Berlin mal ein kurzes Verhältnis mit ihr, bis mein Vater auftauchte und sie ihm ausspannte. Damals war Klaus todunglücklich darüber, wurde dann aber der beste Freund meines Vaters, und schon bald war der Verlust meiner Mutter überwunden.
Klaus mochte Mona wirklich gerne, doch als er mit ihr zusammenlebte, merkte er, wie zickig sie sein konnte. Mein Patenonkel war deswegen heilfroh, nicht mit ihr verheiratet zu sein. Wenn Mona schlechte Laune hatte, bemitleidete Klaus meinen Vater zutiefst, und so wurden

In unserer WG war immer etwas los. Mein Vater und ein Schwabinger Künstler in angeregter Diskussion

die beiden Verbündete. Mein Patenonkel hielt immer zu meinem Vater, vor allem wenn es darum ging, ob beim Essen die Sportschau geguckt werden durfte oder nicht.
Klaus wurde überall »Schubkärrchen« genannt. Diesen Spitznamen hatte ihm Mona einmal verpasst, als er auf einem Fest stockbesoffen war und immer von einer Schubkarre faselte. Klaus hasste diesen Namen, bekam ihn aber nie wieder los.
»Schubkärrchen« war ein begnadeter Maler, der nur ein Handicap hatte: Er trank zu viel. Jede Nacht trieb er sich in Schwabinger Kneipen herum und stand selten vor zwölf Uhr auf. Wenn er mittags verkatert aus seinem Zimmer kam, durfte man ihn nicht ansprechen. Vor allem auf uns tobende Kinder war er vormittags gar nicht gut zu spre-

chen. Manchmal riss er wütend seine Türe auf und brüllte: »Verdammt noch mal, jetzt ist aber Ruhe hier.« Dann verschwand er wieder und schlief noch mal drei Stunden.

In Gesellschaft war Klaus der perfekte Unterhalter – der beste Party-Clown Schwabings. Nur nüchtern war er alles andere als lustig. Sein Zimmer war das reinste Chaos. Erst mal stolperte man über zahlreiche unfertiger Bilder, die verstreut auf dem Boden lagen. Dazwischen haufenweise Klamottenberge, die sich im Laufe von Wochen dort angesammelt hatten, und verschiedene Wasserbecher gefüllt mit Pinseln aller Größen – nicht zu vergessen etliche Aschenbecher randvoll mit alten Zigarettenstummeln.

Trotzdem war Klaus mein großes Vorbild; auf ihn hörte ich mitunter mehr als auf meine Eltern. Eines war damals ganz klar für mich: Später wollte ich meinen Patenonkel heiraten. Manchmal krabbelte ich nachts unter seine Bettdecke. Dann brummte Klaus etwas mürrisch und drehte sich zur Wand. Widerwillig ließ er mich bei sich schlafen, doch nach zwei Stunden gab ich meist freiwillig auf, denn »Schubkärrchen« schnarchte in einer ohrenbetäubenden Lautstärke.

Neben Klaus wohnten noch Helena und ihr Sohn Fritz in unserer WG. Fritz war zwei Jahre älter und wie ein Bruder für mich. Wir hassten und wir liebten uns. Fritz war natürlich der Anführer von uns beiden und verleitete mich gerne zu irgendeinem Unsinn. Wir machten uns zum Beispiel einen Spaß daraus, die Socken unserer Mitbewohner oben zuzunähen, Kaugummis in ihre Schuhe zu kleben oder schmieriges Zeug unter die Bettdecken zu stecken.

Bestraft wurden wir dafür nie. Die Erwachsenen fluchten

zwar fürchterlich, wenn sie mal wieder Opfer einer unserer Streiche wurden, zogen aber keine Konsequenzen daraus. Sie ließen uns machen, was wir wollten – wir wurden ja antiautoritär erzogen.

Manchmal war auch ich diejenige, die unter Fritz zu leiden hatte. Besonders gerne spielte er seine körperliche Überlegenheit aus. Wenn er schlecht gelaunt oder wütend auf mich war, quälte er mich, indem er mir den Arm umdrehte oder mich brutal auf den Boden schmiss und mich »umlegte«, wie er es ausdrückte. Ich lag dann zappelnd und schreiend unter ihm, während er meine Hände so fest auf den Boden drückte, dass ich hinterher rote Striemen an den Handgelenken hatte. Es tat zwar schrecklich weh, aber ich bin nie petzen gegangen – das war tabu. Ich hatte schließlich gelernt, allein mit Konfliktsituationen umzugehen.

Fritz wohnte mit seiner Mutter Helena in einem 50-Quadratmeter-Zimmer am Ende des langen Flurs. Die beiden waren ein Herz und eine Seele und schliefen meistens zusammen in einem Bett. Es war ein riesiges Bett, das wie ein Podest fast das halbe Zimmer ausfüllte und mit exotischen Kissen ausgestattet war.

Helena, die Radiomoderatorin beim Bayerischen Rundfunk war, wurde von meinem Vater in die WG eingeschleust. Sie war eine schlanke, sportliche Frau mit kessem Kurzhaarschnitt, die auf Männer einen gewissen Reiz ausstrahlte. Außerdem war Helena eine sehr emanzipierte Frau und verbal unglaublich schlagfertig; so manche Männer konnte sie in Grund und Boden reden.

Anfangs fand meine Mutter Helena sehr nett, doch schon bald hatten die beiden ein angespanntes Verhältnis.

Mona war überzeugt, dass Helena etwas von meinem Vater wollte. Sie konnte es nicht ausstehen, wenn sich Helena in Szene setzte, sobald ein Mann in ihrer Nähe war. Am meisten nervte sie aber, wie ihre Nebenbuhlerin Peter umgarnte. Jeden Morgen erzählte sie meiner Mutter brühwarm, welche sexuellen Träume sie von ihm hatte. Mona fand das unglaublich geschmacklos, doch Peter genoss es, von Helena angehimmelt und bewundert zu werden.

Als Mona einmal spätnachmittags von der Arbeit nach Hause kam, sah sie, wie Peter mit zerzausten Haaren aus Helenas Zimmer kam und sich gerade den Hosenstall zumachte. Mona war geschockt. Waren also ihre Befürchtungen doch wahr geworden? Als Peter ihren entsetzten Gesichtsausdruck sah, sagte er nur ganz trocken: »Du brauchst jetzt nicht zu denken, dass da irgendetwas gelaufen ist. Da war überhaupt nichts.« Mona glaubte ihm natürlich kein Wort. Sie war zutiefst verletzt und redete mindestens zwei Tage lang nicht mehr mit ihm. Helena ging sie seitdem bewusst aus dem Weg.

Peter verstand Monas Verhalten nicht. Er erzählte mir später, dass er wirklich nichts mit Helena hatte. Das Ganze sei total harmlos gewesen. Er und Helena hätten ganz entspannt auf dem Boden bei Kerzenlicht gelegen und relaxte Musik gehört. Es wäre eine schöne Atmosphäre gewesen, eine Situation, wo man hätte sagen können: »Mona, komm doch her. Es ist so schön, leg dich dazu und genieße die Ruhe.« Aber dazu wäre es ja nicht gekommen. Mona hätte ihn nicht einmal anhören wollen. Peter konnte nicht verstehen, warum Mona so eifersüchtig war. Wenn sie mit anderen Männern ins Bett ging, war das

selbstverständlich. Doch wenn er mal fremdging, wurde sie sehr wütend.
Auch Klaus war kein Kind von Traurigkeit. Er hatte einen umwerfenden Charme, war temperamentvoll und witzig, was bei Frauen sehr gut ankam. Immer wieder brachte er irgendwelche »Nachteulen« aus einer Kneipe mit nach Hause, die am nächsten Morgen mit uns frühstückten. Die Tussis, die Klaus im Suff abschleppte, waren wirklich keine Schönheiten. Einmal sprach ich meinen Patenonkel darauf an: »Du, Klaus, warum hast du eigentlich immer so hässliche Freundinnen?« Worauf er mir antwortete: »Hör mal gut zu, Katharina. Eines solltest du dir merken: Fürs Bett muss eine Frau nicht unbedingt schön sein, aber einen Knackarsch muss sie haben. Nur darauf kommt es an.«
Das prägte ich mir ein. Umso mehr wunderte es mich, als ich eines Morgens eine Frau aus Klaus' Zimmer kommen sah, die einen unglaublich dicken Hintern hatte. Ich rieb ihr natürlich gleich Klaus' Spruch unter die Nase, und schon war sie weg – auf Nimmerwiedersehen. Klaus war zwar etwas verblüfft, als er aufstand und seinen Betthasen nicht mehr finden konnte, war aber letztendlich erleichtert darüber. Ich hingegen wendete diese Taktik danach immer an, wenn ich die Weiber meines geliebten Patenonkels vertreiben wollte.
Conny, die gerade ihr Referendariat absolvierte und kurz vor ihrem zweiten Staatsexamen stand, musste schon sehr früh aufstehen, um rechtzeitig in der Schule zu sein. Damit war sie als Einzige in der Kommune von der Pflicht entbunden, morgens Kinderdienst zu schieben und die Kids mit dem Gemeinschaftsauto in den Akademiekindergar-

ten zu fahren. Die anderen Mitbewohner waren zum größten Teil noch Studenten oder jobbten gelegentlich. Nur Agnes arbeitete ernsthaft als Sozialpädagogin, hatte aber sehr lockere Arbeitszeiten.

Eines Morgens ereignete sich Folgendes: Während die anderen noch schliefen, frühstückte Conny schon. Nur die Kinder sprangen im Schlafanzug herum und warteten auf ihre Bezugsperson des Tages, die ihnen Cornflakes mit Milch zubereiten sollte. Miriam saß auf Connys Schoß. Krampfhaft klammerte sie sich an ihre Mama, denn sie wusste, dass diese schon bald verschwinden und erst wieder am späten Nachmittag zurückkommen würde. Irgendwann musste sich Conny aber von ihr lösen und sich für die Schule fertig machen. Miriam fing sofort an zu weinen. Kurz darauf stieg Conny in das Auto ihrer Kollegin ein – sie wurde jeden Morgen abgeholt – und sah, während das Auto schon losfuhr, wie ihre Tochter trotz der eisigen Kälte im Nachthemd aus dem Haus herauslief, barfuß durch den tiefen Schnee hinter ihrem Auto herrannte und bitterlich »Mama« schrie. Keiner der anderen Kommune-Bewohner hielt Miriam auf oder kam aus dem Haus heraus.

Bei diesem Anblick zog es Conny das Herz zusammen. Sie sprang aus dem Auto, rannte Miriam entgegen, nahm sie in die Arme und schluchzte: »Ich liebe dich, mein Schatz«, dann musste sie ihre weinende Tochter wieder ins Haus schicken, sonst wäre sie nicht rechtzeitig in die Schule gekommen. War das der Preis fürs Kommuneleben? Conny hatte arge Zweifel. Doch dann besann sie sich und schluckte ihren Schmerz herunter. Sie musste endlich lernen, ihre Emotionen zu zügeln und loszulassen.

Gefühle hatten wenig Entfaltungsspielraum bei den Achtundsechziger-Kindern. Statt Nestwärme und Geborgenheit waren Selbstständigkeit und Härte angesagt. Verweichlichte Kinder hatten hier nichts zu suchen. Miriam musste lernen, sich im Leben durchzusetzen – zu kämpfen. Schließlich ging es um eine »bessere Erziehung« – eine Erziehung, die »bessere Kinder« hervorbringen sollte, und dafür musste man Opfer bringen.
Als Grundschullehrerin war meine Tante die Einzige in der WG, die gut verdiente. Im Gegensatz zu ihr hatten die anderen Mitbewohner sehr wenig oder gar kein Geld. Da in der Kommune alles fair geteilt werden sollte, musste Conny jeden Monat einen Großteil ihres hart verdienten Geldes in die gemeinsame Haushaltskasse einzahlen – gemäß dem Motto: »Wer viel verdient, muss viel einzahlen; wer wenig verdient, muss wenig einzahlen.« Kein Wunder, dass sich da so einige auf Connys Kosten ausruhten und gar nicht erst auf die Idee kamen, sich einen Job zu suchen. Meine Tante war sich damals nicht bewusst, dass sie ausgenutzt wurde. Sie zahlte ein, weil sie ein schlechtes Gewissen hatte, am meisten Geld zu haben, und weil sie dachte, so ist es gerecht.
Je länger Conny in der Kommune lebte, desto schlechter ging es ihr. Sie fühlte sich unverstanden und ungeliebt. Gerne hätte sie mal die Tür hinter sich geschlossen und sich am Wochenende einen ganzen Tag lang in ihr Zimmer zurückgezogen. Sie sehnte sich nach Ruhe und Stille. Doch Intimsphäre war in einer Kommune tabu. Wer sich zurückzog und die Tür hinter sich schloss, galt als verdächtig, denn keiner sollte Geheimnisse vor den anderen haben. Immer sollte alles offen ausgetragen werden.

Conny fiel das schwer; sie wurde immer unglücklicher. Die Schuld für ihre depressiven Stimmungen suchte sie allerdings nur bei sich selbst. Als es ihr mal wieder so richtig dreckig ging, entschloss sich Conny, eine Therapie zu machen. Sie würde im Sinne der Kommune an sich arbeiten. Freudig verkündete sie eines Abends den anderen ihren verheißungsvollen Plan, stieß aber auf Granit. Die Mitbewohner waren außer sich: »Eine Therapie kostet doch ein Heidengeld. So etwas können wir uns wirklich nicht leisten. Lerne lieber deine Probleme mit uns hier zusammen zu lösen und verschwende nicht das wertvolle Kommunegeld für sinnlose Therapien.« Conny war ratlos und verzweifelt. Obwohl sie diejenige war, die am meisten in den Gemeinschaftspott einzahlte, gönnten ihr die anderen nicht einmal eine Therapie. Das war zu viel. Conny hatte immer alles hingenommen. Die ganze Zeit bemühte sie sich, den anderen alles recht zu machen. Immer wieder schluckte sie ihren Schmerz und ihre Verletzung herunter, doch nun konnte sie nicht mehr. Sie war am Ende. Nach zwei Jahren in der Kommune entschloss sich meine Tante endlich auszuziehen.

1972 zog Conny zusammen mit ihrer Freundin Claudia, die im antiautoritären »Mäuseladen« engagiert war, deren Sohn Micha und fünf anderen Leuten in eine große Wohnung in der Römerstraße. Sie wollte Miriam nun allein erziehen und mehr für sie da sein, denn die vielen Bezugspersonen hatten ihrer Tochter sichtlich geschadet.

In der neu gegründeten WG herrschte von Anfang an eine angenehme Atmosphäre. Conny war begeistert, und Miriam blühte förmlich auf. Sie genoss die Freizügigkeit ihrer antiautoritären Erziehung, musste aber andererseits nicht mehr auf die Nähe ihrer Mutter verzichten. Hier gab es keinen Gruppenzwang. Jeder ging zwar seinen eigenen Interessen nach, und doch gab es ein freundschaftliches Gemeinschaftsleben. Abends aßen die WG-Mitglieder zusammen und verbrachten einen guten Teil ihrer Freizeit miteinander. Die einzige Pflicht bestand darin, abwechselnd den Küchendienst zu übernehmen und einzukaufen. Zum ersten Mal fühlte sich Conny aufgefangen wie in einer großen Familie. Wenn es ein Problem gab, setzten sich alle WG-Mitglieder gemeinsam damit auseinander und versuchten es konstruktiv zu lösen – ohne Gehässigkeiten und fanatische Moralpredigten.

Auch meine Mutter führte in unserer WG in der Viktoriastraße schon bald Dienste ein. Sie war es leid, nach der Arbeit immer für alle kochen zu müssen, nur weil Helena oft Spätsendung hatte und die Männer sich irgendwo herumtrieben. Neben dem Kochdienst gab es noch den Putzdienst und den Kinderdienst.

Mona wollte zwar, dass am Anfang der Woche immer ein Dienstplan in der Küche hängt, doch die anderen fanden das total kleinkariert. Ihrer Meinung nach sollten die Dienste auf freiwilliger Basis stattfinden. Wenn alles vorher festgelegt wäre, ginge doch die ganze Spontaneität verloren – und Spontaneität war den Achtundsechzigern schließlich das wichtigste Verhaltensmuster. Also wurden die Dienste abwechselnd nach mündlicher Vereinbarung festgelegt. Anfangs lief alles nach Plan. Während der eine mal einkaufte und kochte, brachte der oder die andere Fritz und mich ins Bett; ein(e) Dritte(r) wischte mal flüchtig den Flur. Langsam, aber sicher geriet der gute Dienstplan jedoch völlig aus dem Ruder. Vor allem die Männer drückten sich immer öfter vor den Haushaltspflichten. Wenn Peter zum Beispiel mit Einkaufen und Kochen dran war, kam er oft erst um zehn Uhr abends nach Hause und hatte nur ein paar Tütensuppen besorgt. Die liebte er ja so. Dass sie außer ihm aber niemand mochte, schien er nicht zu bemerken. An solchen Tagen kamen wir Kinder dann nicht vor elf Uhr ins Bett. Mein Vater sah darin kein Problem. Mona hingegen fand das gar nicht lustig, denn sie musste es am nächsten Tag ausbaden, wenn ich vor Müdigkeit nichts auf die Reihe bekam und schlecht gelaunt war.

Genauso unangenehm war es für meine Mutter, wenn sie Kochdienst hatte und das Essen bereits auf dem Tisch stand, Peter und Klaus aber nicht auftauchten. Die beiden gingen nämlich nach der Arbeit noch gerne in die Kneipe. Helena und Mona saßen dann mit uns Kindern schweigend am Tisch, während die Luft vor Spannung knisterte. Fritz und ich hielten das Schweigen nie lange aus. Wir versuchten die Stimmung aufzuheitern, indem wir wie Clowns herumalberten und so stürmisch dabei waren, dass irgendwann ein Teller oder ein Glas zu Bruch ging. Das brachte dann die angespannte Situation zum Platzen. Wenigstens hatten wir erreicht, was wir wollten, denn nun war zumindest das unerträgliche Schweigen gebrochen.

Manchmal kam es auch vor, dass Klaus und Peter während des Abendessens mit zehn Kumpels aus der Kneipe hereinplatzten und selbstverständlich verkündeten: »Wir haben noch ein paar Freunde mitgebracht. Es gibt doch sicher noch etwas zu essen für sie, oder?« Pech für denjenigen, der gerade Dienst hatte, denn er musste sich dann noch mal an den Herd stellen. Trotzdem nahmen Mona und Helena solche Situationen gelassen hin. Nie wären sie auf die Idee gekommen, deswegen eine Szene zu machen. Schließlich war unsere WG in ganz Schwabing für ihre Gastfreundschaft bekannt. Nur eines war blöd: Man wusste nie, für wie viele man kochen musste. Es konnten nur drei Leute sein, aber eben auch fünfzehn.

Am schlimmsten waren die Kinderdienste, denn die konnten sich erbarmungslos in die Länge ziehen. Wie alle Kinder wollten auch Fritz und ich nie ins Bett gehen. Hinzu kam, dass wir ja im Sinne der antiautoritären Erziehung lernen sollten, den richtigen Zeitpunkt dafür selbst zu bestimmen; Helena und meine Eltern wollten hier keinen Druck ausüben. Ein geniales Konzept, das nur einen Nachteil hatte: Der richtige Zeitpunkt wollte sich bei uns einfach nicht einstellen.

Klaus hatte es beim Kinderdienst am schwersten, denn er konnte sich am wenigsten durchsetzen. Alle zehn Minuten flehte er mich und Fritz an: »Tut mir bitte den Gefallen und zieht euch den Schlafanzug an«, doch nichts geschah. Wir tobten kreischend weiter, als ob er gar nicht da wäre. Uns konnte ja nichts passieren; Konsequenzen gab es keine. Klaus bettelte und schrie, doch es nützte ihm nichts. Spätestens nach zwei Stunden war mein Patenonkel dann mit seinen Nerven am Ende und gab auf. Lieber machte er zweimal Kochdienst als sich diesen Stress anzutun. Da die Kinderdienste meines Vater genauso ineffektiv waren, mussten letztendlich doch immer Mona oder Helena einspringen. Natürlich machten wir auch bei unseren Müttern ein großes Theater, doch irgendwie schafften sie es, uns spätestens um zehn Uhr zum Schlafen zu bringen.

Am Katzentisch in unserer WG
ließ ich es mir immer gut schmecken

Mein Verhältnis zu Helena war zwar gut, aber ich kam ihr nicht sehr nahe. Sie war so stark auf Fritz fixiert, dass niemand diese enge Bindung aufbrechen konnte. Auf mich wirkte sie immer ein wenig unterkühlt.

Mona versuchte trotz ihrer Schwierigkeiten mit Helena, das Beste aus der Situation zu machen. Zugunsten der Wohngemeinschaft schluckte sie ihre persönlichen Gefühle herunter. Meine Mutter wollte ihr Ideal in die Praxis umsetzen – die Vorstellung, in einer Gemeinschaft zusammenzuleben, in der man sich gegenseitig unterstützt. Natürlich musste sie bald erkennen, dass ihre Ideale von einer Wohngemeinschaft nicht in dem Maße in die Praxis umzusetzen waren, wie sie sich das vorgestellt hatte; doch dies war für sie kein Grund aufzugeben. Trotz aller Kon-

flikte hatten meine Eltern den Anspruch, die neue Lebensform gemeinsam durchzuziehen. Damit das Zusammenleben besser funktionierte, führten die Erwachsenen einen wöchentlichen gemeinsamen Abend ein, an dem alle angesammelten Konflikte und Probleme besprochen wurden. Und siehe da, nun entfaltete sich wesentlich mehr Harmonie in unserer Wohngemeinschaft. Zumindest bemühte sich jeder, den anderen zu respektieren und sich konstruktiv mit ihm auseinander zu setzten.
Mein Patenonkel Klaus hat sich seit dieser Zeit sehr verändert. Aus dem chaotischen Nachtschwärmer, der im betrunkenen Zustand ganze Lokale unterhalten konnte, ist mittlerweile ein ruhiger, ernsthafter Familienvater geworden. Nach einer Entziehungskur vor 22 Jahren ist »Schubkärrchen« ein anderer Mensch geworden. Ohne Alkohol war sein Dasein zunächst schrecklich nüchtern; Klaus fühlte sich auf einmal leer und deprimiert. Bis eines Tages Gisela in sein Leben trat und ihn aus dem tiefen, dunklen Loch herausholte. Er verliebte sich in die damals 33-jährige allein erziehende Mutter von drei Kindern und ließ sich zum ersten Mal auf eine Frau ein. Gisela, die als Lehrerin arbeitete, gab meinem Patenonkel Halt. Bei ihr fühlte er sich zum ersten Mal geborgen. Seit 20 Jahren führen die beiden eine glückliche Ehe in einem kleinen Nest namens Versmold bei Osnabrück. Mein Patenonkel hatte sich bewusst vom Großstadtleben distanziert, um nicht wieder rückfällig zu werden.
Auch in Osnabrück ist Klaus ein bekannter Künstler. Nachdem er dort lange eine große Galerie leitete, ist er heute ein angesehener Bildhauer. Sein Leben verläuft nun sicher nicht mehr so aufregend, doch er vermisst nichts.

Trotzdem ist mein Patenonkel froh, sich damals voll ausgelebt zu haben. Die Schwabinger Künstlerszene wird er nie vergessen; hier hatte er seine besten Jahre verbracht. Wenn er heute durch dieses Stadtviertel streift, sieht er nur noch schicke Boutiquen, kommerzielle Fast-Food-Läden und einen Haufen Touristen. Das stimmt ihn traurig; alles ist nun so angepasst und steril. Wo sind die verrückten Zeiten geblieben? Nur eines ist noch so wie früher: Klaus und mein Vater sind immer noch die besten Freunde.

5

Paradies ohne Kinder

Für mich und Fritz war Sex die natürlichste Sache der Welt. Weder Helena noch meine Eltern machten ein Geheimnis daraus und klärten uns beide schon sehr früh auf. Ab zehn Uhr morgens durfte ich am Wochenende immer zu meinen Eltern ins Bett kommen. Da waren sie manchmal gerade ganz bei »der Sache«. Für mich war dieser Anblick völlig normal.

Ich hatte die beiden schon oft beim Vögeln gesehen. Mona und Peter ließen sich durch meine Anwesenheit nicht im Geringsten stören. Manchmal stand sogar ihre Schlafzimmertür offen. Sie dachten nicht daran, ihr intimes Glück zu verbergen, denn schließlich hatten sie für die sexuelle Revolution gekämpft.

Als ich meine Eltern das erste Mal mit dreieinhalb Jahren beim Geschlechtsverkehr sah, dachte ich, dass meine Mutter heult und dass Peter ihr wehtut. Damals war ich ganz entsetzt darüber und schlug wie besessen auf meinen Vater ein – »Lass die Mami in Ruhe!« –, bis ich kapierte, dass sie gar nicht heulte, sondern vor Lust jaulte.

Helena war in dieser Hinsicht nicht ganz so freizügig wie meine Eltern, hatte aber auch einige Lover, mit denen sie sich für ein Schäferstündchen in ihr Zimmer zurückzog. Ihren Sohn quartierte sie dann aus. Fritz fand das gar nicht lustig und machte immer einen riesigen Aufstand. Als Helena wieder einmal mit einem Liebhaber zugange war, sagte er zu mir: »Komm, wir schleichen uns ganz leise herein und schauen den beiden zu.« Wir schafften es tatsächlich, die Tür lautlos zu öffnen, und robbten dann wie Indianer mucksmäuschenstill auf dem Boden zum großen Schlafpodest. Die beiden waren nackt umschlungen und so sehr mit sich beschäftigt, dass sie uns gar nicht bemerkten. Vorsichtig streckten wir unsere Köpfe genau über den Bettrand und konnten so alle Details aus nächster Nähe beobachten. Vor lauter Aufregung trauten wir uns kaum zu atmen. Ich muss sagen, das Ganze war für mich doch noch mal ein ganz neuer Eindruck, denn so genau hatte ich den Geschlechtsakt bei meinen Eltern vorher noch nie gesehen.

Nach einer Weile hatten wir genug und wollten uns gerade wieder klammheimlich davonstehlen, als uns Helenas Lover plötzlich bemerkte und empört aus dem Bett sprang »Was ist denn das hier für eine Scheiße. Macht, dass ihr wegkommt, ihr frechen Rotzlümmel«, schrie er. Helena war auch stinksauer; sie schmiss uns aus ihrem Zimmer und sperrte seitdem immer die Tür ab, wenn sie »intimeren Besuch« hatte.

Zu meinem siebten Geburtstag bekam ich ein Stockbett. Fritz war sehr neidisch darauf und wollte seitdem am liebsten jede Nacht bei mir schlafen. Da wir uns nie einigen konnten, wer oben und wer unten schläft, beschlossen wir, beide oben zu schlafen. Abgesehen davon, dass sich Fritz unglaublich breit machte und mich jedes Mal an den

Rand drängte, fand ich unsere gemeinsamen Nächte sehr spannend. Schon allein deshalb, weil er so schöne Gruselgeschichten erzählen konnte.

Eines ging uns aber nicht mehr aus dem Kopf: das sexuelle Erlebnis von Helena und ihrem Lover. Es hatte uns zutiefst beeindruckt. Fritz war überzeugt, dass dies auch bei ihm und mir funktioniere. Er müsse nur seinen »Pimmel« in meine »Muschi« stecken, und schon wäre alles erledigt. Ich war mir da zwar nicht so sicher, ließ mich aber dann doch auf einen Versuch ein. Nachdem ich mich auf den Rücken gelegt hatte, kletterte Fritz auf mich drauf und hüpfte wild drauflos. Leider funktionierte es nicht so, wie sich Fritz das vorgestellt hatte. Er wurde ganz wütend und schrie mich an: »Du musst laut stöhnen. Dann klappt es auch. Los, fang an zu stöhnen.« Fritz hüpfte so heftig auf und nieder, dass mir schon alles wehtat; trotzdem tat ich ihm den Gefallen und fing an zu stöhnen. Ich stöhnte, so laut ich konnte, nur um Fritz nicht zu enttäuschen. Plötzlich ging die Tür auf, und meine Mutter stürzte besorgt herein und fragte: »Katharina, was ist denn los, ist alles in Ordnung?« Als sie aber sah, was wir trieben, meinte sie nur ganz cool: »Oh, Entschuldigung, ich wollte euch nicht in eurer Intimsphäre stören.« Dann verschwand sie schnell wieder.

Nach einer halben Stunde gab Fritz endlich auf. Seine Stimmung war dahin. Warum klappt das bei den Erwachsenen, aber nicht bei uns? Natürlich gab er erst mal mir die Schuld. Ich hätte halt nicht richtig mitgemacht und wäre nicht bei der Sache gewesen. Erst am nächsten Tag erklärte uns Helena, dass für den Geschlechtsverkehr immer eine Erektion nötig sei und dass wir später, wenn wir älter wären, sicher noch das Vergnügen kennen lernen würden.

Wie alle Hippies nahmen auch meine Eltern, Klaus und Helena gelegentlich Drogen. Besonders auf ihren legendären Festen waren Drogen angesagt. Alkohol spielte kaum eine Rolle, dafür wurde umso mehr gekifft oder auch mal LSD genommen. Am Wochenende durften wir Kinder mitfeiern, bis wir vor Müdigkeit umkippten und einschliefen. Dass meine Eltern und ihre Freunde oft stoned waren, störte mich nicht. Ich war es von klein auf gewöhnt. Nur die härteren Drogen wie LSD waren mir etwas fremd.

Einmal machte unsere WG eine Party, auf der jeder Gast einen Trip nehmen sollte. Ich war damals sieben Jahre alt. Es war eine kleine, harmonische Runde unter den engsten Freunden meiner Eltern. Für Peter und Mona war LSD nicht nur ein Genussmittel, sondern die »Wahrheitsdroge«, die viel Unterdrücktes hochspült. Ziel der Party war es, sich auf emotionaler Basis näher zu kommen und über unterschwellige Dinge zu sprechen. Auch meine Tante Conny war dabei. Miriam hatte sie allerdings in ihrer neuen WG in der Römerstraße gelassen. Dort gab es genug Leute, die sich um ihre Tochter kümmern konnten, wenn sie abends ausging.

Eine Zeit lang saß ich mit den Erwachsenen in dieser kleinen, harmonischen Runde im Schneidersitz auf dem Boden bei Kerzenlicht, während im Hintergrund Cat Stevens dudelte. Da die Wirkung des LSD noch nicht so ganz eingetreten war, saßen die Partygäste etwas angespannt herum und versuchten die Zeit mit belanglosen Gesprächen zu überbrücken. Für mich war dieser Kreis todlangweilig. Fritz übernachtete an dem Wochenende bei seinem Vater und konnte mir leider keine Gesellschaft leisten. Genervt verzog ich mich in mein Zimmer und hörte mir eine Kinderplatte an. Als ich nach einer Stunde wieder in den Gemeinschaftsraum kam, traf mich der Schlag. Statt der harmonischen Runde im Schneidersitz fand ich einen Haufen verrückter Hippies vor. Eng umschlungen kauerte meine Mutter zusammen mit ihrer Schwester Conny heulend in einer Ecke. Die beiden waren sich emotional noch nie so nahe gekommen und bearbeiteten gerade einen wunden Punkt aus ihrer Kindheit. Mein Vater und sein Freund Gerdis lagen auf dem Boden und krümmten sich vor Lachen. Jedes Detail und jede Bewegung fanden sie irre komisch. Helena tanzte innigst mit einem neuen Lover, wogegen mein Patenonkel Klaus in eine ernsthafte Diskussion verstrickt war. Eine Freundin von Helena wippte völlig in sich gekehrt zur Musik, während zwei Freunde meiner Eltern apathisch im Raum saßen und auf einen Punkt starrten. Keiner der Anwesenden beachtete mich – noch schlimmer, ich existierte überhaupt nicht für sie. Da stand ich nun mitten im Raum und kam mir sehr verloren vor. Ich wusste zwar, dass meine Eltern und ihre Freunde einen Trip nehmen wollten, wusste aber nichts über die Auswirkungen der Droge. Der Anblick dieser eigenartigen Leute irritierte mich sehr. Obwohl ich die meisten gut kannte, waren sie mir plötzlich fremd – selbst meine eigenen Eltern. Nach einer Weile kam endlich mein Vater auf mich zu und meinte: »Komm Katjuscha, die spinnen hier alle. Ich bringe dich jetzt ins Bett.« Es war wie eine Erlösung. Endlich hatte mich einer wahrgenommen und sprach sogar mit mir. Das Schönste aber war, dass mein Vater halbwegs normal wirkte und mir dadurch einen Halt gab. Nachdem mich Peter ins Bett gebracht hatte, ging er nicht wieder zurück zu den anderen, sondern legte sich unten in mein Stockbett und schlief ein. Das war ein sehr beruhigendes Gefühl. In diesem Moment spürte ich eine starke Verbundenheit zu Peter.

Damals fühlte ich mich meinem Vater näher als meiner Mutter. Er war zwar seltener zu Hause als sie, aber wenn er da war, war er für mich der Größte. Er nannte mich liebevoll Katjuscha und erfüllte mir jeden Wunsch. Peter war mein Verbündeter. Wenn ich mit meiner Mutter Streit hatte, hielt mein Vater grundsätzlich zu mir. Meiner Mutter sagte er dann: »Mensch, Mona, lass sie doch einfach machen«, oder: »Dein Verhalten find ich jetzt aber nicht o.k.« Ich genoss es, von Peter verteidigt zu werden, und hatte dadurch enorme Rückendeckung. Sicher war das gemein meiner Mutter gegenüber, die sich viel mehr mit mir auseinander setzte und mit meinen gelegentlichen Wutanfällen fertig werden musste. Peter hingegen fiel es leicht, abends den lieben Papa zu spielen. Mona hätte sich mehr Solidarität von meinem Vater gewünscht und war gekränkt, wenn er ihr dann auch noch in den Rücken fiel. Andererseits litten sowohl mein Vater als auch ich unter ihrer permanenten Ungeduld und Anspannung, so dass wir uns automatisch verbündeten.

Meine Eltern haben sich leidenschaftlich geliebt, aber auch viel gestritten. Während Mona die Auseinandersetzung liebte, suchte Peter sofort das Weite, wenn meine Mutter ihn anschrie. Das machte sie natürlich noch wütender, denn dann wusste sie nicht wohin mit ihrem ange-

stauten Frust. Mein Vater war in gewisser Hinsicht ein Feigling. Anstatt sich dem Problem zu stellen, drückte er sich vor jeder Konfliktsituation und haute einfach ab. Einmal, als Peter gerade mal wieder während einer heftigen Auseinandersetzung zur Haustür flüchten wollte, war Mona so zornig, dass sie ein langes Küchenmesser nach ihm schmiss. Das Messer verfehlte Peter nur haarscharf und blieb in der Tür stecken. Mir blieb vor Schreck fast das Herz stehen. Aber auch Mona war, glaube ich, einen Moment lang selbst baff über ihren zügellosen Wutausbruch und rührte sich eine Weile nicht von der Stelle.
Auch wenn sie sich sehr liebten, passten meine Eltern nicht zusammen. Meine Mutter suchte die Freiheit und das Abenteuer, mein Vater hingegen brauchte Wärme und Geborgenheit. Peter war seine ganze Kindheit herumgeschubst worden und hatte nie eine richtige Familie. Seine Mutter starb an einem Herzschlag, als er acht Monate alt war, und seinen Vater verlor er mit sieben Jahren.
Peter war also ein Waisenkind, das nie das Gefühl von liebevoller Geborgenheit erfuhr. Erst kam er zu einer strengen Tante, die ihn schnell wieder loswerden wollte, dann lebte er bei seiner viel älteren Schwester und wurde von deren tyrannischem Ehemann geschlagen; schließlich landete er in einem sehr autoritär geführten Internat. Mütterliche Liebe war meinem Vater fremd. Kein Wunder, dass er später Geborgenheit suchte, doch Mona wollte verständlicherweise alles andere als seine Ersatzmutter sein.
Was meine Mutter so liebenswert machte, war ihre herzliche, offene Art, auf andere Menschen zuzugehen. Damit lag sie voll im Hippie-Trend. Mona war nicht nur sehr schön, sondern auch eine spontane, aufregende Frau, die

überall beliebt war. Meine beiden besten Freundinnen beneideten mich sehr, weil ich so eine tolle Mutter hatte; ihre Mütter waren langweilig und spießig. Auch die Freunde meines Vaters, die Mona flüchtig kannten, versicherten ihm immer wieder, was für eine sympathische Frau sie sei und was für ein Glück er hätte, mit ihr verheiratet zu sein. Sie hatten Recht. In Gesellschaft war Mona eine bewundernswerte, strahlende Frau und bei meinen Freundinnen eine beneidenswert lockere Mutter; nur im engeren Familienkreis war sie oft sehr launisch und unzufrieden. Leider bekam ich das im Alltag am meisten zu spüren.

Nach der »Freien Privaten Grundschule« wiederholte ich 1973 mit vielen anderen Kindern aus der FPG die zweite Klasse in einer ganz normale Schule. Im Gegensatz zu meinen Klassenkameraden hatte ich einen Vorteil: Unsere neue Lehrerin war Conny, meine geliebte Tante. Nie zuvor bin ich so gerne in die Schule gegangen. Man kann nicht sagen, dass mich Conny bevorzugt hätte, trotzdem nahm sie sich viel Zeit für mich und versuchte mich zu fördern. Durch ihre herzliche, spielerische Art schaffte sie es innerhalb eines halben Jahres, dass wir Kinder von der FPG lesen und schreiben lernten. In kürzester Zeit holten wir den gesamten Lehrstoff der vergangenen beiden Jahre auf. In Connys Klasse blühte ich auf. Vorbei waren die Zeiten, als ich schüchtern in der Ecke stand. Dank ihrer Unterstützung hatte ich Selbstvertrauen gewonnen und damit viele neue Freundinnen.
Ausgerechnet meine beste Freundin, Nadja, kam aus einer sehr konservativ eingestellten Familie. Während bei Nad-

ja nach der Schule bereits das Essen auf dem ordentlich gedeckten Tisch stand, war bei uns Schmalhans Küchenmeister. Wenn ich mittags nach Hause kam, schmierte ich mir oft selbst ein Brot, denn in unserer WG wurde meistens erst abends warm gegessen.
Als Nadja das erste Mal nach der Schule in unsere WG kam, war sie entsetzt über die Zustände. Da Mona noch in der Arbeit war, sah die Wohnung aus wie ein Schlachtfeld. Sie war nämlich die Einzige, die für Ordnung sorgte. Es herrschte wirklich Chaos pur. Alles lag kreuz und quer verstreut: überfüllte Aschenbecher, dreckige Wäsche, viel Spielzeug, Bücher, Platten, dreckiges Geschirr ... Die Küche war so voll gestellt, dass wir kaum einen Platz fanden, wo wir unser Brot schmieren konnten. Das Ganze war mir sehr unangenehm. Als dann um ein Uhr mittags Gerhart, unser Stammgast, nackt durch den Flur ins Bad huschte und ein kurzes »Morgen« abließ, blieb meiner Freundin vor Schreck fast die Spucke weg. Das Peinlichste war aber, als plötzlich aus Helenas Zimmer lautes Stöhnen zu hören war. Sie hatte an diesem Tag Spätdienst und war gerade mit ihrem neuen Lover zugange. Nadja, die so etwas noch nie gehört hatte, fragte mich ganz besorgt: »Was ist denn das? Heult da jemand?« Worauf ich gleich antwortete: »Ja, ja, unserer Mitbewohnerin geht es zur Zeit nicht so gut.« Dann brachte ich Nadja schnell in mein Zimmer, damit sie ja nichts mehr hören konnte.
Nachdem sich meine Freundin von ihrem ersten Schock erholt hatte, gefiel es ihr bei uns ganz gut. Endlich durfte sie mal machen, was sie wollte, ohne ständig von ihrer Mutter ermahnt zu werden. Bei ihr daheim musste sie sich immer anständig benehmen, durfte nicht toben und vor

allem keinen Dreck machen. Schon nach ein paar Wochen wollte Nadja nach der Schule nicht so gerne heimgehen, sondern lieber zu uns in die WG kommen.
Ich hingegen hatte die anderen Kinder immer um ihre geordneten Familienverhältnisse beneidet. Ich hatte unser Chaos satt und wünschte mir ein warmes, Geborgenheit vermittelndes Nest. Immer öfter übernachtete ich bei anderen Kindern, nur um eine richtige Familie zu erleben. Wenn ich bei Nadja war, kochte uns ihre Mutter ein gutes Mittagessen, dann machten wir Hausaufgaben. Nachmittags durften wir ein bisschen spielen, danach wurde Kuchen gegessen, und abends gab es ein gutbürgerliches Abendbrot. Ich liebte es, wenn alles so geregelt ablief. Bei Nadja fühlte ich mich wohl. Alles war so sauber und ordentlich – schon recht spießig, aber gerade das mochte ich. Manchmal träumte ich nachts von einer harmonischen Familie. Ich war die perfekte Mutter und hatte neben meinem Traummann zwei süße kleine, brave Kinder.
Um mich wenigstens ein bisschen mit dem Schein des Bürgerlichen zu umgeben, kleidete ich mich eine Zeit lang sehr spießig. Wenn ich mit meiner Mutter einkaufen ging, suchte ich mir absichtlich die geschmacklosesten Kleider heraus – ganz brav, mit Spitzen und Rüschen oder scheußlichen Mustern. Mona schämte sich für meine Wahl, konnte mich aber nicht davon abbringen. Auch die Hippie-Freunde meiner Mutter machten sich immer lustig über mich und fragten Mona: »Sag mal, wie kleidest du denn deine Tochter ein? Das ist ja schrecklich, wie die herumläuft.« Meine Mutter erwiderte dann resigniert: »Ich habe es aufgegeben, sie zu beeinflussen. Sie steht einfach auf diese spießigen Klamotten.« Es war mir ganz

egal, was die über mich dachten, Hauptsache ich konnte nach außen den Schein wahren.
Als ich in der dritten Klasse eine fremde Lehrerin bekam, war sie überzeugt, ich käme aus einem sehr konservativen Elternhaus – kein Wunder bei meinem damaligen braven Erscheinungsbild. Erst als Mona einmal zum Elternsprechtag kam, wurden ihr die Augen geöffnet. Sie konnte es nicht fassen, dass ich so eine flippige Mutter hatte.
Mir war es immer sehr peinlich, wenn meine Mutter in die Schule kam. Mit ihren weiten indischen Spiegelröcken und wallenden Tüchern um die Schultern, ihren klappernden Fußkettchen, Jesus-Latschen, den Henna-gefärbten, dauergewellten Haaren und schwarz geschminkten Augen sah sie aus wie eine exotische Zigeunerin. Zumindest kam mir das damals so vor. Jedes Mal, wenn ich sie den Schulflur entlangkommen sah, wäre ich vor Scham am liebsten im Erdboden versunken. Einige Jungs aus der vierten Klasse glotzten Mona fassungslos an und fragten mich ganz erstaunt: »Ist das etwa deine Mutter?« Äußerst beschämt musste ich es zugeben. Vielleicht bildete ich es mir nur ein, aber seitdem hatte ich das Gefühl, dass mich ein paar dieser Jungs mieden.
Auch mein Freund Micha litt in der Schule unter seiner Herkunft. Während es im antiautoritären »Mäuseladen« noch ganz normal war, dass die Kinder verdreckt herumliefen, bekam Micha in der Schule Schwierigkeiten wegen seines Erscheinungsbildes. Ein bürgerliches Leben kannte er nicht, denn schon von klein auf lebte Micha mit seiner Mutter Claudia in Kommunen. Micha musste sich nie waschen, wenn er nicht wollte, und zog oft tagelang dieselben Klamotten an – auch dann noch, wenn sie völlig

verdreckt und durchlöchert waren. Seine Lieblingshose war zum Beispiel vom Po bis zu den Knien zerrissen, trotzdem zog sie Micha immer wieder an. Claudia hatte es aufgegeben, ihren Sohn davon zu überzeugen, dass diese Hose in der Schule für Ärger sorgen würde. Micha hatte so massiv auf seinem Willen bestanden, das seine Mutter beschloss, sich nicht mehr einzumischen. In der Schule musste er allerdings dafür büßen; wegen seiner zerlumpten, dreckigen Kleidung wurde Micha extrem gehänselt. Schon bald gaben ihm die anderen Kinder den Spitznamen »Dieselstinker«. Als Micha eines Tages auch noch Läuse hatte, wurde er endgültig zum Außenseiter. Kaum einer wollte mit ihm spielen. Trotzdem wusch er sich nicht und zog immer wieder dieselben Klamotten an. Micha wollte sich eben nicht anpassen. Er war es gewöhnt, sich dreckig zu machen. Warum sollte er das jetzt aufgeben, nur weil er zur Schule ging? Nein, dann spielte er schon lieber allein. Eines Tages sprach die Lehrerin seine Mutter an, dass sich Micha doch bitte mal etwas Sauberes anziehen und vor allem einmal waschen möge, denn es ginge ein unangenehmer Geruch von ihm aus. Claudia sagte ihr daraufhin offen ins Gesicht: »Ich zwinge meinen Sohn zu nichts, was er nicht möchte, denn ich erziehe ihn antiautoritär. Wenn Sie ein Problem damit haben, müssen Sie ihm das schon selbst sagen.« Und tatsächlich, die Lehrerin versuchte mit Micha zu reden, doch der dachte gar nicht daran, ihren Rat zu befolgen. Im Gegenteil, Micha hatte dank seiner antiautoritären Erziehung gelernt, eine eigene Meinung zu haben und seinen Willen durchzusetzen. Anstatt die Anordnungen seiner Mutter zu befolgen oder ihr zu gehorchen, wie es in normalen Familien üblich war, diskutierte

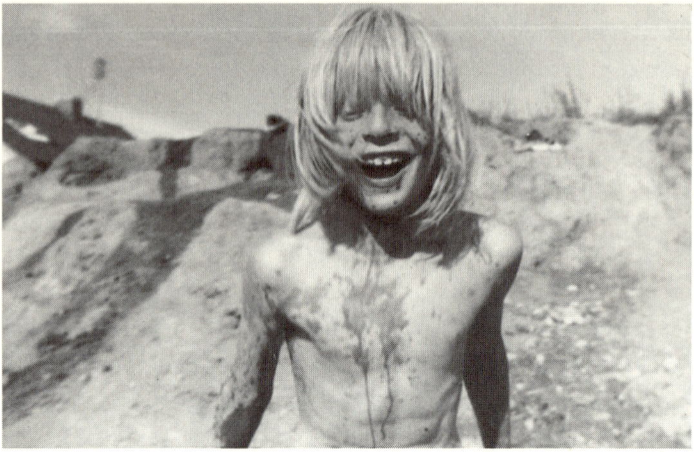

Micha, der unbändige Einzelgänger

er mit Claudia jedes Problem aus. Das gehörte zum Erziehungskonzept. Die meisten Achtundsechziger-Kinder, die ich kannte, wurden von ihren Eltern wie kleine Erwachsene behandelt und entsprechend ernst genommen. Manchmal gab es stundenlange Diskussionen über ein Thema, bei dem letztendlich immer die Kinder als Sieger hervorgingen. Schließlich wollten die Achtundsechziger-Eltern die Vormachtstellung ihren Kids gegenüber aufgeben und sie nicht dominieren. Nur, das hatte seinen Preis: In fast allen Situationen mussten die Eltern nachgeben und sich dem Willen ihrer Kinder beugen. Auch Micha war ein willensstarkes, selbstständiges Kind, das gelernt hatte, Erwachsenen zu widersprechen. Micha war sehr stolz darauf, doch seine Lehrerin konnte mit seiner frechen, widerspenstigen Art nicht umgehen. Sie fing an, ihn zu meiden; mein Jugendfreund hatte sich ins Abseits katapultiert. Er war ein Sonderling und wurde in der Schule links liegen gelassen. Viele Eltern untersagten ihren Kindern sogar den Umgang mit diesem verwahrlosten Jungen, der in einer Kommune mit so »verrückten Spinnern« lebt. Das könnte ja gefährlich werden. Als Ausgleich für seine Außenseiterrolle entwickelte sich Micha zum Exot. Er liebte es, den Clown zu spielen und dafür Applaus zu bekommen.

Ich mochte Micha sehr gerne. Sein ungepflegtes Aussehen störte mich überhaupt nicht. Genauso wenig hatte er ein Problem mit meiner spießigen Aufmachung. Wir akzeptierten uns, so wie wir waren. Micha lebte mit seiner Mutter nach wie vor in der WG in der Römerstraße, in die auch meine Cousine Miriam und meine Tante Conny eingezogen waren. Sehr häufig besuchte ich die beiden nachmittags. Durch seine witzige Art brachte mich Micha viel zum Lachen. Er dachte sich immer wieder neue Witze und Sketche aus, die er mir mit Begeisterung vortrug.

Da Micha nur ein Jahr jünger war als ich, hatten wir viele Gemeinsamkeiten. Wir mochten die gleichen Comics und Hörkassetten; wir liebten es, Fangen und Verstecken zu spielen, im Schwimmbad eine Wasserschlacht zu veranstalten oder einfach nur rumzublödeln. Meine kleine Cousine Miriam konnte mit ihren fünf Jahren nicht ganz so gut mithalten, war aber immer dabei und wirkte erstaunlich frühreif. Zu Miriam hatte ich auf einer ganz anderen Ebene eine sehr vertraute Beziehung. Ich liebte es, meiner kleinen Cousine Sachen beizubringen und ihr zu imponieren. In ihrer Anwesenheit fühlte ich mich groß und stark, was mir natürlich sehr gut tat.

Am Wochenende fuhren wir mit unseren Müttern Conny, Claudia und Mona gerne raus ins Grüne oder an die Isar zum FKK-Baden. Dort traf sich immer der ganze Hippie-Clan. Wir hatten eine bestimmte Stelle, wo wir uns versammelten und später ein Lagerfeuer machten. Die Stimmung war ausgelassen und sehr harmonisch. Der eine spielte Gitarre, der andere trommelte, und einige sangen dazu – regelmäßig wurde ein Joint herumgereicht. Wir Kinder konnten tun und lassen, was wir wollten. Ich mochte diese Nachmittage an der Isar immer sehr gerne. Nur eines konnte ich nicht ausstehen: das Nacktsein. Während sich alle anderen begeistert die Kleider vom Leib rissen und sich danach wahrscheinlich wie Adam oder Eva im Paradies fühlten, empfand ich dieses demonstrativ schamlose Nacktsein als ekelhaft. Nicht nur dass ich mich selbst genierte, ich konnte auch den Anblick des nackten Körpers von vielen der anwesenden Leute nicht ertragen, vor allem wenn sie im Schneidersitz dasaßen und hemmungslos ihre Körperöffnungen zur Schau stellten. Außerdem waren einige dieser Bodys nicht gerade die schönsten.

Während also alle anderen nackt herumliefen, zog ich mir lieber eine Badehose an. Meine Mutter konnte mit meinem Schamgefühl überhaupt nichts anfangen. Vorwurfsvoll ermahnte sie mich: »Mensch, Katharina, jetzt zieh dich doch aus. Keiner schaut dir hier was weg. Es ist doch lächerlich, wie du dich verhältst.« Auch Miriam und Micha genossen es, nackt zu sein, und hatten für mein schamhaftes Getue kein Verständnis. Doch das war mir egal; sollten mich doch alle für verklemmt und prüde halten. Ich blieb stur – erst recht, als ich einmal einen Typ aus

der Gruppe, den eine Freundin meiner Mutter mitgebracht hatte, demonstrativ mit einem Ständer herumlaufen sah. Er tat so, als wäre überhaupt nichts dabei. Ich fand es widerlich, wie er mit seiner Erektion vor den Frauen herumschwänzelte und sich wie ein Gockel aufplusterte. Auch in dieser Hippie-Gruppe war Sex ein offenes Thema. So war es für Micha zum Beispiel ganz normal, wenn seine Mutter mit ihrem neuen Freund Klaus in die hinteren Büsche verschwand und zu ihm sagte »Du, Micha, wir gehen mal eben bumsen, ja? Bin gleich wieder da.«
Am wohlsten fühlte ich mich abends am Lagerfeuer. Es war so eine friedliche, romantische Stimmung unter freiem Sternenhimmel. Bis spät in die Nacht machten wir Musik, sangen viele Lieder oder tanzten ausgelassen. Wenn wir müde waren, verkrochen wir uns in unsere mitgebrachten Zelte und standen mit den ersten Sonnenstrahlen wieder auf. Es war herrlich, bei Sonnenaufgang als Erste ins Wasser zu springen. In solchen Momenten fühlte ich mich wie in einer anderen Welt. Eine Traumwelt, die mit der Realität nichts zu tun hatte. Ich liebte es, in solchen Träumen zu versinken.

Micha ist heute 38 Jahre alt und lebt mit seiner Familie in München. Auch wenn es keiner erwartet hätte, mein Jugendfreund hat Karriere gemacht. Der einst verwahrloste Hippie-Junge arbeitete lange als Abteilungsleiter einer großen Computerfirma und ist heute sehr erfolgreich als Programmierer tätig.
Die Zeiten, als Micha mit verdreckten und durchlöcherten Klamotten herumlief, sind längst vorbei; heute ist er ein gut gekleideter, attraktiver Mann. Seine Familie bedeutet

ihm alles, bei ihr fühlt er sich aufgehoben und geborgen. Mit seiner Frau Katja ist er seit vier Jahren verheiratet und hat mit ihr eine dreijährige Tochter. Micha denkt mit gemischten Gefühlen an seine Kindheit zurück. Auf der einen Seite hat er das Leben in der Kommune sehr genossen. Schließlich hatte er alle Freiheiten, die sich ein Kind nur wünschen kann. Auf der anderen Seite hätte er sich mehr Zuwendung von seiner Mutter gewünscht. Er war ein Gemeinschaftskind wie alle Kommunenkinder und dadurch – im sozialistischen Sinn – nur ein Teilchen in der Masse. Keiner der Erwachsenen sah die Notwendigkeit, auf ein bestimmtes Kind individuell einzugehen, geschweige denn aufzupassen. Kindern ihre Eigenheit zu belassen, damit sie sich ohne Beeinflussung frei entfalten können, findet Micha gut. Trotzdem tut es ihm weh, dass seine Mutter diese Ideologie ausnützte, um nicht so genau hinschauen zu müssen. Claudia hat es oft nicht bemerkt, wenn ihr Sohn verzweifelt war und Hilfe brauchte. Stattdessen stürzte sie sich lieber in kurze Beziehungskisten. Sie dachte eben: »Micha wird schon kommen, wenn er was will.«

Mein Jugendfreund erzieht seine Tochter Leoni anders. Auch sie soll wie er selbst als Kind viel ausprobieren und alle Freiheiten genießen dürfen. Trotzdem möchte Micha immer für sie da sein, wenn sie ihn braucht. Wenn er merkt, Leoni kommt mit etwas nicht zurecht, dann hilft er ihr. Wenn es gefährlich wird, dann stoppt er sie. Der engagierte Vater schaut eben hin.

Micha fühlt sich heute nicht mehr als Opfer. Er ist mit seinem Leben zufrieden und hat es zu etwas gebracht. Er lebt heute viel angepasster, möchte einfach nicht mehr überall anecken und hat sich in die so genannte Gesellschaftsordnung integriert. Während Micha als Kind enorm schlampig war, ist er heute geradezu penibel ordentlich. Wenn sein Schreibtisch nicht immer picobello aufgeräumt ist, kann er nicht arbeiten. Mit 18 Jahren hatte Micha diese pedantische Ordentlichkeit entwickelt. Seiner Meinung nach hat das mit seiner chaotischen Kindheit zu tun. Die Ordnung um ihn herum gibt ihm Halt.

Mit Micha bin ich auch heute noch befreundet. Seinen Humor hat er nicht verloren. Irgendwie schafft er es immer noch, mich zum Lachen zu bringen – selbst wenn ich eigentlich nicht gut drauf bin.

Michas Mutter ist heute 60 Jahre alt. Im Gegensatz zu ihrem eher bürgerlichen Sohn schwimmt Claudia immer noch gerne gegen den Strom. Nur ungern passt sie sich an. Die Hauptschullehrerin ist eine echte Power-Frau, die auch bei Widerstand ihr Ding durchzieht. Was sie will, erreicht sie auch. Vor vier Jahren ließ sich Claudia für ein Jahr beurlauben und machte allein eine Weltreise. Die Altachtundsechzigerin hat immer noch ein bewegtes Liebesleben und ist seit einem guten Jahr wieder in einer festen Beziehung.

Claudia bekennt heute, in der Erziehung mit Micha einiges falsch gemacht zu haben. Sie war so sehr mit ihren eigenen Ideen beschäftigt, dass Micha ihr weitgehend aus dem Blickfeld entschwand. Unter dem Deckmantel einer »besseren Erziehung« lebte sie ihre eigenen Bedürfnisse aus. Das bedauert sie nun. Ihr damaliges Ziel, durch eine antiautoritäre Erziehung »bessere, stärkere Kinder« zu schaffen, hatte sich als illusorisch erwiesen. Heute gibt Claudia zu, dass das Erziehungskonzept der Achtundsech-

ziger in vielen Punkten falsch war und einigen Kindern schadete.
Zu ihrem Sohn hat Claudia heute eher ein schwieriges Verhältnis. Lange Zeit reagierte Micha sehr gereizt auf seine Mutter und wurde schnell aggressiv. Seit der Geburt von Leoni, Michas Tochter, hat sich ihr Verhältnis zwar verbessert, trotzdem haben die beiden oft verschiedene Ansichten, und dann kommt es zum Streitfall.
Claudia ist immer noch mit meiner Mutter befreundet und lebt mit ihr harmonisch in München in einer WG. Beide sind starke, erfahrene Frauen, die sich in vielen Dingen gut austauschen können. Für Mona wird es nicht leicht werden, wenn ihre langjährige Freundin in zwei Jahren nach Berlin ziehen wird. Zusammen mit einigen alten Bekannten möchte sie dort eine große »Alters-Kommune« gründen. Statt im Seniorenheim zu enden, werden sich Claudia und ihre Freunde im Alter gegenseitig unterstützen. Doch anders als früher soll jeder in der Kommune seine eigene Privatsphäre behalten dürfen.

6
Lust auf Abenteuer

Mona war nicht ängstlich; sie interessierte sich für alle verrückten Dinge. Mein Vater war viel vorsichtiger als sie, ließ sich aber von ihrer Leidenschaft mitreißen. Meine Eltern verreisten gerne mit mir zusammen. Mit unserem alten VW-Käfer fuhren wir einfach los und hielten dort an, wo es uns gefiel. Genug Geld hatten wir eigentlich nie, trotzdem schafften wir es, in fast alle Länder Europas zu reisen. Als ich acht Jahre alt war, fuhren wir in die Türkei. Anfang der siebziger Jahre war dieses Land noch sehr exotisch. Viele Türken starrten mich auf der Straße fassungslos an, weil sie vorher noch nie hellblonde Haare gesehen hatten. Mir ging es unheimlich auf die Nerven, dass sie mich alle berührten, als wäre ich ein seltenes Tier im Streichelzoo.

Da Übernachtungen im Hotel viel zu teuer für uns gewesen wären, schliefen wir auf Reisen meistens im Auto oder campten schwarz irgendwo im Grünen. Manchmal ließen mich meine Eltern sogar nachts allein im Zelt schlafen, um in einem nahe gelegenen Dorf noch einen Wein trinken zu gehen. Nie wären sie auf die Idee gekommen, mir könne etwas zustoßen. Als wir einmal von einer Reise aus Spanien zurückkehrten, liefen wir mit dem letzten Tropfen Benzin in München ein. Die Rückfahrt war eine reine

Zitterpartie, denn Peter musste sich in Spanien unbedingt noch ein altes Gewehr kaufen, das ein Vermögen gekostet hatte. Danach waren wir pleite; die letzten beiden Tage auf der Heimreise konnten wir nicht einmal mehr etwas zu essen kaufen. Meine Eltern waren gezwungen, uns Obst und Mais von den Feldern zu klauen.

Während Mona und Peter das Abenteuer suchten und sich von der bürgerlichen Welt lösen wollten, wünschte ich mir eine heile Welt ganz im traditionellen Sinn. Ich sehnte mich nach Normalität und Regeln in meinem Leben. Wenn ich mit meinen Eltern auf Reisen war, fühlte ich mich ihnen oft nicht zugehörig – wie ein fremdes Kind, das zufällig bei diesem eigenartigen Paar gelandet ist. So taperte ich im Urlaub brav bekleidet mit weißer Spitzenbluse und grauem Faltenrock hinter meinen ausgeflippten Hippie-Eltern her und war stets auf einen Sicherheitsabstand bedacht. Ja, es war mir sogar peinlich, wenn Passanten auf der Straße erst mich musterten und dann verdutzt ihren Blick zu Mona und Peter schweifen ließen. Aber ich war nun mal das Kind meiner Eltern und musste das wohl akzeptieren.

Nur die Weihnachtferien habe ich wirklich geliebt. Da fuhren wir regelmäßig mit einer großen Gruppe auf einen alten Bauernhof nach Mathon, einem kleinen Skiort in Tirol. Auch meine Tante Conny, meine Cousine Miriam sowie mein Patenonkel Klaus waren oft dabei. Wir Kinder hatten ein großes Zimmer für uns und durften machen, was wir wollten. Vor Mitternacht waren wir selten im Bett.

Heiligabend war alles andere als traditionell. Die meisten Freunde meiner Eltern hielten nichts vom Weihnachtsfest,

das ihrer Meinung nach allein dem kapitalistischen Konsumterror diente, und wollten es am liebsten ausfallen lassen. Meine Mutter und ein paar andere Eltern konnten jedoch wenigstens durchsetzen, dass wir Kinder ein paar Geschenke bekamen. Auch der Weihnachtsbaum war verpönt, denn er war ein herausragendes Symbol für die deutsche Tradition, die meine Eltern und ihre Freunde jahrelang bekämpften. Aber auch hier setzte sich Mona für uns Kinder ein und erreichte, dass ein kleines Bäumchen aufgestellt wurde. Mein Vater klaute ihn aus dem nahe gelegenen Wald. Weihnachtsschmuck wie Kugeln oder Lametta waren allerdings tabu. Wir Kinder behängten das karge Kiefernbäumchen immer mit Süßigkeiten, die wir noch am selben Abend aufaßen.
Da mein Patenonkel Klaus hervorragend Chinesisch kochen konnte, wurde er an Heiligabend immer dazu verdonnert, das Festmahl zu bereiten. Natürlich standen ihm einige attraktive Assistentinnen zur Verfügung, die ihm die Zeit versüßten. Vor zehn Uhr abends war das Essen selten fertig; doch dann begann der große Festschmaus. Bis in die Morgenstunden wurde getanzt, gelacht, getrunken und gekifft. Auch wir Kinder durften mitfeiern, bis wir vor Müdigkeit umfielen.

Am 14. April 1974 kam meine Schwester Luise zur Welt. Bei ihrer Geburt war ich fast neun Jahre alt und freute mich wie eine Schneekönigin. Schon immer hatte ich mir ein kleines Schwesterchen gewünscht. Endlich war es so weit. Jeden Morgen stand ich schon ganz früh auf, wickelte sie und gab ihr ein Fläschchen. Luise war für mich wie eine lebende Puppe. Es machte mir unglaublichen Spaß, sie zu verhätscheln und zu pflegen. Mona hatte mit mir die beste Babysitterin.

Auch Luise wurde antiautoritär erzogen, doch meine Mutter war nun 30 Jahre alt und wesentlich reifer. Während Mona damals nach meiner Geburt noch sehr unsicher und ungeduldig war, ging sie mit meiner kleinen Schwester viel gelassener um. Luise war ein echtes Wunschkind, das die leicht angeschlagene Ehe meiner Eltern wieder kitten sollte. Mit dem Baby, hoffte Mona, hätten sie wieder eine gemeinsame Aufgabe, die sie zusammenschweißt.

Nun war meine Mutter innerlich so weit, sich ganz und gar auf ein kleines Kind einzulassen, ohne ständig das Gefühl zu haben, etwas zu verpassen. Mit »Luischen« ging sie in ihrer Mutterrolle auf. So fühlte sich meine Schwester von Anfang an willkommen und vor allem geborgen.

Trotzdem war Mona nach wie vor auf ihre Freiheiten bedacht. Zum Glück war meine kleine Schwester sehr pflegeleicht. Luischen wurde einfach überallhin mitgenommen. Auf Partys stellten meine Eltern zwei Stühle nebeneinander und legten sie zum Schlafen drauf. Das funktionierte auf Anhieb; selbst bei dröhnender Musik konnte meine Schwester einschlafen. Auch aufs Skifahren wollte meine Mutter trotz Baby nicht verzichten. Selbstverständlich wurde Luise mit auf die Piste genommen. Mona stellte die Tragetasche mit dem schlafenden Säugling einfach neben das Skihäuschen unten auf die Piste und fuhr mit meinem Vater den Schlepplift hoch. Immer nach dem Motto: Es wird schon nichts passieren. Als meine Eltern wieder unten ankamen, vergewisserten sie sich, dass Luischen noch schlief, und fuhren dann noch mal eine Runde. In der

Regel konnten sie sich mindestens auf eine Stunde Schlaf bei meiner Schwester verlassen, was ihnen immerhin fünf Abfahrten ermöglichte.

Luise kam in den berüchtigten Kindergarten in der Königinstraße, der zu meiner Zeit geschlossen wurde, weil die damalige Leiterin einen Bankraub verübt hatte und in Haft kam. Mittlerweile gab es neue Bezugspersonen; hinsichtlich der antiautoritären Erziehungsmethoden hatte sich aber nichts geändert. Als ich Luise einmal im Kindergarten abholte, erkannte ich sie kaum wieder. Die Kinder hatten Friseur gespielt und sich arge Löcher in die Haare geschnitten. Meine kleine Schwester sah aus wie ein gerupftes Huhn, ließ aber niemand an ihre »schöne Frisur« heran. Soweit ich mich erinnere, hatte Luise immer einen verschmierten Mund und war in ihrer Kleiderwahl genauso eigensinnig wie Micha und ich. Ein ganzes Jahr lang wollte sie nur einen bestimmten Rock anziehen. Er war ein Erbstück unserer Cousine Miriam, die Luise anhimmelte. Dieser rote Wollrock war nicht nur verwaschen und ausgeleiert, sondern meiner kleinen Schwester auch mindestens zwei Nummern zu groß. Das gute Stück hielt nur mit einem Gürtel und schleifte am Boden entlang. Jeden Morgen gab es das gleiche Geschrei, wenn Luise diesen Rock anziehen, unsere Mutter sie aber davon abbringen wollte. Nach einer halben Stunde gab sich Mona meistens geschlagen.

Während viele ehemalige Studienfreunde meiner Eltern politisch immer militanter wurden – einige schlossen sich sogar der Roten-Armee-Fraktion an –, hatten sowohl mei-

ne Mutter als auch mein Vater mit linken Terroraktionen nichts im Sinn. Sicher sympathisierten sie mit der RAF und fanden es letztendlich gut, dass jemand gegen den kapitalistischen Staat kämpfte. Allerdings war Mona geschockt, als sie erfuhr, dass Ulrike Meinhof den Schritt zur Gewalttat vollzogen hatte und als RAF-Mitglied polizeilich gesucht wurde. Sie konnte die Terroranschläge mit dieser Frau, die sie immer so bewundert hatte, nicht in Verbindung bringen. Als RAF-Mitglieder in einem Frankfurter Kaufhaus einen Brand legten und Andreas Baader aus dem Gefängnis befreit wurde, war meiner Mutter klar, dass Ulrike ernst gemacht hatte. Die Devise der RAF lautete: »Der Staat ist gewalttätig, und deswegen muss ihm durch Gegengewalt die Maske heruntergerissen werden.« Mona konnte das zwar bis zu einem bestimmten Grad nachvollziehen, dennoch waren für sie die Grenzen der politischen Aktion überschritten, wenn dabei Menschen zu Schaden kamen. Dennoch bemitleidete sie Ulrike Meinhof, als sie in den Untergrund gehen musste und überall als »Staatsfeindin Nr.1« gesucht wurde. Meine Mutter fand die öffentliche Hetzkampagne furchtbar. Ihrer Meinung nach wurden Ulrike Meinhof, Andreas Baader und Gudrun Ensslin von der Öffentlichkeit und der Presse gezielt in die Enge getrieben; sie hatten nicht geringste Chance, aus ihrer Isolation herauszukommen und einen anderen Weg zu beschreiten. Je mehr sie gehetzt wurden, desto gewalttätiger wurden sie – wie Wildtiere, die gejagt keine andere Wahl haben, als anzugreifen.
1975 fuhren meine Eltern zu der Beerdigung von Andreas Baader, Gudrun Ensslin und Jan Carl Raspe nach Stuttgart. Meine Schwester Luise und ich blieben bei unserer

Tante Conny. Mona fand es ganz selbstverständlich, zu der Beerdigung ihrer früheren Genossen zu fahren, auch wenn sie später Terroristen wurden. Nie wäre sie auf die Idee gekommen, dabei ein schlechtes Gewissen zu haben oder sich zu tarnen. Peter war da vorsichtiger. Ihm war klar, wie man mit Sympathisanten von Terroristen umging, und er bestand darauf, dass Mona einen großen Hut mit Schleier trug. Er selbst wickelte sich einen dicken Schal ums Gesicht und setzte eine große, schwarze Sonnenbrille auf.

Bei der Beerdigung waren meine Eltern zunächst sehr enttäuscht, dass nur hundertfünfzig Leute gekommen waren. Wo waren all die ehemaligen Studenten, die für eine bessere und gerechtere Welt gekämpft hatten? Außerdem wunderten sie sich, dass kein einziger Polizist zu sehen war. Nach dem großen Presserummel war das sehr erstaunlich. Viele Trauergäste kamen aus dem Ausland. Mona schaute sich um und fand die meisten sehr sympathisch. Nach einer Weile begann der Pfarrer seine Rede. Er sprach von Freiheit und Rebellion und darüber, dass die toten RAF-Mitglieder einen guten Grundgedanken und ihre innere Wahrheit gefunden hätten. Daneben betonte er aber auch, dass sie Fanatiker waren und später auf Abwege gerieten. Am Schluss sagte er noch: »Wir lassen uns von dem Bürokratismus nicht unterkriegen.« Während der Pfarrer so sprach, wurde es unter den Gästen ganz still. Jeder hörte andächtig zu. Es entstand eine unausgesprochene Übereinkunft, ja eine starke Verbundenheit zwischen den Anwesenden. Meine Mutter war hingerissen von dieser intensiven, harmonischen Atmosphäre. Auch meinen Vater berührte die Rede.

In dieser andächtigen Stimmung verließen Mona und Peter mit den anderen Gästen nach der Trauerrede den Friedhof. Auf dem Weg zum Parkplatz erwarteten sie eigentlich ein riesiges Polizeiaufgebot, doch wieder war weit und breit kein einziger Polizist zu sehen. Meine Eltern waren froh, dass der Staat wegen so einer »lächerlichen« Beerdigung doch kein so großes Theater machte, wie es alle befürchtet hatten. Die Straße führte bergab durch einen Wald und hatte scharfe Kurven. Bis zum Parkplatz mussten die Trauergäste ziemlich weit gehen. Als meine Eltern in die letzte Kurve bogen, traf sie fast der Schlag: Vor ihnen waren auf einer Strecke von mehreren hundert Metern links und rechts der Straße gepanzerte Fahrzeuge aufgereiht, davor standen Einsatzkräfte mit Maschinenpistolen, die sie auf die Trauergäste richteten. Der Anblick war äußerst bedrohlich. Mona und Peter waren unter den ersten Trauergästen, die um die Ecke bogen. Sie waren geschockt, gingen aber ganz langsam weiter auf die Einsatzkräfte zu. Einige Leute hinter ihnen gerieten allerdings in Panik und rannten schreiend in den Wald. Da kamen plötzlich hinter den Bäumen weitere Polizisten mit Maschinenpistolen zum Vorschein. Mein Vater schrie noch: »Nicht rennen! Bleibt hier!«, doch es war schon zu spät. Schüsse fielen. Mona und Peter konnten aber nicht erkennen, ob jemand getroffen wurde. Sie sahen nur, dass alle Leute, die in den Wald geflüchtet waren, von den Polizisten festgenommen und brutal zusammengeschlagen wurden, selbst Frauen.

Meine Eltern gingen langsam weiter, immer weiter auf die Polizisten zu. Mona hatte schreckliche Angst. Sie gingen an den ersten Polizisten vorbei, die sie hasserfüllt anschauten und das Maschinengewehr auf sie richteten. Mein Vater dachte nur: »Eine falsche Bewegung und der knallt mich jetzt ab.« Die Trauergäste, die unten am Parkplatz ankamen, wurden von den Polizisten grob gepackt und in einen Wagen geschubst, wo man ihnen die Papiere abnahm. Zum ersten Mal konnte sich Mona leibhaftig vorstellen, wie sich die Juden in der Nazizeit gefühlt hatten. Als einer der Polizisten sie am Arm packte, schrie sie vor Schmerz auf. Dann platzte ihr der Kragen. Wütend brüllte sie den jungen Polizisten an: »Was fällt Ihnen eigentlich ein, mich so brutal anzufassen. Ich bin deutsche Bürgerin und Mutter zweier Kinder. Ich arbeite, zahle meine Steuern und habe ein Recht darauf, hier normal behandelt zu werden und nicht wie eine Schwerverbrecherin.« Der junge Polizist, selbst fast noch ein Kind, schaute meine Mutter verblüfft an und ließ seinen harten Griff sofort etwas lockerer. Dann sagte er kleinlaut: »Wir tun hier nur unsere Pflicht.« Später erfuhren meine Eltern, dass die Polizisten tagelang darauf vorbereitet worden waren, dass bei der RAF-Beerdigung der »große Feind« kommt, den es zu bekämpfen gilt.

Seitdem waren meine Eltern polizeilich registriert, was uns beim Zoll und bei Fahndungen künftig immer Schwierigkeiten bereitete. Jedes Mal, wenn wir auf einer unserer Reisen eine Grenze passierten, wurden wir stundenlang gefilzt und wie Verbrecher behandelt.

Zu jener Zeit hatte sich mein Vater bereits selbstständig gemacht und einen kleinen Verlag gegründet, der die Wirtschaftszeitung *Inside,* ein internes Informationsblatt der Möbelbranche, herausgab. Viele seiner Abonnenten waren Inhaber großer Möbelgeschäfte, die auf keinen Fall erfahren durften, dass Peter zu einer Terroristen-Beerdigung gefahren war. Doch in der nächsten Ausgabe des *stern* erschien ein Artikel über die RAF-Beerdigung mit einem doppelseitigen Foto meiner Eltern in Großaufnahme. Meinen Vater, dessen Schal vom Gesicht verrutscht war, konnte man darauf gut erkennen.

Prompt bekam Peter am nächsten Tag empörte Anrufe im Verlag, ob er jetzt bei der RAF wäre. Das Ganze endete mit einigen Kündigungen von Abonnements, was in dieser Anfangsphase nicht leicht zu verschmerzen war. Auch meine kleine Schwester bekam die Folgen der RAF-Beerdigung deutlich zu spüren. Obwohl sie in einem antiautoritären Kinderladen war, gab es dort zwei Elternpaare, die sich sehr über das Foto meiner Eltern im *stern* aufregten. Sie waren ernsthaft davon überzeugt, Mona und Peter hätten nähere Verbindungen zur RAF, und sahen ihre Kinder gefährdet. So beriefen sie ohne Wissen meiner Eltern im Kindergarten ein Plenum ein, auf dem Luischens Ausschluss beschlossen wurde. Bereits zwei Tage später durfte sie nicht mehr in den Kinderladen in der Königinstraße kommen.

7

Meine Mutter – die ewige Sucherin

Nachdem Peter 1974 den Verlag *Inside* gegründet hatte, war er kaum noch zu Hause. Um das neue Heft am Ende des Monats rechtzeitig herauszubringen, musste er oft nächtelang durcharbeiten. Abgesehen von einer Sekretärin hatte mein Vater in der Anfangszeit keinen einzigen Mitarbeiter. In einem kleinen angemieteten Zimmer recherchierte und schrieb er wie ein Besessener.

Mona bekam Peter also nur noch wenig zu Gesicht und verbrachte mit mir und meiner kleinen Schwester die Abende oft allein zu Hause.

Unsere WG hatte sich so gut wie aufgelöst. Helena war mit ihrem Sohn Fritz ausgezogen, denn trotz aller Bemühungen wurde das Zusammenleben der beiden Frauen immer schwieriger. Nur mein Patenonkel Klaus blieb uns treu, doch er trieb sich fast jeden Abend in Schwabings Kneipen herum und ließ sich kaum noch blicken.

Meine Mutter wurde immer unzufriedener. Nicht nur dass mein Vater tage- und nächtelang arbeitete, sie hatte auch das Gefühl, dass er sich innerlich von ihr distanzierte. Sie spürte keine Nähe mehr zu Peter und fühlte sich von ihm emotional meilenweit entfernt. Diesen Zustand hielt

Mona kaum aus, denn sie war eine sehr sensible Frau. Am liebsten hätte sie alles mit Peter gemeinsam gemacht. Nur dann war ihrer Meinung nach eine Ehe perfekt; nur so, dachte sie, entsteht eine intensive Nähe zwischen zwei Menschen. Doch meinem Vater raubte dieser Anspruch die Luft; er fühlte sich eingeengt. Je mehr Nähe Mona von ihm forderte, desto mehr ging Peter auf Distanz. Auch sexuell machte sich das bemerkbar. Peter und Mona schliefen immer seltener miteinander. Spätabends, wenn Mona Lust gehabt hätte, war Peter noch im Verlag, und morgens, wenn er gerne wollte, war sie totmüde und nicht in Stimmung. So ging Peter morgens oft ins Café, wo er in Ruhe seine Zeitung lesen konnte.

Das Thema »Zeitung lesen« war ein weiterer Streitpunkt. Jedes Wochenende gab es am Frühstückstisch die gleiche Szene. Mein Vater machte es sich mit der Süddeutschen Zeitung bequem und fing an zu lesen. Nach ungefähr zehn Minuten drängelte meine Mutter: »Es ist so schönes Wetter draußen. Wir müssen unbedingt irgendwo ins Grüne fahren, und zwar bald, sonst ist die Sonne weg.« Mein Vater brummte dann: »Ja, ja«, las aber weiter. Nach weiteren fünf Minuten forderte Mona schon mit einem schärferen Ton: »Mensch, hör doch endlich auf zu lesen. Ich möchte jetzt los.« Wenn mein Vater dann immer noch nicht reagierte, kam es zum Ehestreit. Da Peter jeglichen Konflikt hasste, gab er meistens nach und beugte sich dem Willen meiner Mutter. Letztendlich hatte dann aber keiner etwas davon. Für meinen Vater war so ein Ausflug ein ungewolltes Pflichtprogramm, das er schweigend über sich ergehen ließ. Mona, die sich ja eigentlich das Gegenteil wünschte,

war entsprechend schlecht gelaunt, und auch ich litt unter der unangenehmen Spannung zwischen meinen Eltern.
Während sich andere auf ein schönes Sonntagsfrühstück freuten, hatte ich jedes Mal Angst, dass sich meine Eltern wieder in die Haare kriegen könnten. Am liebsten stritten sie sich um die Eier. Mona mochte ihr Frühstücksei fast flüssig, also genau drei Minuten gekocht. Peters Ei musste aber wachsweich sein, nämlich genau fünf Minuten gekocht. Jeder, der die Eier kochte, machte es so, wie er es lieber hatte. Keiner schaffte es, dem anderen ein Ei nach dessen Geschmack zuzubereiten. Einmal war Mona so wütend, dass Peter die Eier wieder zu hart gekocht hatte, dass sie ihn nach einem hitzigen Streit mit ihrem Ei bewarf. Da sich Peter gerade noch ducken konnte, landete das Ei an der weißen Wand hinter ihm, an der es gelb flüssig wie ein Bächlein herunterlief. Auch mein Vater, der jetzt vor Wut schäumte, warf sein so genanntes »Schlabberei« nach Mona, verfehlte sie aber ebenfalls und traf nur die Wand. Hinterher weigerten sich beide, die gelben Eierflecken zu entfernen. Wir lebten so lange mit diesen Flecken, dass wir uns irgendwann an sie gewöhnten und mit der Zeit sogar als Kunstwerk betrachteten.
Wenn meine Eltern stritten, ging es jedes Mal um das gleiche Thema. Mona wollte mehr Aufmerksamkeit von Peter. Sie war eifersüchtig, wenn er Zeitung las, wenn er Sportschau guckte, wenn er Tennis spielte oder auf den Fußballplatz ging. Vielleicht hätte sie ihm all diese Freiheiten gelassen, wenn er emotional mehr auf sie eingegangen wäre, denn dann hätte sie sich verstanden gefühlt und wäre nicht so frustriert gewesen. Aber sie war damals noch nicht fähig, ihm ihre Gefühle und ihre Verletztheit

richtig zu vermitteln. Dafür schrie sie ihn umso häufiger an: »Für alles interessierst du dich, bloß nicht für mich.« Peter hielt die ständigen Streitereien nicht mehr aus und verschanzte sich hinter seiner Arbeit. Meine Mutter zog daraus ihre Konsequenzen. Sie wollte in ihrem Leben weitergehen und innerlich wachsen. Wenn nicht mit Peter zusammen, dann eben allein. So machte sich Mona auf die Suche.

1977 hörte sie zum ersten Mal von einem indischen Guru namens Bhagwan. Eine Freundin von Conny war eine »Sannyasin«, also eine von Bhagwans Jüngern. Sannyas bedeutet im Hinduismus »göttliche Suche«. Wie alle Sannyasins bekam Connys Freundin von ihrem Meister einen indischen Namen, sie trug orange Roben und eine Halskette aus Rosenholzperlen, an der ein Medaillon mit der Fotografie des Gurus hing. Die orangefarbene Kleidung, also die Farbe des Sonnenaufgangs, steht symbolisch für Bescheidenheit und Entsagung vom weltlichen Leben.

Shree Rajneesh, ein ehemaliger Student der Philosophie, hatte sich im Alter von 21 Jahren für erleuchtet erklärt und ließ sich später »Bhagwan« nennen, was auf Hindi »Gott« bedeutet. Nachdem er Anfang der siebziger Jahre seine Karriere als Philosophieprofessor aufgegeben hatte, reiste Shree Rajneesh kreuz und quer durch Indien und hielt vor Tausenden von Menschen spirituelle Reden. Schon bald wurde der Meister im ganzen Land bekannt; der Zulauf war enorm. 1974 gründete Bhagwan in der Stadt Poona einen Ashram, also einen spirituellen Ort für seine Jünger. In der Folge zog er auch Scharen von jungen Aussteigern aus aller Welt in seinen Bann und machte vor allem in Deutschland Schlagzeilen als »Sex-Guru«.

Vidgian, Connys Freundin, traf Mona auf einer Party und erzählte ihr mit leuchtenden Augen von ihrem spirituellen Meister. Meine Mutter wurde neugierig. Was steckte hinter diesem erleuchteten Mann, der angeblich so eine umwerfende Ausstrahlung hatte? Stimmte das wirklich alles, was diese Sannyasins über ihn sagten? Am meisten interessierte sich Mona für die von Bhagwan gelehrte Form der Meditation und Gruppentherapie. So schnell wie möglich wollte sie sich damit in ZIST, einem Therapiezentrum im bayerischen Penzberg, vertraut machen. Dort, hörte sie von Vidgian, würde schon bald einer der bekanntesten Therapeuten aus Poona eine Gruppe leiten.

Mona meldete sich also in ZIST für die nächste Gruppe an. Was hatte sie schon zu verlieren? So wie bisher konnte es schließlich nicht weitergehen, dessen war sie sich gewiss. Meine Mutter war nicht nur in ihrer Ehe frustriert, sondern auch innerlich zerrissen. Seit sie erfahren hatte, dass ein ehemaliger Freund von ihr im Zusammenhang mit seiner logistischen Tätigkeit für die RAF in Holland erschossen worden war, verspürte sie eine tiefe Traurigkeit. Mona konnte sich nur schwer damit abfinden, dass so viele ihrer früheren Freunde aus der linken Szene nun plötzlich steckbrieflich gesucht wurden. Lange hat sie selbst mit der Entscheidung gerungen, ob sie sich der RAF anschließen sollte, hatte sich aber dann dagegen entschieden. Seitdem war ihr Leben ohne tieferen Sinn. Meine Mutter hatte keine Orientierung mehr und verspürte eine innere Leere.

Pavesh, der Gruppenleiter in ZIST, galt als einer der besten Therapeuten weltweit. Er war einer der ersten amerikanischen Jünger Bhagwans und gab dessen Philosophie an seine Gruppenteilnehmer weiter. Mona fiel ihm gleich auf – so eine schöne Frau bekam er offenbar nicht alle Tage zu sehen. Am Anfang der Gruppentherapie fragte Pavesh sie, warum sie gekommen sei. Meine Mutter offenbarte ihm ihre innere Zerrissenheit und Orientierungslosigkeit, worauf er spontan das Gruppen-Thema für den ersten Tag änderte: Alle Teilnehmer sollten ab sofort gesuchte Terroristen sein und sich in diese Situation versetzen. Sie wurden aufgefordert, ihre angestaute Wut und Aggression auf den Staat mit Kissen, die sie schreiend auf den Boden warfen, herauszulassen. In anschließenden Rollenspielen bekämpften und schrien sich die Teilnehmer gegenseitig an. Das Ende der Übung bestand darin, dass jeder in sich ging und dem nachspürte, was er in diesem Moment empfand.

Mona erkannte, dass es gar nicht darum ging, die Gesellschaft zu ändern, sondern sich selbst. Sie begriff, dass der Konflikt in ihr selbst gärte. Meine Mutter hatte sich ihr ganzes Leben an der Gesellschaft orientiert und ihre Zufriedenheit von ihr abhängig gemacht. Sie hatte ihr Glück immer an die äußeren Bedingungen geknüpft. Nun wurde ihr bewusst, dass sie zunächst bei sich selbst beginnen musste, um eine Veränderung zu erreichen – um glücklich zu werden.

Mona war unendlich dankbar für diese Erkenntnis und dachte, sie hätte ihren »inneren Knackpunkt« schon erreicht. Sie ahnte ja nicht, was ihr noch alles in dieser Gruppe bevorstehen würde. Während der folgenden zwei Tage und Nächte sollte sie körperlich und geistig an die Grenzen ihrer Kräfte stoßen.

Pavesh war bekannt für seine harten Therapiemethoden.

Er weckte bei seinen Gruppenteilnehmern massive Angstzustände, so dass sie an ihre Grenzen gebracht wurden, ja sogar lernten, diese Grenzen zu überschreiten. Ziel war es, in einer spannungsgeladenen Atmosphäre aus sich herauszugehen und alle Hemmungen zu verlieren. Die Teilnehmer sollten sich kritisch auseinander setzen, keine Konfrontationen meiden und sich auch einmal richtig anschreien.

Um eine derartige konfliktreiche Atmosphäre zu schaffen, durften die Gruppenteilnehmer während der folgenden zwei Tage und Nächte nicht schlafen und kaum etwas essen. Verschärft wurde die Situation, indem die zwanzig Gruppenteilnehmer nach der ersten schlaflosen Nacht vier Stunden lang in ein kleines Bad gesperrt wurden. Der Raum war so eng, dass sich Mona kaum bewegen konnte. Sie kam sich vor wie in einer Ölsardinenkonserve. Glücklicherweise wurde zwischendurch gelüftet, sonst wären die Teilnehmer wohl qualvoll erstickt. Ganz abgesehen davon, dass immer wieder jemand ein »Geschäft« zu erledigen hatte.

Schon nach drei Stunden in dieser Enge war Mona mit den Nerven am Ende. Sie war todmüde und die Beine taten ihr weh. Wenn sie sich nur irgendwo hätte hinlegen können; doch daran war nicht zu denken. Am meisten störte sie aber ein unangenehm riechender, schweißüberströmter Typ, der ihr körperlich auf die Pelle rückte. Pausenlos redete er auf sie ein. Als es meiner Mutter endgültig zu viel wurde, schrie sie ihn an: »Mensch, kannst du nicht mal deine Klappe halten? Verzieh dich irgendwo anders hin und lass mich in Ruhe. Du gehst mir tierisch auf die Nerven.« Nach diesen heftigen Worten brach es aus einer anderen Frau heraus, die plötzlich auf Mona losging und sie anbellte: »Halt du doch deinen Mund. Was denkst du eigentlich, wer du bist? Von Anfang an konnte ich dich schon nicht ausstehen. Du arrogante Pute.« Mona, die sowieso schon total geladen war, brüllte zurück und konnte auf diese Weise endlich ihre aufgestaute Wut abladen. Der ganze Ehe-Frust kam in ihr hoch. Nun hatte Mona die Gelegenheit, mal richtig zu schreien, ohne sich dabei schuldig zu fühlen. Es war eine neue Erfahrung für sie. Aber nicht nur meine Mutter war in Rage, alle Gruppenteilnehmer schrien sich nun an und gerieten völlig außer Kontrolle. Nach einer Weile verkroch sich Mona in eine Ecke und fing an, hemmungslos zu heulen. Sie wollte nur noch da raus – egal wohin, nur raus.

Nach vier Stunden in diesem kleinen Bad war für alle die Grenze des Erträglichen erreicht – zumal sie zu allem Übel auch eine schlaflose Nacht hinter sich hatten. Die einen erlitten kleinere Nervenzusammenbrüche, die anderen Wutanfälle oder Heulkrämpfe. Dabei wurden alte Wunden aus der Kindheit aufgerissen und lange unterdrückte Gefühle wieder geweckt.

Als Mona mit den anderen Gruppenteilnehmern das Bad verlassen durfte, überkam sie ein wahres Glücksgefühl. Endlich hatte sie die Angst vor ihren unterdrückten Gefühlen verloren und konnte alte Fesseln ablegen. Schon längst hatte sie ihren toten Punkt überwunden und war nun ziemlich aufgekratzt. Ständig musste sie lachen und war bester Laune. Am Schluss hatte sie die Enge im Raum überhaupt nicht mehr gestört. Im Gegenteil, sie empfand die körperliche Nähe der anderen auf einmal als sehr angenehm. Nun, wo alles vorbei war, ging sie sogar auf einige Leute zu und umarmte sie innigst, als wäre sie schon ewig mit ihnen befreundet gewesen. Durch die intensive Zeit waren die Gruppenteilnehmer sehr eng zusammengewachsen.

Die zweite schlaflose Nacht war nur zu überstehen, indem die Gruppenteilnehmer immer wieder zum Tanzen aufgefordert wurden, wenn sie einen Müdigkeitsanfall verspürten. Am nächsten Morgen war Mona völlig überdreht, als hätte sie Drogen genommen. Alles war so leicht. Sie hätte die ganze Welt umarmen können. Sie war wie neu geboren. In ihrer Ehe fühlte sich meine Mutter zuvor wie eine alte Frau; da war keine Lebendigkeit mehr zu spüren. Nun spürte sie, welche Kräfte noch in ihr steckten. Das alles hatte sie Pavesh zu verdanken.

Pavesh war ein sehr extremer Typ. In einem schwarzen Ghetto in New York aufgewachsen, war er lange in einer Gang und lernte als Junkie nur die harten Seiten des Lebens kennen. Anfang der siebziger Jahre reiste er dann nach Indien, wo er Bhagwan kennen und lieben lernte. Obwohl Pavesh sofort ein Sannyasin wurde, konnte er sich nie richtig anpassen und galt in Poona als Enfant terrible.

Meine Mutter war tief beeindruckt von diesem energischen, aber auch herzlichen Mann, der ihr ein anderes Leben vor Augen geführt hatte. Pavesh war alles andere als schön, denn er war klein und hatte eine unreine Haut mit einigen Narben im Gesicht. Doch er hatte eine derart intensive Ausstrahlung, dass ihm alle Frauen zu Füßen lagen. Er war allerdings von Mona völlig eingenommen. Nach dem Abschiedsfest der Gruppe lud er sie auf sein Zimmer ein. Von Anfang an fühlte sich meine Mutter zu

diesem starken Mann hingezogen und bewunderte seine direkte, offene Art.
Gerne ließ sie sich von ihm verführen. Mona war schon mit etlichen Männern im Bett gewesen, doch mit Pavesh erlebte sie etwas ganz Besonderes. Noch nie war sie einem Mann begegnet, der einerseits so zärtlich und einfühlsam war und andererseits eine derartige animalische Wildheit ausstrahlte. Nach dem Liebesakt hängte Pavesh meiner Mutter seine eigene Mala, die Holzkette mit Bhagwans Porträt, um den Hals und fragte sie: »Wie fühlt es sich an, eine Sannyasin zu sein?« Mona, die vor Glück noch ganz benommen war, antwortete ohne den geringsten Zweifel: »Schön.«
Mit glänzenden Augen und in bester Laune kam meine Mutter wieder nach Hause. Offen wie sie war, erzählte sie Peter gleich von ihrem aufrührenden Gruppenerlebnis und von ihrer Liebesnacht mit Pavesh, der sie so positiv beeinflusst hatte. Wie immer nahm es mein Vater gelassen hin. Trotz des Seitensprungs wollte sich Mona aber auf keinen Fall von Peter trennen. Sie war überzeugt, dass ihre Beziehung noch zu retten war, wenn er auch an einer solchen Gruppentherapie teilnehmen würde.
Monas Erzählungen und ihre positive Persönlichkeitsveränderung machten meinen Vater neugierig, und er meldete sich bald darauf ebenfalls in ZIST an. Peters Gruppentherapie wurde von einer bekannten Sannyas-Therapeutin namens Giritsha geleitet und fiel um einiges sanfter aus als die von Mona. Bei ihm ging es hauptsächlich darum, seine inneren Gefühle durch verschiedene Meditationstechniken zu entdecken. Besonders die Schrei-Meditation erwies sich als sehr wirkungsvoll.

Meine Mutter hatte bereits eine neue Identität angenommen. Das letzte Bild von unserer Familie

Mein Vater, der ja schon immer Angst vor Konfrontationen hatte, war anfangs gar nicht in der Lage zu schreien. Sosehr er sich bemühte, es kam nichts aus ihm heraus. Erst als Giritsha ihn anfeuerte, verlor er irgendwann seine Hemmungen. Er schrie; er schrie lauter als alle anderen, und er schrie noch, als die anderen sich bereits in der Schweigephase befanden. Mein Vater hatte sich so lange die Seele aus dem Leib geschrien, bis ihn die Stimme im Stich ließ.

Es folgte die Schweige-Meditation, bei der jeder in sich ging. Zum ersten Mal in seinem Leben hatte Peter den Mut, seine tiefsten Gefühle hochkommen zu lassen, was mit einem kaum erträglichen Schmerz verbunden war. Es war der Schmerz, den er schon als Baby verspürt hatte, als er seine Mutter verlor. Jahrelang verdrängte er ihn. Peter musste lange weinen und empfand eine unendliche Einsamkeit. Ihm wurde bewusst, dass er durch den Verlust seiner Mutter schon als Kind sehr hart geworden war und nie gelernt hatte, sich wirklich zu öffnen. Nie war er fähig gewesen, sich emotional fallen zu lassen, auch bei Mona nicht. Peter war zwar immer zu allen sehr nett und herzlich, blieb aber an der Oberfläche. Das erkannte er nun. Was ihn aber viel mehr bewegte, war eine andere Erkenntnis: Mona war nicht die richtige Frau für ihn. Peter wollte endlich frei sein, denn auch er fühlte sich in der Ehe steinalt. Das wollte er nun ändern.

1978 fuhr Mona das erste Mal für vier Wochen allein nach Poona. Meine kleine Schwester und ich blieben bei meinem Vater in München. Einmal bekamen wir einen Brief von ihr. Sie schrieb: »Hallo, meine Lieben! Jetzt bin ich auch eine ›Sannyasin‹ und habe von Bhagwan einen neuen Namen bekommen, ich heiße jetzt Puja …«
Dieser Brief war ein Schock für mich. Die ganze Zeit hatte ich noch die Hoffnung, dass meine Mutter sich diesen Bhagwan nur einmal anschauen und dann wieder »normal« zu uns zurückkehren würde. Doch nun hatte ich mit einem Schlag meine diesbezüglichen Illusionen verloren. Warum musste sie ausgerechnet Puja heißen? Ich fand den Namen schrecklich. Er war mir fremd. Ich empfand eine tiefe Traurigkeit. Hatte ich meine vertraute Mutter nun verloren?
Als Puja nach vier Wochen wieder aus Indien zurückkam, trug sie ein orangefarbenes, weites Gewand und die Mala, also die Holzkette mit Bhagwans Porträt, um den Hals. Meine Mutter hatte sich nicht nur äußerlich, sondern

auch innerlich sehr verändert. In Poona lebte sie in einer völlig anderen Welt. Der Ashram war für Mona wie ein Paradies. Alles war erlaubt, und jeder konnte sich seinem Wesen entsprechend entfalten. Stress und Leistungsdenken waren ausgeschlossen; alles war auf Liebe und Meditation ausgerichtet. Meine Mutter fühlte sich im Ashram so geborgen wie im Mutterleib, und nun wurde sie wieder mit den realen Bedingungen in der westlichen Gesellschaft konfrontiert. Eines war klar, unser Familienleben im herkömmlichen Sinn konnte nicht wieder aufleben. Auch mein Vater hatte während Monas Abwesenheit gemerkt, dass er ohne ihr »ewiges Gemeckere« ganz gut ausgekommen war. Außerdem konnte er mit ihrer »Sannyas-Welt« überhaupt nichts anfangen. Natürlich hatte ihm die Gruppentherapie in ZIST etwas gebracht, doch auf keinen Fall wollte sich Peter näher auf die Sannyasins einlassen. Ihre Verhaltensweisen und vor allem ihr kollektives Auftreten machten ihm Angst. Bhagwan war für ihn ein esoterischer Scharlatan, der sich auf Kosten seiner westlichen Jünger ein schönes Leben machte, und er konnte nicht verstehen, dass ausgerechnet seine Frau ihm auf den Leim gegangen war.

Puja war geradezu besessen von ihrem neuen Meister. In der ganzen Wohnung hängte sie Fotografien von ihm auf und beteuerte jedem, wie sehr Bhagwan ihr Herz berührt hätte. Endlich hatte sie wieder einen Sinn in ihrem Leben gefunden. Mit leidenschaftlichem Eifer färbte meine Mutter ihre Kleider orange. Dass dadurch allmählich auch unsere Kleidungsstücke einen orangefarbenen Stich bekamen, fand Puja halb so schlimm. Wenn sich Peter darüber aufregte, dass sein weißes Hemd verfärbt war, antwortete sie verständnislos: »Das bisschen Orange fällt doch gar nicht auf.« Es fiel aber auf, sonst hätten mich nicht so viele Kinder in der Schule angesprochen, warum meine Kleider auf einmal einen orangefarbenen Schimmer hätten. Es war mir sehr peinlich, doch ich hütete mich davor, ihnen zu sagen, dass meine Mutter nun eine Sannyasin war.

Wenn Puja ihre neuen Sannyas-Freunde in unsere Wohnung zum Meditieren einlud, flüchtete Peter regelmäßig in die nächste Kneipe. Ich war damals 12 Jahre alt und der »orangefarbenen Bande« hilflos ausgeliefert. Jeden Montagabend trafen sich mehr als zehn Sannyasins in unserer Wohnung, um an der »Kundalini-Meditation« teilzunehmen. Gemäß der Lehre Bhagwans war diese von ihm propagierte Meditationstechnik dazu geeignet, innere Spannungen abzubauen.

Während sich also die Sannyasins in unserer Wohnung breit machten und erst mal Chai tranken, verdrückte ich mich in mein Zimmer. Mit diesen Gestalten wollte ich nichts zu tun haben. Ihr permanentes »offenes« Lachen, ihre übertriebene Herzlichkeit und ihre ständigen Umarmungen gingen mir auf die Nerven. Meine vierjährige Schwester hüpfte dagegen gut gelaunt zwischen den Sannyasins herum. Sie liebte diese lebendigen Abende und kleidete sich freiwillig in Orange. Ich aber saß schmollend in meinem Zimmer, verfluchte die »Eindringlinge« und ließ mich kein einziges Mal blicken. So gegen neun Uhr ging ich meistens, ohne »gute Nacht« zu sagen, ins Bett. Damit drückte ich meinen Protest aus – ein sehr befriedigendes Gefühl. Sollten sie doch alle merken, was ich von ihnen hielt.

Kurz vorm Einschlafen erklang dann jedes Mal Medita-

Puja auf einem Sannyas-Fest

tionsmusik. Die »Kundalini-Meditation« hatte begonnen. Nach einer Weile wurde die Musik schriller und lauter; sie sollte ja die Intensität der Meditation allmählich steigern. Oft rannte ich dann wütend in den Gemeinschaftsraum und brüllte die Sannyasins an: »Verdammt noch mal, seid ein bisschen leiser! Ich kann nicht schlafen.« Aber das nützte nichts. Ohne mich zu bemerken, schüttelten sie sich tranceartig mit geschlossenen Augen weiter und gaben merkwürdige Laute von sich. Die Gruppe kam mir vor wie ein Haufen wilder Tiere, die außer Kontrolle geraten waren. Angewidert legte ich mich wieder ins Bett und vergrub meinen Kopf unter dem Kissen.

8

Steckdosen zum Universum

Peter und Mona fanden nicht mehr zueinander; ihre Wege trennten sich. 1979 beschloss meine Mutter, mit meiner vierjährigen Schwester Luise nach Poona zu ziehen. Ich blieb bei meinem Vater, mit dem ich mich immer noch sehr verbunden fühlte. In unserer Familie hatten sich zwei Fronten gebildet. Während mein Vater und ich vor der »feindlichen« Sannyas-Welt einen Schutzwall aufbauten, war Luischen begeistert von dem neuen Leben unserer Mutter. Die beiden bildeten eine geschlossene Einheit. Für mich kam ein Leben in Poona nicht in Frage. Erstens war ich schon länger auf dem Gymnasium – meine Ausbildung wollte ich nicht von heute auf morgen abbrechen –, zweitens hing ich an meinen Schulfreundinnen, und drittens empfand ich tiefen Hass gegenüber dem Bhagwan, der aus meiner Sicht unser Familienleben zerstört und mir meine Mutter weggenommen hatte.

Als Mona ihrem Meister das erste Mal gegenübersaß, wurde ihr ganz schwindelig. Bhagwan hatte eine derart intensive Ausstrahlung, dass sie keinen klaren Gedanken mehr fassen konnte. Sein direkter, durchdringender Blick

ging ihr durch Mark und Bein und vereitelte jede Form der Selbstkontrolle. Dann hängte ihr der Guru die Mala um, gab ihr den Namen Puja und sagte: »Denk daran, dein Leben ist wie ein Fluss. Bleib lebendig und meide festgefahrene Denkraster. Dann wirst du glücklich sein.«
Puja war wie verzaubert von diesem weisen Mann, der mit seinem langen grauen Bart und seinen fast weißen Haaren viel älter aussah, als er eigentlich war. Für ihn war sie bereit, ihre heimatlichen Bindungen aufzugeben. Fortan wollte sie »für immer« im Ashram leben, ihrem neuen Zuhause, wo sie sich geborgen fühlte und alle Schranken fallen lassen konnte.
Der Ashram war im Koregaon Park, einer sehr vornehmen Wohngegend von Poona, errichtet worden – ein weitläufig angelegter Komplex mit der großen Buddhahalle, in der die Meditationen, die Tänze und Musikveranstaltungen sowie die »Celebrations« stattfanden, einer großen

Das Herz des Ashrams – die Buddhahalle

Kantine, einem Café, einer Kleider-Boutique und einem Buchladen mit Bhagwans Büchern und Audiokassetten. Der Ashram glich einem großen exotischen Garten mit vielen Sitz- und Relax-Möglichkeiten für die Sannyasins. In den siebziger Jahren war er auch für Nicht-Sannyasins von sechs Uhr morgens bis zehn Uhr abends frei zugänglich. Der Eintritt betrug damals 3 Rupien (ungefähr 20 Cent). Das Essen und die Therapien mussten natürlich extra bezahlt werden.

Nur wenige Auserwählte hatten das Privileg, im »Garten Eden« selbst zu leben. Wie die meisten Sannyasins wohnten auch meine Mutter und meine kleine Schwester außerhalb des Ashrams. Etwa zehn Minuten vom Ashram entfernt gab es eine große Zelt- und Bambushütten-Siedlung. Puja und Luise bewohnten dort ein achteckiges Hauszelt auf einem riesigen Podest mit Kochecke und ausladender Terrasse. Nachts schlief meine Schwester allerdings in ihrem eigenen kleineren Zelt daneben.

Ein Großteil der Sannyasins lebte also nicht fest in Poona, sondern kam nur für ein paar Wochen oder Monate zu Besuch. Diese Sannyasins wohnten entweder in Hotels oder hatten sich für ihren Aufenthalt ein Zimmer in der Stadt gemietet. Den Einwohnern von Poona waren Bhagwans Jünger ein Dorn im Auge; nicht nur dass diese orangefarbenen Gestalten zunehmend ihre Stadt bevölkerten, die Sannyasins verletzten mit ihrem freizügigen Verhalten auch die Sitten und Bräuche der Inder. Und sie hatten nicht ganz Unrecht, denn einige Besucher aus dem Westen nutzten den Ashram, um sich sexuell auszuleben und auf den zahlreichen Partys schnelle Kontakte zu knüpfen.

Wie viele Sannyasins arbeitete meine Mutter freiwillig und unentgeltlich im Ashram. Die Arbeit sollte laut Bhagwan eine Art Meditation sein und der Bewusstseinserweiterung dienen und wurde im Ashram als »Ehre« angesehen, denn nur wer hier arbeitete, gehörte wirklich dazu und fühlte sich seinem Meister nahe. So war es Pujas Aufgabe, das Haus von Bhagwans Mutter zu putzen, das sich im Ashram befand. Auch wenn es sie anfangs viel Überwindung kostete, als Putzfrau zu arbeiten, gewöhnte sich meine Mutter bald daran und empfand schließlich Spaß dabei. Puja war hier keine Ausnahmeerscheinung; selbst die Sannyasins, die dazu verdonnert waren, die Toiletten im Ashram zu putzen, machten es mit einer meditativen, selbstverständlichen Hingabe. Sie arbeiteten aus Liebe zu ihrem Meister.

Bhagwans Mutter war eine herzliche alte Frau, die schon Anfang der siebziger Jahre zu den Jüngern ihres eigenen Sohnes zählte. Sie glaubte an seine Erleuchtung und begleitete ihn auf all seinen Wegen. Obwohl Bhagwans Mutter im Ashram eine Sonderstellung einnahm, liebte sie kleine Kinder und ließ vor allem meine Schwester gerne in ihr Haus.

Bhagwan selbst lebte mit einem kleinen Kreis seiner engsten Vertrauten in einer Villa mitten im Ashram, die streng abgeschirmt war. Das »Lao Tsu Haus« wurde rund um die Uhr bewacht. Nur zweimal am Tag verließ der Meister sein klimatisiertes Zimmer, in dem er fast ausschließlich Bücher las: abends um sieben Uhr, wenn er sich zum »Darshan« begab und neue Jünger zu seinen Sannyasins machte, und morgens um acht Uhr, wenn er mit seinem Rolls Royce vom »Lao Tsu Haus« zur Buddhahalle fuhr,

um seinen täglichen Vortrag zu halten. Ich konnte nie verstehen, warum Bhagwan die paar Schritte nicht zu Fuß ging, denn sein Haus war nur 200 Meter von der Buddhahalle entfernt. Doch anscheinend brauchte der Autoliebhaber diesen Luxus.
Jeden Morgen wartete Puja zusammen mit zweitausend anderen Sannyasins in der Buddhahalle auf ihren erleuchteten Meister, der, mit einer weißen Robe bekleidet und die Hände vor dem Gesicht gefaltet, aus seinem Rolls Royce stieg, das Gebäude betrat, sich dann nach allen Seiten drehte und in einem Sessel auf einem Podest Platz nahm. Es war ein skurriler Anblick: Bhagwan, ein kleiner, zierlicher Mann, der in seinem großen Sessel fast unterging, saß einem endlos scheinenden, orangefarbenen Meer von Jüngern gegenüber, die ihn zum Teil wie einen Gott anhimmelten. Wenn der Meister sprach, waren seine Sannyasins wie hypnotisiert. In der Halle war es dann mucksmäuschenstill; man hätte eine Nadel fallen hören können. Außer Lachen war kein Geräusch erlaubt. Wer zweimal hustete, musste die Buddhahalle verlassen.
Bhagwan sprach über Buddha, Jesus, über die Absurdität von Religionen, über Politik und Philosophie. Die wichtigste Botschaft an seine Sannyasins aber war der Weg zur Erleuchtung. Seiner Meinung nach konnte jeder erleuchtet werden, wenn er an sich arbeitete. »Erleuchtet bist du dann, wenn du in völliger Harmonie mit der Natur, also der Existenz bist, mit dem Kosmos verschmilzt und dein Ego aufgibst. Das Ego verschwindet, wenn du im ›Hier und Jetzt‹ lebst und nicht in der Vergangenheit oder in der Zukunft.« Bhagwans Sannyasins sollten ihre Gedanken loslassen und sich entspannen, am besten durch Meditation.

Da Puja im Ashram kein Geld verdiente, war sie finanziell von meinem Vater abhängig. Vor allem die Gruppentherapien, an denen sie gelegentlich teilnahm, waren nicht billig. Für Peter, der inzwischen gut verdiente, war es aber kein Problem, seiner Frau regelmäßig Geld zukommen zu lassen.

Als meine kleine Schwester in den Ashram kam, wollte sie sofort eine Sannyasin werden. Schon in München trug Luise wie ihre Mutter freiwillig orangefarbene Kleider. Nun wollte sie auch eine Mala haben. Diese Holzkette fand Luise besonders schön, denn für Kinder gab es eine spezielle Ausgabe in Kleinformat. Luise drängte Puja so lange, bis sie meine Schwester zum »Sannyas-Darshan« anmeldete.

Auf Luise machte der »erleuchtete Meister« weniger Eindruck. Für sie war er nichts weiter, als ein netter alter Mann mit einem grauen, langen Bart. Bhagwan erinnerte sie irgendwie an den Weihnachtsmann. Trotzdem war meine Schwester stolz, als sie einen neuen Namen und die Kinder-Mala bekam. Luise hieß nun Garima.

Während Puja überwiegend im Ashram putzte oder an Gruppentherapien teilnahm, trieb sich ihre Tochter mit den anderen Sannyas-Kids allein im Ashram herum. Bhagwan wollte, dass die Eltern ihre Kinder sich selbst überlassen. Sie sollten ihre Sprösslinge loslassen, damit diese sich ohne »aufgedrückte Muster« entfalten können. Statt eines bestimmten Elternpaars hatten die Kinder im Ashram Hunderte von »Mamas« und »Papas«, an die sie sich wenden konnten. Bhagwan drückte das so aus: »Kinder sollten nicht Eigentum ihrer Eltern sein, sie sollten frei sein. In einer Kleinfamilie hat das Kind keine andere Wahl und muss das machen, was seine Eltern sagen. Doch in der Sannyas-Kommune kann das Kind frei entscheiden. Es kann sich seine Eltern selber aussuchen. Von jedem Sannyasin lernt es etwas anderes. Lasst eure Kinder die Welt selbst entdecken.«

Vielen Sannyas-Eltern kamen diese Worte nur zu gelegen. Sie brauchten sich nicht mehr für ihre Kinder verantwortlich zu fühlen und konnten sich ohne Schuldgefühle ihrer Selbstfindung zuwenden. Theoretisch sollten alle Sannyasins für die Kinder im Ashram da sein, letztendlich hatte sich aber keiner wirklich um sie gekümmert.

Meine Schwester sah ihre Mutter nur noch morgens und abends. Tagsüber trieb sie sich allein herum. Sie wusste zwar, wo ihre Mutter arbeitete, und konnte immer zu ihr gehen, doch Puja musste putzen und hatte nur bedingt Zeit für sie. Anfangs fühlte sich Garima in dem großen Ashram sehr verloren, doch später genoss sie die Freiheiten in der Kommune. Sie durfte alles machen, was sie wollte; nie mischte sich jemand ein. Meine Schwester erkannte bald, dass im Ashram die Kids Kings waren. Bhagwan liebte Kinder und ließ ihnen alles durchgehen. In seinen Augen hatten vorzugsweise die Kinder das Potenzial für die Erleuchtung. Sie sind ursprünglich, spontan, direkt, leben im Moment und unterdrücken ihre Gefühle nicht. Immer wieder sagte er zu seinen Jüngern: »Werdet wieder wie die Kinder. Sie leben euch das vor, was ihr anstreben sollt.« Die Freiheiten der Kinder gingen so weit, dass sie mitbestimmten, was ihre Eltern machten. Wenn Bhagwan ihnen dann noch den Rücken stärkte, hatten die Eltern nichts mehr zu melden. Kinder waren im Ashram gleichberechtigt und hatten immer Mitspracherecht.

Meine Schwester Garima allein im Ashram

Mit ihren knapp fünf Jahren wurde Garima im Ashram sehr selbstständig. Meine Mutter gab ihr jeden Morgen einen Beutel mit Bargeld, den meine Schwester um den Hals trug. Damit konnte sie sich mittags in der Kantine des Ashrams etwas zu essen kaufen und mit der Rikscha allein wieder nach Hause fahren. Mit einer unglaublichen Selbstsicherheit fuhr sie durch die Straßen von Poona, besorgte sich manchmal auch etwas außerhalb des Ashrams und verhielt sich so, als hätte sie nie etwas anderes gekannt. Wenn ein Bettler meine Schwester auf der Straße belästigte, sagte sie in forschem Ton »chullo«, was auf Hindi so viel wie »Hau ab« bedeutet. Wenn sie irgendwo anhalten wollte, rief sie selbstbewusst zum Rikschafahrer »bus, baba«. Das heißt »Halt an, Mann«, oder sie schüttelte lässig ihre rechte Hand und sagte »atsha«, was »in Ordnung« heißt. Garima hatte in Poona gelernt, allein im Leben zurechtzukommen, und bestimmte ihren Tagesablauf selbst.

Da die Kids den ganzen Tag ohne Aufsicht im Ashram herumstreunten, entstanden einige »Kinder-Gangs«. Auch meine Schwester wurde in einer Bande aufgenommen. Heimlich rauchten sie geklaute Beedies, fuhren von ihrem Essensgeld mit der Rikscha unbemerkt in die Innenstadt und schlenderten durch die überfüllten Straßen oder besuchten das nahe gelegene Blue Diamond Hotel, wo sie für ein paar Rupien in den Swimmingpool sprangen.

Meine Schwester fühlte sich im Ashram bald wie zu Hause. Sie hatte sich an die Regeln gewöhnt. Wenn es ihr schlecht ging, suchte sie sich eine(n) bestimmte(n) Sannyasin heraus, setzte sich auf dessen Schoß und forderte bestimmend: »Du bist jetzt meine Mama/Papa. Also tröste mich.« Dem verdutzen Opfer blieb also nichts anderes übrig. Garima wusste, dass ihre Mutter in ihrer Nähe und im Notfall immer greifbar war. Es gab aber auch einige Kinder, die hatten niemanden, der sich um sie kümmerte. Eines Abends sah Puja ein sechsjähriges Mädchen, das mit ihrer Mutter nebenan wohnte, bitterlich weinen. Sie fragte sie: »Wo ist denn deine Mutter?« Das Mädchen antwortete: »Sie ist schon vor Tagen mit ihrem Lover nach Goa gefahren und wollte eigentlich schon längst wieder da sein. Ich fühle mich so allein und habe außerdem kein Geld mehr fürs Essen.« Also nahm meine Mutter die Kleine bei sich auf und fütterte sie so lange durch, bis nach einigen Wochen die Mutter wieder auftauchte. Auf Pujas Vorwurf reagierte sie völlig verständnislos: »Wieso regst du dich so auf? Wir leben doch hier in einer Kommune und sind alle ›erziehungsberechtigt‹. Ich dachte mir, es wird sich schon einer um meine Tochter kümmern, und das war ja auch der Fall.« Es gab also einige Sannyas-Mütter, die das Kommuneleben schamlos ausnutzten und ihre Sprösslinge für unbestimmte Zeit ihrem Schicksal überließen.

Nachdem meine Mutter vier Monate in Indien gelebt hatte, besuchte ich sie das erste Mal in Poona – ich war damals 14 Jahre alt. Es waren insgesamt sechs Wochen in meinen Sommerferien. Ein Sannyasin aus München, ein Freund meiner Mutter, der auch zu dieser Zeit den Ashram besuchen wollte, begleitete mich.

Bei meiner Ankunft in Bombay fühlte ich mich wie auf einem anderen Stern. Noch nie hatte ich so einen verdreckten Flughafen gesehen. Es war unangenehm stickig, feucht, laut und hektisch. Alles klebte. Als wir das Gebäude verließen, stürzte uns eine Schar Bettler mit ausgestreckten Armen entgegen und begrapschte uns fordernd. Wir konnten uns gerade noch ins nächste Taxi retten. Die Autofahrt von Bombay nach Poona dauerte sieben Stunden.

Doch zunächst mussten wir durch die Slums von Bombay. Der Anblick schockierte mich: so weit das Auge reichte windschiefe, verdreckte Blechhütten, eingehüllt in Schlamm, Müll und Gestank. Verwahrloste nackte Kinder mit aufgeblähten Bäuchen spielten in den Abwässern. Männer, die nur mit einem Fetzen um die Hüfte bekleidet waren, entlausten sich gegenseitig. Überall an den Straßenrändern hockten in gebückter Haltung Menschen, die »ihr Geschäft« erledigten. Wo war ich da nur gelandet? Doch am schlimmsten war für mich die Autofahrt selbst. Der Taxifahrer hatte wie fast alle Inder einen mörderischen Fahrstil. Er raste durch die Straßen, dass mir ganz übel wurde, überholte grundsätzlich in unübersichtlichen Kurven, in denen er entgegenkommenden Fahrzeugen nur noch in letzter Sekunde ausweichen konnte. Dabei hupte er wie ein Besessener und fuchtelte wütend mit den Armen herum. Als wir am Abend schließlich in Poona ankamen, schlug ich drei Kreuze.

Mit Tränen in den Augen nahm mich Puja in die Arme. Sie war überaus glücklich, dass ich den weiten Weg bis nach Poona auf mich genommen hatte. Auch meine kleine Schwester Garima freute sich sehr über meinen Besuch. Nachdem wir ein scharfes indisches Gemüse-Curry gegessen hatten, legte ich mich im hinteren Bereich des Zeltes auf eine Matratze und versuchte zu schlafen. Es war spät; ich war erschöpft und todmüde.

Die Zelte und Bambushütten um mich herum waren extrem hellhörig, so dass eine permanente Geräuschkulisse zu hören war. Aus der Hütte nebenan drang Meditationsmusik; auf der anderen Seite liebte sich ein Paar mit hemmungsloser Lautstärke; irgendwo erschallte ausgiebiges Lachen, und von noch weiter entfernt hörte ich eine heftige Auseinandersetzung. An Einschlafen war nicht zu denken. Ich hatte Heimweh. Die indische Kultur war mir fremd, angefangen vom scharfen Essen bis hin zu den heiligen Kühen inmitten des hektischen Straßenverkehrs.

Am nächsten Morgen kam der nächste Schock. Statt einer Toilette gab es nur ein großes Loch in der Erde, auf dem zwei Bretter lagen. Dort könne ich meine Morgentoilette verrichten, sagte meine Mutter. Als ich nach Klopapier fragte, antwortete sie: »Wir gehen hier nach indischer Sitte aufs Klo. Du musst dir mit der linken Hand den Hintern abwischen.« Dazu stand extra ein Eimer Wasser bereit, den man nach Gebrauch am Brunnen wieder aufzufüllen hatte. Ich fand das Ganze sehr ekelhaft. Der Spruch »andere Länder, andere Sitten« half mir da nur wenig.

Dann zeigte mir Puja den Ashram. Misstrauisch und widerwillig ließ ich mich von ihr durch ihre »Sannyas-Welt« schleusen. Um mich demonstrativ von den anderen abzugrenzen, lief ich die ersten Tage in blauen Jeans und blauen T-Shirts herum. Dabei erntete ich überall skeptische Blicke, als käme ich vom Mond. Wer keine lange orangefarbene Robe trug, war ein Außenseiter.

Die Männer hatten alle lange Haare und Bärte und kamen mir vor wie eine Kopie von Bhagwan. Die meisten Sannyasins waren recht ausgeflippte Hippies, die hier ihre Chance sahen, bürgerliche Schranken zu sprengen und sich in extremer Weise auszuleben, sei es sexuell, in Gruppentherapien, beim Tanzen oder bei der Dynamischen Meditation. Bhagwan beteuerte immer wieder: »Mach alles, was tu tust, total. Sei extrem. Leb so intensiv wie möglich und gib alles dafür.« Die Sannyasins gaben alles. Ihre Liebe zu Bhagwan war grenzenlos.

Mir fiel auf, dass es im Ashram sehr viel mehr Frauen gab als Männer. Irgendwie schien Bhagwan vor allem das weibliche Geschlecht anzuziehen. Das meistgebrauchte Wort, das ich hörte, war »Energie«. Auch wenn die Allgemein-Sprache im Ashram Englisch war, hörte ich aus allen Ecken deutsche Sprüche wie: »Lass doch mal deine Ener-

Misstrauisch ließ ich mich von meiner Mutter in ihre »Sannyas-Welt« einführen

gie raus«, oder: »Zwischen uns fließt ja so viel Energie.« Dabei umarmten sich die Sannyasins ausgiebig und herzlich. Wo ich hinschaute, waren gerade zwei Jünger innigst vereint und »machten ihr Herz auf«. Die Sprache im Ashram beschränkte sich für meine Begriffe auf Sätze wie: »Es fühlt sich ja so gut an mit dir«, oder: »Spürst du die starke Energie zwischen uns?« Das Ganze wirkte wie ein Theaterstück auf mich, an dem ich auf keinen Fall teilnehmen wollte.

Am dritten Tag beschloss ich, mir Bhagwan persönlich bei seinem Vortrag anzuschauen. Pünktlich um halb acht Uhr morgens reihte ich mich mit meiner Mutter in der langen Schlange vor der Buddhahalle ein. Zum ersten Mal hatte ich eine orangefarbene Robe an; das war in der Buddhahalle Pflicht. Wie alle anderen verstaute ich meine Flip-flops in einem der dafür vorgesehenen Regale. Bei dem wilden Durcheinander von hunderten Paar Schuhe fanden sich später dann oft etliche nicht wieder. Die lange Schlange bildete sich, weil vor jedem Vortrag die Besucher einem Schnüffeltest unterzogen wurden. Bhagwans Geruchsnerven mussten geschont werden, er litt nämlich an Asthma und reagierte auf starke Gerüche allergisch. Auf Drängen meiner Mutter hatte ich mir deshalb an den drei vorhergehenden Tagen die Haare mit einem geruchlosen Ashram-Shampoo gewaschen. Als ich an die Reihe kam, behauptete die Schnüffel-Kontrolle, meine Haare würden trotzdem noch riechen, und verwehrte mir den Eintritt. Zum Bedauern meiner Mutter musste ich also draußen warten. Mir machte das nichts aus. Am nächsten Tag bestand ich zwar den Schnüffel-Test, musste aber aus Sicherheitsgründen ein Kopftuch tragen und mich ganz hinten aufhalten. Von dort aus konnte ich nur wenig erkennen. Aus den Lautsprechern hörte ich Bhagwans Stimme; da ich aber damals kaum Englisch konnte, verstand ich fast nichts. Seine meditativ langsam ausgesprochenen Worte hatten jedoch eine beruhigende Wirkung auf mich. Die letzten Silben seiner Sätze zog der Meister immer bewusst in die Länge – »You have nothinghhhh to looossse.« Manchmal legte er eine Pause ein, um das Gesagte wirken zu lassen. Dann erst vernahm ich das Zwitschern der exotischen Vögel draußen im Park und aus weiterer Entfernung das hektische Treiben des Straßenverkehrs mit dem unverwechselbaren Gehupe der Rikschas. Durchwoben mit Bhagwans Worten, entfaltete sich so eine derart entspannende Atmosphäre, dass ich nach einer Weile auf dem Steinboden einschlief.

Die erste Woche fühlte ich mich im Ashram fehl am Platz. Ich hatte weder Freunde noch eine erfüllende Aufgabe; deshalb hing ich die meiste Zeit in der Ashramkantine herum und stocherte lustlos in meinem Essen herum. Es kostete mich große Überwindung, einen Bissen herunterzubekommen, denn ich fand die vegetarischen Mahlzeiten ungenießbar. Das Gemüse war meistens verkocht und kaum gewürzt. An manchen Tagen gab es aber auch extrem scharf gewürzte Gerichte – eine undefinierbare Pampe, die in großen Töpfen bereitstand. Wenn es nicht außerhalb des Ashrams an einigen Straßenständen Cheese-Sandwiches gegeben hätte, wäre ich verloren gewesen.
Als Puja sah, wie sehr ich mich den ganzen Tag langweilte, überredete sie mich, der Centering-Gruppe beizutreten, einer harmlosen Anfängergruppe für verklemmte Neuankömmlinge; hier sollten sie ihre Berührungsängste und Hemmungen abstreifen. Ich hatte das Eremitendasein im Ashram satt und wollte endlich etwas erleben; also willigte ich ein.
Schon bei der ersten Übung stieß ich an meine Grenzen. Man sollte sich einen Partner suchen, sich im Schneidersitz gegenübersetzen und sich zehn Minuten lang intensiv in die Augen schauen. Das fiel mir unglaublich schwer. Kaum konnte ich dem Blick des anderen standhalten, denn die aufkommende Intimität überwältigte mich. Ich fühlte mich nackt und schutzlos, als würde der andere mein Seelenleben durchschauen. Erst bei dem achtundzwanzigsten Partner verlor ich langsam meine Angst vor dieser intensiven Nähe.
Auch die folgende Übung fiel mir nicht leicht. Wir sollten uns gegenseitig umarmen und dabei sagen: »Ich mag dich,

so wie du bist.« Diese intimen Berührungen mit fremden Menschen kosteten mich große Überwindung. Manche Männer drückten sich so penetrant an mich, dass ich kaum noch Luft bekam. Oder sie ließen mich gar nicht mehr los, was ich als äußerst unangenehm empfand. Auch der Satz: »Ich mag dich so, wie du bist« kam mir bei manchen Partnern nur schwer über die Lippen. Da sollte ich Menschen, die ich nicht mochte, innigst umarmen und dann auch noch behaupten, dass ich sie mag. Witzigerweise stellte sich aber heraus, dass einige Gruppenteilnehmer, die ich anfangs gar nicht mochte, sich später als durchaus sympathisch erwiesen. Durch die intensive Gruppenarbeit wurde ich tatsächlich offener. Wir meditierten und machten viele Bewusstseinsübungen. So sollte ich beispielsweise mit einem Partner durch den Koregaon Park spazieren gehen und ohne Unterbrechung eine halbe Stunde alles beschreiben, was ich wahrnahm – »Mir ist bewusst, dass dort ein Auto steht«, »Mir ist bewusst, dass wir hier gehen«, »Mir ist bewusst, dass heute die Sonne scheint« … Diese Bewusstseinsübungen spielten im Ashram eine große Rolle; Bhagwan sagte: »Das Wichtigste ist die Awareness, also die Wachsamkeit. Ohne Awareness gibt es kein inneres Wachstum und keine Erleuchtung. Denn wenn du in Gedanken versunken bist, kannst du nicht aufmerksam das beachten, was um dich herum geschieht.«
Fünf Tage Centering-Gruppe gingen nicht spurlos an mir vorüber. Ich hatte mittlerweile gelernt, auf fremde Menschen zuzugehen. Ja, ich fühlte mich im Umgang mit den Sannyasins nun sicherer. Der Ashram war mir zwar noch nicht vertraut, doch ich hatte mich an das Leben dort gewöhnt und akzeptierte es. Dass ich nach der zweiten Wo-

che selbst orangefarbene Gewänder trug, nahm ich kaum noch wahr. Nur Bhagwan gegenüber blieb ich nach wie vor skeptisch; er war mir unheimlich und machte mir Angst. Außerdem konnte ich es nicht ertragen, dass einige Sannyasins ihn bis zur Selbstaufgabe anhimmelten. Angewidert sah ich zu, wie einige seiner Jünger sich demütig vor ihm auf den Boden warfen und ihm die Füße küssten oder wie andere heulend zusammenbrachen, wenn er den Raum verließ, und sich dann leidenschaftlich auf seinen leeren Sessel stürzten. Diese Form der Vergötterung war mir fremd und stieß mich ab.
Nach jeder Gruppentherapie bekamen alle Teilnehmer die Chance, Bhagwan aus der Nähe zu sehen – das heißt, die Gruppe durfte bei einem Darshan in der hintersten Reihe mitverfolgen, wie der Meister neue Jünger initiierte oder aber bestimmten Sannyasins den heiß ersehnten Energie-Darshan gab. Der Energie-Darshan war für Bhagwans Schüler der schönste Moment, denn sie hatten dabei das Gefühl, an die Steckdose des Universums angeschlossen zu sein. Für viele war dies noch schöner als ein Orgasmus. Beim Energie-Darshan drückte der Meister einem Sannyasin den Daumen auf die Stirn – auf das dritte Auge. Die dabei übertragene Energie ließ den Empfänger in totale Ekstase verfallen. Genau diesen Moment beobachtete ich während unseres Gruppen-Darshans aus den hinteren Reihen. Der Sannyasin, der gerade Bhagwans Energie zu spüren bekam, schien in einer anderen Dimension zu zerfließen. Mit offenem Mund, zurückgeworfenem Kopf und geschlossenen Augen wand er sich zitternd hin und her, bäumte sich ein paar Mal auf, bis er rückwärts in die Arme einer hübschen Frau fiel, die Bhagwan assistierte

und ihn wie einen Ertrinkenden auffing. Mit schlaffen herunterhängenden Armen musste der Sannyasin herausgetragen werden, denn er war nicht mehr fähig zu gehen. Mit meinen 14 Jahren konnte ich mich nicht in das Gefühl dieses Mannes versetzen; ich war verängstigt. Was geschah mit diesem Menschen? Mir waren derartige Energieschübe nicht bekannt, und deshalb dachte ich, der Sannyasin dort vorne müsse Höllenqualen erleiden, so wie er sich krümmte und hin und her warf. Bei diesem Anblick verkrampfte ich mich so sehr, dass ich plötzlich einen Hustenanfall bekam und das Gebäude auf der Stelle verlassen musste. Es war wohl ein Zeichen meines Widerstands und sollte noch lange dauern, bis Bhagwan mein Vertrauen gewann.

9

Dem Meister ergeben

Obwohl auch meine Tante Conny und meine Cousine Miriam nach Indien ausgewandert waren und schon längere Zeit in Poona lebten, hatte ich nur wenig Kontakt mit ihnen. Während meine Tante den ganzen Tag arbeitete, besuchte meine Cousine die Ashram-Schule und hatte inzwischen ihren eigenen Freundeskreis. Mit Bedauern erkannte ich, dass wir uns irgendwie fremd geworden waren. Miriam war es, die ihre Mutter auf Bhagwan aufmerksam gemacht und sie dazu gebracht hatte, sich diesen »tollen Mann« einmal anzuschauen. Durch eine Klassenkameradin kam meine Cousine mit dem indischen »Guru« in Kontakt. Ihre Schulfreundin Maja war nämlich wie ihre Mutter Vidgian eine Sannyasin. Miriam bewunderte Maja, die mit ihrer orangefarbenen Kleidung und der Mala sehr exotisch wirkte. Meine Cousine hatte einen ausgeprägten Hang zum Außergewöhnlichen, und so beschloss sie – mit neun Jahren –, eine Sannyasin zu werden. Von Anfang an empfand Miriam Sympathie für Bhagwan und wollte ihn so schnell wie möglich persönlich kennen lernen. Meine Tante hingegen war etwas skeptischer; sie fragte sich, wer dieser Mann war, der so viele Menschen in seinen Bann zog. Konnte man ihm wirklich vertrauen? Doch die Neugier war stärker als die Zweifel, und so ließ sich Conny von ihrer Tochter überreden, nach Poona zu fahren.

Während meine Tante den Ashram vorerst in Ruhe in Augenschein nehmen und sich allmählich ein Bild von Bhagwan machen wollte, rannte Miriam bereits am Tag der Ankunft ohne Wissen ihrer Mutter ins Office und ließ sich für den Abend einen Termin für den Sannyas-Darshan geben. Kinder hatten ja im Ashram die gleichen Rechte wie Erwachsene und brauchten dafür keine Einwilligung der Eltern. Als Conny später vor vollendete Tatsachen gestellt wurde, flippte sie aus: »Wir kennen diesen Mann doch noch gar nicht. Du kannst doch nicht einfach blind vertrauend eine Sannyasin werden. Du weißt doch gar nicht, auf was du dich da einlässt?« Doch Miriam, die ja antiautoritär erzogen worden war, ließ sich nicht von ihrer Entscheidung abbringen. Conny blieb also nichts anderes übrig, als ihre Tochter abends zum Darshan zu begleiten, um wenigstens im Notfall alles unter Kontrolle zu haben.

Als Bhagwan Miriam beim Darshan aufrief, ging sie selbstbewusst nach vorne und setzte sich dem Meister gegenüber. Bhagwan lächelte sie herzlich an. Miriam war hingerissen von seiner Ausstrahlung und sah ihn gebannt an. Dann sagte er: »Schließe deine Augen.« Miriam, der alles übersetzt wurde, folgte seinen Worten, doch sie verstand den Sinn der Übung nicht. Als sie ein paar Minuten mit geschlossenen Augen dasaß, hielt sie die Spannung nicht mehr aus und fragte plötzlich aus heiterem Himmel:

»Kann ich jetzt endlich meine Mala haben?« Bhagwans Assistentinnen schauten sie empört an. Wie konnte es das Mädchen wagen, die feierliche Zeremonie zu stören? Doch Bhagwan lachte und gab ihr sofort die Mala. Dann sagte er: »Du heißt jetzt Anando.« Meine Cousine war selig. Endlich war sie eine Sannyasin. Dann fragte Bhagwan: »Wo ist denn deine Mutter?« Miriam antwortete auf Deutsch: »Dort hinten.« Daraufhin forderte Bhagwan Conny auf, sich neben ihre Tochter zu setzen. Nur zögernd kam Conny nach vorne, und ängstlich wich sie Bhagwans Blicken aus. Doch sehr bald verlor sie ihre Scheu, denn als sie Bhagwan in die Augen sah und seine liebevolle Ausstrahlung auf sich wirken ließ, gab es für sie kein Zurück mehr. Lange ruhten des Meisters Blicke auf ihr, dann fragte er sie: »Möchtest du auch eine Sannyasin werden?« Und Conny antwortete wie selbstverständlich: »Ja.« Plötzlich hatte sie das Gefühl, nach Hause gekommen zu sein; sie spürte eine zuvor nie erlebte innere Kraft und Stärke. Bhagwans Worte »Lebe so intensiv, als ob du eine Kerze wärst, die von beiden Seiten angezündet wird« wurden ihr zum Credo.

Als Lehrerin war Conny in Deutschland ein relativ ereignisloses Dasein in geordneten Bahnen vorgezeichnet – Beamtin auf Lebenszeit. Sie wohnte zwar noch in der WG in der Römerstraße, doch die wilden Zeiten waren längst vorbei. Poona erschien ihr nun wie ein rettender Fluchtpunkt. Dort würde sie unter ihrem neuen Namen Premal ein spannungsreiches, intensives Leben führen können.

Als ich 1979 das erste Mal nach Indien reiste, lebten meine Cousine und meine Tante schon zwei Jahre in Poona. Sie hatten sich in Koregaon Park eine traumhafte Bambushüt-

Puja mit einem Lover im Ashram

te gebaut. Miriam, mit der ich in München sehr viel Zeit verbracht und die mir immer sehr nahe gestanden hatte, erschien mir hier nun irgendwie anders. Schon von der äußeren Erscheinung her hatte sie sich sehr verändert. Meine Cousine hieß nun Anando und sah aus wie eine Inderin. Die Haare hatte sie zu einem langen Zopf geflochten, und ihre Augen waren mit Kajal geschminkt. Dazu trug sie ein orangefarbenes indisches Top, einen weiten Spiegel-Rock, große Ohrringe, etliche klimpernde Ketten um den Hals und bunte Armreifen an den Handgelenken. Obwohl sie drei Jahre jünger war als ich, kam sie mir damals reifer vor.

Ich konnte es nur bewundern, mit welcher Leichtigkeit meine Cousine sich im Ashram bewegte. Sie kannte jeden, war überall beliebt und trat unheimlich selbstbewusst auf. Dagegen kam ich mir verklemmt und unsicher vor – und ich war eine Außenseiterin. Natürlich wünschte ich mir, dass mich Anando mehr in ihr Leben im Ashram einbezog, doch sie dachte nicht daran. Anando zog hauptsächlich mit ihrer besten Freundin Tarang, der Tochter zweier Startherapeuten, im Ashram herum und saß im Verhältnis zu mir unverkennbar auf dem hohen Ross. Sie war eben eine Insiderin, und das ließ sie mich spüren. Vielleicht genierte sie sich auch im Beisammensein mit mir, der Außenseiterin. Schwierig war es für mich auch, weil ich kein Englisch konnte und Anando diese Sprache inzwischen fließend beherrschte. Innerhalb ihres Freundeskreises, der hauptsächlich aus Engländern, Australiern und Amerikanern bestand, konnte ich nicht mitreden.
Da für die meisten Sannyasins im Ashram das Meditieren zur Lebensaufgabe geworden war, meditierte auch meine Cousine mit einer hingebungsvollen Leidenschaft und war überzeugt, dabei innerlich zu wachsen. Auf spiritueller Ebene fühlte sie sich mir gegenüber deutlich überlegen. Eines Tages fragte sie mich: »Hast du nicht auch mal Lust zu meditieren? Es ist ganz einfach. Du brauchst nichts zu machen. Du musst nur dasitzen und versuchen, an nichts zu denken. Hör einfach der Musik zu.«
Nichts leichter als das, dachte ich mir und begleitete sie zur nächsten Natabrahma-Meditation. Eine Stunde sollte ich nun also im Schneidersitz meditieren und alle Gedanken aus meinem Kopf verbannen. Doch sosehr ich mich bemühte, an nichts zu denken, es ging einfach nicht.

Im Gegenteil, je mehr ich es versuchte, desto heftiger schossen die Gedanken auf mich ein. Heimlich blinzelte ich zu meiner Cousine hinüber, die wie alle anderen Sannyasins in stoischer Ruhe mit geschlossenen Augen dasaß und im Nichts versunken schien. Nicht ohne Neid versuchte ich erneut mein Glück, doch ein gedankenfreier Zustand wollte sich nicht einstellen. Ich quälte mich herum und fing in meiner Verzweiflung an, die Minuten zu zählen. Endlich war die Stunde um; es war eine unglaubliche Erleichterung. Die ganze Zeit über war ich so verspannt gewesen, dass ich nun Rückenschmerzen hatte. Als ich Anando meine qualvolle Zeit beim Meditieren beichte, sagte sie: »Na ja, so schnell geht das halt nicht. Aber auch du wirst das Meditieren sicher noch lernen.«

Wie alle Sannyas-Kinder, die ständig in Poona lebten, ging auch meine Cousine in die Ashram-Schule. Der Unterricht lief sehr frei und eher spielerisch ab; überwiegend sangen die Kinder und spielten Theater, als dass sie Mathematik oder Rechtschreibung lernten. Außerdem konnten sie selbst entscheiden, ob sie zum Unterricht kommen oder nicht.

Meine Tante Premal genoss das Leben im Ashram in vollen Zügen. Dass die ehemalige Lehrerin zunächst in der Kantinenküche arbeitete und später im Putzdienst, störte sie nicht. Für sie war das keine Pflichtaufgabe, sondern eine freiwillige Entscheidung, vermeintlich unangenehme Dinge aus einem anderen Blickwinkel zu sehen. Sie ging diese Tätigkeiten spielerisch, ja geradezu meditativ an. Darüber hinaus wollte sich Premal im Ashram ausleben und – anders als in München – stürzte sich dort in heiße

Sexabenteuer. Im Ashram war es ganz normal, regen Partnerwechsel zu haben; laut Bhagwan sollte keiner seine sexuellen Bedürfnisse unterdrücken, denn: »Nur wer seinen Sex intensiv und vielseitig auslebt, kann zu der wirklichen Meditation kommen und erst dann erleuchtet werden.« Für Premal war es eine völlig neue Erfahrung, ihre moralischen Schranken zu überschreiten und sich der sexuellen Freizügigkeit zu überlassen.

Meine Tante war eine schöne Frau mit weiblichen, runden Formen. Das kam nicht nur bei den männlichen Sannyasins gut an, sondern auch bei Bhagwan selbst. Auch wenn er stets betonte, dass Sex für ihn nicht mehr wichtig sei, zeigte er doch eine deutliche Zuneigung zu schönen Frauen mit großer Oberweite. Zu Premal fühlte er sich von Anfang an hingezogen. Eines Tages fragte er sie, ob sie nicht eines seiner Medien werden wolle. Bhagwans Medien fiel die Aufgabe zu, während des Energie-Darshans um den Meister herumzutanzen und die Energie richtig zum Fließen zu bringen. Meine Tante war geehrt von diesem Angebot und willigte ein.

Wenn Premal abends als Medium um ihren Meister herumtanzte, fühlte sie sich wie im siebten Himmel. Mit erhobenen Armen schwebten diese Frauen wie Elfen im Kreis herum; sie verschmolzen förmlich ineinander und wiegten sich tranceartig mit geschlossenen Augen zu der Musik. Dieser Energie-Tanz begann ganz zart und langsam und steigerte sich mit der anschwellenden Musik bis zur Ekstase. Premal hatte das Gefühl, über eine Steckdose mit dem Universum verbunden zu sein. Diese Abende gaben ihr so viel Energie und Stärke, dass sie noch am nächsten Tag davon erfüllt war.

Das Schönste aber war für Premal, dass sie nun im Lao Tsu Haus bei ihrem Meister wohnen durfte; allen Medien wurde diese Ehre zuteil. Ihre Tochter Anando konnte sie allerdings nicht mitnehmen. Deswegen zog meine Cousine in ein spezielles Viertel im Ashram, in dem viele Sannyas-Kids zusammenwohnten. Kein Erwachsener sagte ihnen, was sie zu tun oder zu lassen hätten. Anando schätzte diese Freiheit sehr.

Meine Tante lebte sich recht schnell im Lao Tsu Haus ein. Sie bewohnte dort sogar ein eigenes Zimmer. Auch an diesem heiligen Ort hatte sie nachts regen Männerbesuch. Das wäre kein Problem gewesen, wenn sie beim Geschlechtverkehr nicht immer so laut gestöhnt hätte. Sämtliche Bewohner des Lao Tsu Hauses, also die anderen Medien und weitere enge Vertraute von Bhagwan, fühlten sich in ihrer Nachtruhe gestört. Premal wurde ermahnt, beim Geschlechtsakt gefälligst etwas leiser zu sein; schließlich würde sie den Meister um seinen Schlaf bringen. Sie war also gezwungen sich zusammenzureißen. Doch schon nach einer Woche, beklagte sich Bhagwan bei seiner engsten Vertrauten Vivek, was denn auf einmal los sei; er vermisse nachts Premals Lustschreie. Daraufhin durfte meine Tante wieder richtig loslegen, und Bhagwan sagte bei seinem nächsten Vortrag: »Ich finde es wunderbar, wenn sich jemand laut und ungezwungen dem Sex hingeben kann. Je lauter und intensiver der Sex ist, desto besser.«

Meine Mutter Puja nahm keine Sonderstellung im Ashram ein. Wie die meisten Sannyasins arbeitete sie weitgehend unbemerkt und kannte Bhagwan nur sehr flüchtig. Es gab Momente, da beneidete Puja meine Tante um die intensive Nähe zu ihrem Meister, trotzdem war sie mit ihrem Leben im Ashram zufrieden. Bedauerlich fand sie nur, dass sie nun ihre Schwester Premal kaum noch zu sehen bekam. Meine Tante gehörte nun zum »inner circle« und lebte mit den Vertrauten von Bhagwan sehr abgeschirmt. Da sie nach ihrer Arbeit jeden Abend für Bhagwan tanzte, hatte sie für meine Mutter nur noch wenig Zeit. Puja hatte sogar das Gefühl, ihre Schwester distanziere sich manchmal von ihr, weil sie in der Ashram-Hierarchie auf einem ganz anderen Niveau angesiedelt war.

Eines verband die Schwestern allerdings weiterhin: Beide hatten sie im Ashram ein ausgiebiges Liebesleben. Auch meine Mutter genoss es, ihren Gefühlen freien Lauf zu lassen, nur hatte sie im Gegensatz zu Premal ein schwer wiegendes Problem in Gestalt meiner kleinen Schwester Garima. Diese war nämlich höllisch eifersüchtig auf die Lover unserer Mutter. Wenn Puja abends einen Liebhaber mit nach Hause brachte, fing Garima gleich an zu stänkern: »Was will der denn hier? Ich möchte mit dir allein sein, Mami. Der soll gefälligst wieder gehen.« Meine Mutter versuchte sie dann zu beruhigen, indem sie meiner Schwester versprach, dass er nur kurz zum Essen bliebe und dann wieder gehe – in der Hoffnung, Garima würde dann schon schlafen, wenn es zur Sache ginge. Doch da hatte sie sich getäuscht. Meine Schwester ließ sich nicht abwimmeln. Im Gegenteil, sie machte einen derartigen Aufstand, dass der Gast schließlich freiwillig das Feld räumte. Puja musste sich also woanders ein Liebesnest suchen – zum Beispiel in der Leela-Gruppe, in der therapeutisch hauptsächlich mit zwischenmenschlicher Energie gearbeitet wurde. Dort konnten aber auch sexuelle Begeg-

nungen ausgelebt werden. In vielen Gruppentherapien waren sexuelle Kontakte möglich, und sie konnten schnell zustande kommen, denn die meisten Teilnehmer in der Leela-Gruppe waren nackt oder nur leicht bekleidet. Vorrangige therapeutische Mittel waren allerdings der Tanz und die gegenseitige Berührung.
Die stärkste Erfahrung machte meine Mutter in der berüchtigten Encounter-Gruppe. In dieser Gruppe konnten die Teilnehmer ihre unterschwellige Wut und unterdrückte sexuelle Energie herauslassen. Es ging um direkte Konfrontation – ohne jedes Tabu. Auch Gewalt war erlaubt. Die Encounter-Gruppe fand in einem leeren Raum im Keller statt, dessen Boden und Wände aus Sicherheitsgründen ausgepolstert waren. Teertha, der Gruppenleiter, war damals schon ein international erfolgreicher Therapeut. Er wusste genau, wie er seine Schäfchen außer Kontrolle bringen konnte. Anfangs saß die Gruppe verunsichert zusammen und wartete gespannt, was passieren würde. Dass sich in der vorherigen Encounter-Gruppe ein Teilnehmer den Arm gebrochen hatte, trug nicht gerade zur Entspannung bei. Meine Mutter war zwar in vielen Dingen sehr mutig, doch vor körperlicher Gewalt und Schmerz hatte sie panische Angst. Was würde nun mit ihr geschehen? Was hatte der Gruppenleiter vor? Teertha, der die Angst der Teilnehmer spürte, sagte: »Ihr könnt noch bis zu eurem Tod hier sitzen und in eurer Angst schmoren. So lebt ihr wahrscheinlich auch euer Leben. Kommt endlich aus euch heraus.« Als nichts geschah, sagte er zu einer jungen etwas dicklichen Frau: »Gibt es hier jemand im Raum, der deine Knöpfe drückt?« Die Stimmung unter den Teilnehmern war so gespannt, dass die Frau plötzlich

aufsprang, auf einen Mann – einen gut aussehenden Frauenheld – losging und ihn anschrie: »Du gemeiner Kerl, du fieses Schwein.« Wie verrückt schlug sie auf ihn ein. Der Attackierte war sehr verdutzt und wie versteinert; ängstlich kauerte er sich zusammen und ließ die Schläge über sich ergehen. Teertha schrie ihn schließlich an: »Mensch, wehr dich, du Feigling. Du Schlappschwanz. Du bist ja nur ein jämmerliches Würstchen!« Das war zu viel. Wie ein Bär bäumte sich der Mann auf, warf die Frau mit einer brutalen Bewegung in die linke hintere Ecke und ging auf einen anderen Gruppenteilnehmer los. Die beiden lieferten sich einen harten Kampf, bis sie völlig erschöpft auf dem Boden lagen und sich kaum noch rühren konnten. Im Laufe der folgenden sechs Tage gab es noch einige Aggressionsausbrüche. Viele Teilnehmer prügelten sich hemmungslos. Mitunter lagen sich aber auch genau diejenigen, die sich erst schlugen, hinterher in den Armen und schliefen dann leidenschaftlich miteinander.

Eines Abends kam Mona zu uns nach Hause – mit einem dick geschwollenen, blauen Auge. Ich war geschockt und wollte sofort einen Arzt rufen, doch Puja wehrte ab und war bester Laune. Auf meine Frage, was denn passiert sei, sagte sie: »Ein zwei Meter langer Typ hat mir mit der Faust voll aufs rechte Auge gehauen, als ich ihm aus Versehen bei einer Balgerei die Mala zerrissen hatte. Er ist völlig ausgerastet und dann auf mich losgegangen. Der Faustschlag war brutal schmerzhaft, doch seitdem bin ich irgendwie erleichtert. Ich glaube, ich habe jetzt meine Angst vor Schmerzen überwunden. Ist das nicht toll?« Meine Schwester und ich schauten uns verblüfft an und verstanden die Welt nicht mehr.

Auch ich machte im Ashram noch eine wichtige gruppendynamische Erfahrung. Puja drängte mich, an einem »Rebirthing« teilzunehmen – einer therapeutischen Übung, bei der man mittels einer speziellen Atemtechnik, der Rundatmung, sein Geburtstrauma nochmals durchlebt und mit der Kraft positiver Gedanken auflösen kann. Wir sollten uns im Dunkeln auf den Boden legen, mit geschlossenen Augen in den Bauch atmen und uns vorstellen, wir seien wieder ein Baby. Durch das intensive tiefe Atmen entwickelten sich bei den meisten Teilnehmern nach einer Weile starke Gefühlswallungen. Sie begannen zu schreien oder zu heulen – nur bei mir passierte nichts. Ich spürte eine totale Blockade, bis ein Therapeut kam und mir auf den Bauch drückte. Ich weiß nicht, welchen entscheidenden Punkt er da bei mir traf, aber dieser Druck löste eine Lawine aus. Mit angewinkelten Beinen lag ich zusammengekrümmt wie ein Knäuel auf dem Rücken und schrie mir die Seele aus dem Leib. Tatsächlich fühlte ich mich nun wie ein Baby – unfähig einen klaren Gedanken zu fassen. Am intensivsten spürte ich aber einen unerträglichen Schmerz im Herzen, der mich schier zerriss. Ich erlebte noch mal das Gefühl, das mich als Säugling befiel, als mich meine Mutter nach sechs Wochen Stillen verließ. Ich fühlte mich unendlich verloren und hatte Todesangst. Dieser Schmerz ging so tief, dass ich mich kaum mehr beruhigen konnte, und ich schrie immer noch, als alle Teilnehmer den Raum bereits verlassen hatten.
Auch wenn das »Rebirthing« sicher einiges in mir gelöst hatte, mied ich in der Folgezeit alle Selbsterfahrungsgruppen und nahm lieber Kontakt mit gleichaltrigen Teenagern auf – vor allem mit Pria, einem Mädchen, das

ich sehr bewunderte. Pria war Engländerin und ein Jahr jünger als ich, sah aber älter aus. Sie schminkte sich und kleidete sich äußerst sexy; statt der verbreiteten langen orangefarbenen Gewänder trug sie oft enge Tops und kurze Röcke. Dass diese Aufmachung im Ashram nicht gerne gesehen wurde, war ihr egal. Pria war eine Rebellin und schwamm immer gegen den Strom. Mit ihren langen blonden Haaren war sie unheimlich attraktiv.

Anfangs war ich sehr neidisch auf sie, denn alle Jungs waren hinter ihr her und würdigten mich keines Blickes. Gegen sie hatte ich keine Chance. Doch dann schlossen wir Freundschaft. Pria nahm mich unter ihre Fittiche, stylte mich auf und machte mich mit ihren Verehrern bekannt. Ich konnte es kaum glauben, als sich dann einer der Jungs in mich verliebte. Diwaka kam aus Australien; er war 16 Jahre alt und hatte schon viele Freundinnen gehabt. Gerade meine schüchterne, zurückhaltende Art reizte ihn sehr. Umso wütender wurde er, dass ich ihn tagelang abwehrte, weil ich mich vor einem Zungenkuss ekelte.

Außerhalb des Ashrams gab es das so genannte kids house, ein verfallendes, leer stehendes Gebäude, das wir Jugendliche mit Matratzen auslegten und zu unserem Eigentum erklärten. Auf diesen Matratzen wurde wild herumgeschmust und auch miteinander geschlafen. Gemessen an den meisten Mädchen im Ashram war ich eine Spätentwicklerin. Sie lachten mich aus, weil ich mit 14 Jahren noch Jungfrau war; viele hatten »es« schon mit 13 getan.

Eines Abends ließ ich mich dann doch von Diwaka verführen, denn schließlich stand mein Ruf auf dem Spiel. Es war stockfinster. Wir lagen auf einer der Matratzen im kids house, als er mir plötzlich seine Zunge in den Mund schob. Ich kann nicht behaupten, dass ich diesen nassen, stürmischen Kuss genossen habe; ich ließ es tapfer über mich ergehen. Zum ersten Mal in meinem Leben machte ich Petting, und auch das kostete mich starke Überwindung. Als wir »fertig« waren und das Zimmer wieder verließen, standen mindestens zehn Jugendliche im Flur, die uns zujubelten und begeistert in die Hände klatschten. Sie hatten uns heimlich beobachtet und wussten, dass es meine erste sexuelle Erfahrung war. Während sich Diwaka mit schwellender Brust in diesem Beifall sonnte, rannte ich wütend davon. Jetzt hatte er mich also auch mal im Bett gehabt und war der große Held.

Sexualität war im Ashram kein Tabu. Die Sannayas-Kinder sahen so viele Pärchen beim Liebesakt; der Anblick war für sie genauso alltäglich wie das Meditieren. Bhagwan wollte sogar, dass die Kinder das Sexualleben der Erwachsenen als eine ganz natürliche Sache miterleben. Er sagte: »Es ist eine Bereicherung für die Kinder, wenn sie den lustvollen Orgasmus ihrer Eltern beobachten. Unsere Sannyas-Kinder werden später nie sexuelle Probleme haben. Sie werden es nie nötig haben, den *Playboy* zu lesen, denn sie werden nicht so verklemmt sein wie die Generation ihrer Eltern.«

Meine neue Freundin Pria kam im Alter von vier Jahren in den Ashram. Ihre Mutter Sangam war allein erziehend und reiste Anfang der siebziger Jahre mit einigen Hippies kreuz und quer durch Indien, bis sie schließlich mit ihrer Tochter in Poona landete. Bald hatte Sangam als eine erfahrene Sannyasin im Ashram Karriere gemacht. Sie leitete Body-Workshops und war eine den begehrtesten Körpertherapeutinnen. Zeit für ihre Tochter hatte Sangam allerdings nur wenig. Immer wieder plagten sie Gewissensbisse, dass sich Pria den ganzen Tag allein im Ashram herumtrieb und sie ihr keine verantwortungsvolle Mutter sein konnte. In solchen Momenten hielt sie sich krampfhaft an Bhagwans Lehre »Lass deine Kinder los«.

Anfangs fühlte sich Pria im Ashram noch wohl. Sie mochte Bhagwan und genoss die Freiheiten in der Kommune, doch nach ein paar Jahren begann sie ihre Mutter schmerzlich zu vermissen und litt darunter. Ihr fehlten Geborgenheit und Fürsorge. Pria suchte sich einen Ersatz. Sie ging kaum noch in die Ashram-Schule, hing immer öfter mit den Jugendlichen außerhalb des Ashrams herum und rauchte Zigaretten. Eines Tages verschwand sie unbemerkt mit drei älteren Freunden in die Berge etwa eine Autostunde von Poona entfernt. Auf der Suche nach Abenteuer trampten sie einfach los. Außer einem Schlafsack und ein wenig Kleingeld hatte Pria nichts dabei. Die Kinder suchten sich einen Schlafplatz in einer einsamen Waldlichtung. Eine knappe Woche verbrachte die damals Neunjährige in freier Natur und nahm zum ersten Mal Drogen. Pria genoss die Wirkung der Joints; sie fühlte sich in eine Traumwelt versetzt und erlebte vermeintliche Geborgenheit.

Als Pria nach ein paar Tagen wieder in den Ashram kam, hatte niemand ihr Verschwinden bemerkt – nicht einmal ihre Mutter, denn Pria übernachtete öfter mal woanders. Sangam fragte sie ganz unbeschwert: »Na, mein Schatz, hattest du eine schöne Zeit?« Das schmerzte Pria, denn sie

musste sich fragen, warum ihre Mutter sie nicht vermisst hatte. War sie denn völlig überflüssig?
Gegen den damaligen Trend lebte Sangam in einer festen Beziehung. Dies war im Ashram durchaus möglich, solange man sich nicht an den Partner klammerte und seine Eifersucht unter Kontrolle hatte, denn Treue galt nicht als Tugend. Immer wieder beteuerte Bhagwan, dass Monogamie krankhaft sei und nichts mit Liebe zu tun habe. Nur wenn man viele Menschen gleichzeitig lieben könne, sei man innerlich reich. Sangam fiel es äußerst schwer, dass ihr langjähriger Freund – ebenfalls ein angesehener Therapeut im Ashram – vor ihren Augen mit anderen Frauen schlief. Jedes Mal krampfte sich ihr Herz zusammen; zugleich schämte sie sich aber auch für ihre engstirnige Einstellung. Sie selbst hatte gar nicht so ein großes Bedürfnis, mit anderen Männern zu schlafen. Sie bemühte sich stets, locker zu sein, doch ihre Eifersucht war unbezähmbar. Ihr Freund überschüttete sie mit Vorwürfen: »Du bist aber verklemmt. Mach doch mal wieder eine Gruppentherapie und arbeite an dir.« Also ließ sie sich auf eine weitere Therapie ein und versuchte, ihre Eifersucht in den Griff zu bekommen.
Während Sangam den Weg der Anpassung beschritt, rebellierte Pria immer mehr gegen den Lebensstil im Ashram. Es war eine Art Hilferuf, um Aufmerksamkeit auf sich zu lenken. Pria hielt sich an keine Regel mehr, eckte überall an und verschaffte sich eine Menge Probleme. Im Grunde lehnte sie sich gegen die Welt ihrer Mutter auf.
Es war gewiss keine Seltenheit, dass Kinder in den Raucherecken des Ashrams anzutreffen waren. Sangams

Tochter rauchte aber in Bereichen, wo es strengstens verboten war, und sie störte bewusst die Meditationen, indem sie laut herumkicherte und Lärm machte. Sie suchte die Konfrontation. Das Schlimmste aber war, dass Pria von morgens bis abends kiffte. Der Konsum von Drogen war im Ashram nicht erlaubt, doch in Poona gab es genug Möglichkeiten, damit in Kontakt zu kommen. Pria wurde wiederholt mit einem Joint erwischt und wäre sicher aus dem Ashram ausgeschlossen worden, wenn Bhagwan, der sie von klein auf kannte, sie nicht immer wieder persönlich in Schutz genommen hätte.

Als Sangam sah, dass ihre Tochter zusehends verwahrloste, beschloss sie, ihrem Leben eine Wendung zu geben. Die ganze Zeit hatte sie im Ashram unentgeltlich als Körpertherapeutin gearbeitet – Kost und Logis waren allerdings für Pria und sie frei. Das war ein großes Privileg; deshalb nahm sie ihren ganzen Mut zusammen und fragte Laxmi, Bhagwans damalige Sekretärin, ob sie in Zukunft etwas weniger arbeiten könne, damit sie mehr Zeit für ihre Tochter hätte. Ihr Antrag wurde abgelehnt; entweder sie setze sich ganz ein oder gar nicht, wurde ihr mitgeteilt. Also zog Sangam mit Pria in ein kleines Appartement außerhalb des Ashrams und verdiente sich als Körpertherapeutin ihr eigenes Geld. Sie hatte im Ashram genug Stammkunden gewonnen. Nun hatte sie mehr Zeit für ihre Tochter, und schon bald hörte Pria auf, Ärger zu machen. Auch wenn Sangam weiterhin viel Zeit im Ashram verbrachte, hatte sie ihre Sonderstellung verloren. Die ehemalige Ashram-Therapeutin musste wohl oder übel in Kauf nehmen, eine Außenseiterin geworden zu sein.

Als ich Pria mit 14 Jahren kennen lernte, rauchte sie nur

noch gelegentlich Haschisch. Auch ich zog einmal am Joint, fand die Wirkung aber nicht so prickelnd. Mir wurde nur schwindelig davon, so dass ich erst mal die Finger davon ließ.

Sangams Tochter war ein eigenwilliges Mädchen, das sich nie anpasste. Ich bewunderte ihren Mut, ohne Rücksicht auf andere das zu tun, was sie wollte. Mit Pria an meiner Seite fühlte ich mich stark. Wir zogen im Ashram und in Poona herum mit dem Ziel, etwas zu erleben. Am liebsten hielten wir uns aber im kids house auf und flirteten mit den Jungs.

Im Gegensatz zu mir interessierte sich Pria bereits für reifere Männer. Jungs in ihrem Alter fand sie amüsant, nahm sie aber überhaupt nicht ernst. Einmal sah ich sie mit einem älteren Sannyasin Arm in Arm durch den Ashram stolzieren. Sie lachte ausgelassen und wirkte sehr verliebt. Als sie mich mit den anderen Jugendlichen sah, wich sie meinen Blicken aus und verschwand mit ihrem Verehrer schnell um die Ecke. Mit uns wollte sie in dem Moment nichts zu tun haben. Das tat natürlich ein bisschen weh, aber ich konnte es akzeptierten.

Nach drei Wochen im Ashram hatte ich auch zu meiner Cousine Anando wieder ein engeres Verhältnis. Als sie sah, dass ich viel mit interessanten Jugendlichen herumzog, stieg ich schlagartig in ihrem Ansehen. Nun war sie es, die Kontakt zu mir suchte, und schon bald hatten wir wieder genauso viel Spaß zusammen wie früher. Manchmal verkleideten wir uns und äfften die deutsche Hitparade nach. Ich hatte nämlich eine deutsche Schlager-Kassette mitgebracht, damit Anando ihre Heimat nicht so schnell vergaß. Wir jaulten affektiert in unser imaginäres

Mikrofon und lachten uns dabei halb tot. Unser Lieblingslied war *Aber bitte mit Sahne* von Udo Jürgens.
Während ich mit Pria das andere Geschlecht »erforschte«, alberte ich mit meiner Cousine viel herum. Ich mochte diesen Gegensatz. Anando und ich hatten noch eine andere Gemeinsamkeit: Wir mochten beide die music group, die jeden Abend in der Buddhahalle stattfand. Hunderte Sannyasins kamen dort zusammen, um gemeinsam zu singen und zu tanzen. In Begleitung der Ashram-Band sangen wir Lieder; paarweise fassten wir uns dabei an den Händen und tanzten wirbelnd durch die Halle. Es gab ganz unterschiedliche Tänze und Lieder, die einfach zu lernen waren. Sie hatten wunderschöne Melodien und brachten unsere Liebe zu Bhagwan zum Ausdruck. So sang auch ich mit Leidenschaft »Bhagwan, I love your love«, allerdings ohne die Bedeutung ernst zu nehmen. Ich genoss die lebendige Fröhlichkeit in der Halle und tauchte ein in die unglaublich harmonische Stimmung zwischen den Sannyasins.
Anando war in jeder Hinsicht eine hundertprozentig überzeugte Sannyasin und im Ashram sehr beliebt. Dass ihre Mutter bei Bhagwan eine Sonderstellung hatte, spielte dabei keine große Rolle. Meine Cousine genoss das Leben in der Kommune; sie passte dort hinein, wie das Teilstück eines Puzzles. Außer ihren Vater und deutscher Schokolade gab es nichts, was sie vermisste. Schon als Kind hatte Anando eine spirituelle Ader, und das Streben nach Erleuchtung war ihr Lebensziel. Sie liebte Bhagwan und konnte sich ein Dasein ohne ihn gar nicht mehr vorstellen.
Meine Cousine hatte das Privileg, regelmäßig in der

Ashram-Band zu singen. Sie hatte eine sehr schöne Stimme, die einem unter die Haut ging. Wenn Anando mit ihrem Mikrofon auf der Bühne stand, kam sie mir vor wie ein Star. Mit einer unglaublichen Leidenschaft sang sie so in sich gekehrt, als hätte sie alles um sich herum vergessen. Und ich hatte manchmal das Gefühl, dass sie es auch genoss, von allen bewundert zu werden.

Auch wenn sich meine Cousine und ihre Mutter nicht so oft sahen, hatten sie ein sehr inniges Verhältnis. Schon in München beineidete ich Miriam – wie sie damals noch hieß – um die permanente Zuwendung meiner Lieblingstante Conny. Oft saß sie auf dem Schoß ihrer Mutter und genoss es, von ihr verwöhnt zu werden. Die enge Beziehung der beiden war nicht zu übersehen. Ich hingegen litt darunter, von meiner Mutter so oft weggeschickt zu werden.

Auch in Poona beobachtete ich nicht ohne Neid die enge Beziehung zwischen Anando und Premal. Mutter und Tochter hatten ein sehr symbiotisches Verhältnis und achteten sich als gleichberechtigte Sannyasins; sie entschieden alles gemeinsam. Und oft war es sogar meine Tante, die auf Anando hörte und das machte, was sie wollte.

Während Sangam und ihre Tochter Pria manche Vorgänge im Ashram kritisch sahen, machten Premal und Anando alles, was angesagt war. Sie waren ihrem Meister völlig ergeben, denn schließlich war er erleuchtet und wusste, was für seine Sannyasins das Beste war.

In den achziger Jahren forderte Bhagwan alle jungen Sannyas-Frauen auf, sich sterilisieren zu lassen. Obwohl er Kinder wirklich liebte und sie auch bis dahin gerne im Ashram gesehen hatte, sollten seine Sannyasins nun keine

weiteren Sprösslinge mehr in die Welt setzen. Er sagte, Kinder würden den spirituellen Weg ihrer Eltern stören, denn sie bräuchten zu viel Aufmerksamkeit. Ein Sannyasin solle aber seine Aufmerksamkeit ausschließlich sich selbst und der Meditation widmen.
Daraufhin ließen sich viele junge Sannyas-Mädchen schon im Alter von 16 Jahren sterilisieren – auch meine Cousine Anando, die damals 18 Jahre alt war. Als ich von ihrem Entschluss erfuhr und ihr dringend davon abriet, beteuerte sie, nie Kinder in die Welt setzen zu wollen; der spirituelle Weg sei ihr einziges Ziel. Auch Premal war von Bhagwans Worten überzeugt und ließ sich sterilisieren.
Natürlich wurde auch Pria nahe gelegt, sich sterilisieren zu lassen, doch für Sangam kam ein operativer Eingriff bei ihrer Tochter nicht in Frage. Trotz heftiger Kritik widersetzten sich beide Bhagwans »Aufforderung« und nahmen es in Kauf, von den anderen Sannyasins schief angesehen zu werden. Sangam, die sich ohnehin etwas vom Ashram distanziert hatte, war das egal; keiner konnte ihre Tochter zu diesem Schritt zwingen.
Heute ist Pria sehr dankbar dafür, damals nicht sterilisiert worden zu sein, denn nur durch die Geburt ihrer Tochter Sarah schaffte sie es, ihr Leben wieder in den Griff zu bekommen. Nach der Zeit in Poona lebte sie mit ihrer Mutter noch einige Jahre in Medina, einem großen Sannyas-Zentrum in England. Als meine Freundin mit 18 Jahren schließlich die Kommune verließ, kam sie in der bürgerlichen Gesellschaft nicht zurecht. Dort herrschten andere Regeln, weit härtere Regeln, die sie nicht kannte. Im Ashram musste Pria sich nie mit alltäglichen Dingen befassen. Sie hatte nie gelernt, mit Geld umzugehen und sich

in einer Konkurrenzgesellschaft durchzusetzen. Außerdem litt sie sehr darunter, dass sie keinen Schulabschluss hatte. Sie musste auch erkennen, dass in der bürgerlichen Gesellschaft Statussymbole und materielle Dinge – die ihr fremd waren, mit denen sie aber nun konfrontiert wurde – einen hohen Stellenwert einnehmen. Als Kind war Pria in der abgeschlossenen Sannyas-Welt immer sehr selbstständig aufgetreten; nun fühlte sie sich als Erwachsene in ihrem neuen Lebensrahmen minderwertig – nicht zugehörig. Ziellos reiste sie durch die Welt auf der Suche nach einem Halt, und glücklicherweise fand sie immer irgendwelche Leute aus dem Sannyasin-Milieu, die sie für eine Weile versorgten.

Vor neun Jahren verliebte sich Pria in einen Brasilianer, mit dem sie in seine Heimatstadt Rio de Janeiro zog. Die beiden wohnten in einer kleinen Hütte am Strand, gerieten zunehmend in Abhängigkeit von Drogen und lebten schließlich nur noch von unseriösen Geschäften. Als Pria dann schwanger wurde, verließ sie ihr Freund, denn er fühlte sich dem sich anbahnenden Familienleben nicht gewachsen. Pria wäre wohl an dieser desolaten Situation zugrunde gegangen, wenn ihre Mutter sie nicht bei sich in London aufgenommen hätte.

Inzwischen ist Pria 37 Jahre alt. Ihrer mittlerweile sechsjährigen Tochter Sarah zuliebe hat sie es geschafft, von den Drogen loszukommen. Sarah ist ein sehr hübsches, aufgewecktes Mädchen, das ihrer Mutter Halt gibt; für sie würde Pria alles tun.

Vor drei Jahren hatte ich zusammen mit meinem Sohn Pria in London besucht. Unsere Kinder sind fast gleich alt und mochten sich sehr gerne. Pria ist nun viel ausgeglichener; ihre Neigung zu Extremen hat deutlich nachgelassen. Sie ist eine gute Mutter, hat aber immer noch Probleme, sich in die Gesellschaft einzugliedern, zumal sie arbeitslos und auf Sozialhilfe angewiesen ist. Da sie nie eine Ausbildung gemacht hat, fällt es ihr schwer, sich auf dem Arbeitsmarkt durchzusetzen.

Der Sannyas-Szene steht Pria heute sehr kritisch gegenüber. Nie würde sie ihr Kind ohne Aufsicht in einem Ashram lassen. Gute Erziehung und stabile Lebensverhältnisse hält sie für sehr wichtig. Ihrer Mutter gibt sie keine Schuld an ihrer derzeitigen Situation, sondern dem Ashram in Poona, der ihrer Meinung nach kein geeigneter Platz für Kinder war. Dort seien ihr weder Grenzen gesetzt noch Perspektiven aufgezeigt worden. Vor allem im Hinblick auf ihre sexuelle Entfaltung hätten ihrer Meinung nach die Sannyas-Kinder entschieden mehr geschützt werden müssen. Mit 13 Jahren sei sie damals noch nicht reif genug für den sexuellen Kontakt mit älteren Männern gewesen. Wie andere Teenager sei sie in ihrem Glauben, als aufgeschlossene Sannyasin müsse sie das tun, schamlos ausgenutzt worden. Heute findet Pria es abartig, dass damals im Ashram erwachsene Männer ihre Sexualität bei 13-jährigen Mädchen auslebten.

Auch Sangam hat schon lange mit dem Sannyas-Leben gebrochen. Sie wünschte, sie hätte damals mehr Verantwortung für ihre Tochter übernommen und nicht versucht, selbst wieder ein Kind zu werden. Am meisten bedauert sie es aber, Pria keine richtige Schulausbildung ermöglicht zu haben; die Konsequenzen würden sich nun deutlich zeigen. Keine Frage, dass sie heute vieles anders machen würde, doch in Bezug auf Pria sei es nun zu spät. Die mittlerweile 59-Jährige lebt allein und schreibt Bücher über Körpertherapie. Sie ist eine leidenschaftliche Großmutter, die sich in jeder Hinsicht für ihre Enkelin einsetzt, und es überrascht nicht, dass sie inzwischen zu konservativen Erziehungsmodellen neigt.

10

Nicht ohne meinen Vater

Während meine Mutter und meine Schwester im Ashram blieben, flog ich nach den Sommerferien zurück nach München zu meinem Vater. Peter hatte sich in der Zwischenzeit an sein neues Singledasein gewöhnt und genoss es, gemäß seinen Bedürfnissen zu leben. Ich hatte das Gefühl, dass er jetzt all das nachholte, was er in seiner Ehe versäumt zu haben glaubte. Zu Hause las er Zeitung oder schaute sich ein Fußballspiel nach dem anderen an; etwas anderes kam ihm offenbar nicht in den Sinn. Während der Halbzeitpause machte er sich schnell eine Dose Ravioli warm, die er dann in sich hineinlöffelte, ohne den Blick vom Fernseher abzuwenden. In diesen Momenten durfte ich Peter keinesfalls ansprechen.

Wir ernährten uns hauptsächlich von Tütensuppen, Miracoli Spaghetti oder Ravioli aus der Dose. Mir machte das nichts aus; ja, ich liebte diese Schnellgerichte, die ich mir auch oft selbst warm machte. Und so führten Peter und ich ein einfaches, unkonventionelles Leben, das sich überhaupt nicht mehr an überkommenen Familientraditionen orientierte.

Da Peter sehr viel arbeitete, war ich oft allein zu Hause.

Ich war fünfzehn Jahre alt und genoss es, die ganze Wohnung für mich zu haben. Nachmittags lud ich oft meine Schulfreunde ein; wir feierten bei dröhnender Musik, tanzten, aßen Chips, und irgendwie machten wir dabei auch unsere Hausaufgaben. Als mein Vater eines Tages aus einer Kneipe einen alten Flipper mitbrachte, den er für hundert Mark gekauft hatte, wurde unsere Wohnung für meine Freunde noch viel attraktiver. In der Schule sprach sich unsere neue Errungenschaft schnell herum. Auf einmal wollten mich sämtliche Mitschüler besuchen – selbst diejenigen, die ich bis dahin kaum kannte. Pausenlos klingelte es an der Tür. Ich fühlte mich zunächst sehr geschmeichelt, dass auch Jungen aus höheren Klassen zu mir kamen, musste dann aber enttäuscht feststellen, dass sie mich meist nur kurz grüßten, zielgenau an mir vorbei auf den Flipper zusteuerten, ein paar Stunden spielten und dann wieder verschwanden.

Wenn Peter abends von der Arbeit nach Hause kam und sah, dass ich mit meinen Freunden noch feierte, beschwerte er sich nicht darüber, sondern verzog sich meistens in sein Zimmer und schaltete den Fernseher ein. Manchmal leistete er uns auch Gesellschaft und war dabei stets sehr witzig und lässig. Meine Schulfreundinnen fanden meinen Vater echt cool; zwei von ihnen waren sogar ein bisschen in ihn verliebt, was Peter sehr schmeichelte.

Alkohol war für uns Teenager noch kein Thema – Bier und Wein schmeckten uns nicht und waren uns auch zu teuer. Dafür kifften wir umso mehr. Für mich war die Wirkung von Haschisch anfangs noch sehr befremdend, doch recht schnell genoss ich es, stoned zu sein – so leicht und unbeschwert. Und ständig musste ich lachen, selbst

Mein Vater am heimischen Herd

über die banalsten Dinge. Wenn ich kiffte, erschien mir das Leben so viel aufregender.
Eines Abends, als ich mit einigen Freundinnen gerade im Wohnzimmer einen Joint rauchte, kam Peter etwas beschwipst von seiner Stammkneipe nach Hause. Er setzte sich gut gelaunt zu uns und rauchte mit. Wir lachten über seine Witze und hatten viel Spaß. Nach einer Weile fragte mein Vater: »Habt ihr Lust auf ein Abenteuer? Was haltet ihr davon, wenn wir im Englischen Garten zum Bootsverleih gehen und ein Ruderboot knacken? Es ist toll, in der Nacht Boot zu fahren.« Dieses Angebot ließen wir uns nicht entgehen. Völlig »stoned« machten wir uns in der

Dunkelheit auf den Weg – fünf kichernde Schulmädchen mit meinem Vater vorneweg. Wie wir vermuteten, waren die Ruderboote angekettet; doch das schreckte Peter nicht ab. Er holte eine Zange aus der Tasche und legte sich mächtig ins Zeug. Wir Mädchen schauten ihm bewundernd zu, immer mit der Angst im Nacken, es könne uns jemand beobachten. Nach einer Viertelstunde gab mein Vater erschöpft auf und musste sich auf eine Bank setzen. Anscheinend hatte ihm der Alkohol in Verbindung mit dem Haschisch schwer zugesetzt. Unser Held war mit einem Mal so fertig, dass er es nicht mehr schaffte, selbstständig zu gehen. Uns Mädchen blieb also nichts anderes übrig, als Peter auf dem Weg nach Hause abwechselnd zu stützen. Dort ließ er sich wie ein nasser Sack aufs Bett fallen und schlief auf der Stelle ein.

Meine beste Freundin war Manu; mit ihr verbrachte ich fast jeden Nachmittag. Sie hatte eine hellblonde lange Mähne, schmale Augen und sah mit ihren vollen Lippen ein bisschen aus wie Kim Basinger. Wenn wir nicht gerade mit unserer Clique unterwegs waren, gingen wir gerne zum Monopteros, einem klassizistischen Rundtempel im Englischen Garten. Die Wiesen ringsum waren ein beliebter Szenetreff; dort saßen viele Grüppchen zusammen, kifften, spielten Gitarre und Bongos und hatten Spaß. Die meisten Typen, die dort herumhingen und mit Drogen dealten, waren arbeitslose Freaks, die auch gerne zur Schau stellten, dass sie sich der bürgerlichen Gesellschaft nicht zugehörig fühlten.

Uns faszinierte die Szene am »Mops«, und wir wollten unbedingt dazugehören. Um so mehr ärgerte es uns, dass wir von den hartgesottenen Freaks nicht für voll genommen wurden. In deren Augen waren wir nur zwei kleine unbedarfte Schülerinnen. Mich wurmte es, dass ich immer noch so kindlich wirkte und meine Unsicherheit nie verbergen konnte. Wie gerne hätte ich auch so eine Coolness ausgestrahlt. Manu trat zwar etwas selbstbewusster auf als ich, wurde aber auch in die Liebmädchen-Ecke gestellt.

Wir wollten akzeptiert werden, und so beschlossen wir, uns entsprechend aufzustylen. Eine Woche lang bürstete ich mir nicht mehr die Haare, bis sie völlig verfilzt herunterhingen. Mit schwarzem Kajal schminkte ich mir dunkle Ränder unter die Augen, zerschnitt meine Jeans, zog ein viel zu großes Hemd meines Vaters an und einen ausgewaschenen alten Parka darüber. Auch Manu schminkte sich dunkle Augen, toupierte sich wild die Haare und lieh sich von einem Bekannten eine alte, abgewetzte Motorradlederjacke aus. In dieser Aufmachung schlurften wie möglichst lässig mit nach vorne hängenden Schultern über die Kiffer-Wiese. Dann setzten wir uns zu einer Gruppe, die uns gefiel, und sagten so cool wie möglich: »Hi, Jungs. Wie gehts?« Die Typen schauten uns kurz an, antworteten: »Alles klar, Mann«, und ließen uns wieder links liegen. Es dauerte noch ziemlich lange, bis wir uns in der Drogenszene am Monopteros ein wenig Anerkennung verschafften.

Mein Schwarm am Monopteros war Lane. Er war Kanadier, 22 Jahre alt, und er dealte. Mit seiner langen Nase und seinen strähnigen blonden Haaren war er sicher keine Schönheit, aber nachts träumte ich von ihm. Lane war der coolste Typ, den ich kannte. Mir imponierte nicht nur sein arrogantes Auftreten, sondern auch die lässige Art, mit der

Mein Outfit für die Kiffer-Wiese im Englischen Garten

er über die Wiese schritt – in einem langen weißen Arztkittel, den er nie zuknöpfte. Mit seinen superengen Jeans und der schwarzen Sonnenbrille sah das wirklich sexy aus. Für Lane war ich natürlich Luft, und Manu, die ebenso hoffnungslos in einen Typen verknallt war, erging es genauso. Dann erfuhren wir eines Tages, dass unsere Herzbuben abends immer im »Thomas« verkehrten, einer heruntergekommenen »Drogenkneipe« in der Innenstadt. Das war unsere Chance. Mit gefälschten Schülerausweisen und wesentlich älter zurechtgemacht, stolzierten wir abends um zehn Uhr ins »Thomas«. Wir sahen richtig gut aus. Ich trug ein schwarzes Mini-Lederkostüm meiner Mutter mit spitzen Pumps aus den 50er Jahren und hatte meine Haare kokett hochgesteckt. Manu war in ein hauchdünnes indisches Oberteil gehüllt – dazu eine knackig enge Jeans. Ihrem Vater hatte sie erzählt, sie schlafe

Meine beste Freundin Manu
stylt sich szenegerecht auf

bei mir, und Peter war zu dieser Zeit auf Geschäftsreise. Wir hatten also sturmfreie Bude.

Das »Thomas« war eine dunkle Höhle, in der vorne Billard gespielt wurde. In der Mitte befand sich eine kleine Tanzfläche, auf der ein paar Hippies wild herumhüpften und zum brachialen Hardrock-Rhythmus ihre langen Haare hin und her warfen. Ganz hinten schließlich gab es einen Raum zum Relaxen mit einem großen gepolsterten Podest und zwei Sofas. Mein Herz hüpfte mir schier aus der Brust, als ich dort Lane erblickte. Er sah mich, musterte mich ausgiebig und ging dann zu meiner Enttäuschung, ohne mich weiter zu beachten, aus dem Zimmer. Den ganzen Abend hielt ich mich in seiner Nähe auf und beobachtete ihn. Gegen ein Uhr nachts war es dann so weit. Lane kam plötzlich auf mich zu und fragte mich unvermittelt: »How are you?« Ich war so verblüfft, dass ich nur unsicher herumstotterte: »Iii am ffffine, thank you.« Nach einer Weile taute ich allerdings auf. Mein Englisch war zwar dürftig, es reichte aber, um mit Lane zu flirten. Ich konnte mein Glück kaum fassen; er schien tatsächlich Interesse an mir zu haben.

Nachdem wir einige Joints geraucht hatten, fragte er mich, ob wir nicht zu ihm gehen wollten. Er würde zurzeit bei einem Freund wohnen. In meinem Liebesrausch sagte ich sofort zu. Manu war bereits mit meinem Schlüssel nach Hause gegangen, weil ihr Schwarm an diesem Abend nicht kam.

Ich war etwas irritiert, als mich Lane in eine heruntergekommene Pension in der Türkenstraße führte. Noch mulmiger wurde mir, als er am Ende eines langen Ganges die Tür zu einem kleinen Zimmer aufsperrte, in dem dann angeblich das Licht kaputt war. Wir tappten im Dunkeln herum und versuchten uns irgendwie zu orientieren. Dann erklärte mir Lane, er bereite uns nun ein Lager auf dem Boden; das Bett wolle er nicht benutzen, denn es gehöre seinem Freund. Mir war die ganze Sache zwar nicht geheuer, doch ich wollte auf keinen Fall kneifen. Also legte ich mich brav auf die ausgebreitete Decke auf dem harten Boden und ließ mich von Lane ausziehen. Wir knutschten leidenschaftlich und streichelten uns. Ich war so verliebt, dass ich sogar bereit war, mit ihm zu schlafen. Doch in dem Moment als er in mich eindringen wollte, sah ich, dass uns sein Freund vom Bett aus beobachtete, dabei den Kopf gemütlich auf seinen Arm aufstützte und eine Zigarette rauchte. Ich hatte ihn in der Dunkelheit vorher nicht gesehen und war davon überzeugt, dass Lane und ich allein seien. Mit einem Satz sprang ich auf, zog mich an und rannte aus der Tür. Ich fand es ekelhaft, von einem Fremden beim Sex beobachtet zu werden, und ich war zutiefst verletzt. Wenigstens konnte ich zu Fuß nach Hause gehen, denn ich wohnte in der Nähe.

Als ich Lane am nächsten Tag wieder am Monopteros traf, entschuldigte er sich und beteuerte immer wieder, er hätte nicht gewusst, dass sein Freund im Zimmer gewesen sei. Als Entschädigung wolle er mir etwas zeigen; ich solle doch mitkommen. Zunächst sträubte ich mich und wollte nichts mehr mit ihm zu tun haben, doch ich war so verliebt, dass ich mich wieder auf ihn einließ.

Wir gingen eine Weile durch den Englischen Garten, bis wir auf eine einsame Wiese kamen. Dort packte er zwei LSD-Trips aus, reichte mir einen und sagte strahlend: »This is a present for you.« Ohne lange nachzudenken, legte ich den Trip auf meine Zunge und schluckte ihn herunter. Lane tat das Gleiche. Dann setzten wir uns ins hohe Gras und warteten gespannt darauf, was wohl passieren würde. In einiger Entfernung gingen ein paar Spaziergänger vorbei. Ich nahm sie zunächst kaum wahr, aber plötzlich verwandelten sie sich in merkwürdige Gestalten. Ihre Physiognomie schien sich ständig zu verändern. Einige schwollen fettleibig an und verwandelten sich dann ebenso schnell in spindeldürre Giacometti-Figuren. Andere wuchsen sekundenschnell mehrere Meter hoch und schrumpften gleich wieder zu hutzeligen Zwergen. Auch Lane verwandelte sich neben mir unversehens in eine lang gezogene Comicfigur. Ich fand das alles sehr witzig und kugelte mich vor Lachen. Lane, der solche Halluzinationen kannte, hatte eigentlich anderes mit mir vor und fand meine ständigen Lachanfälle weniger lustig. Begeistert hüpfte ich durch die Wiesen und hatte dabei das Gefühl zu fliegen. Dann legte ich mich ins hohe Gras und beobachtete, wie die Blumen um mich herum in den Himmel wuchsen. Ich war derart von diesen fantastischen Visionen eingenommen, dass ich Lane dabei fast vergaß. Immer wieder rief er mir zu, ich solle doch zu ihm kommen, doch ich nahm seine Stimme nur sehr undeutlich wahr, als erreiche sie mich aus weiter Ferne.

Nach diesem Erlebnis hatte Lane eigenartigerweise seine Attraktivität eingebüßt; ich sah ihn nun mit ganz anderen Augen. Je mehr er sich für mich interessierte, desto gleichgültiger wurde er mir. Das war nicht mehr der coole Lane, in den ich mich verliebt hatte. Ganz abgesehen davon, dass er keinen eigenen Wohnsitz hatte und sich immer einen Dummen suchte, der ihn aufnahm. Ich mochte solche Schmarotzer nicht.

Eines Tages stand Lane nach der Schule vor unserer Wohnungstür und wollte unbedingt reinkommen. Als ich ihm klar zu machen versuchte, dass das nicht ginge, schob er seinen Fuß in den Türspalt und drängte sich mit Gewalt hinein. Lane wusste, dass mein Vater tagsüber arbeitete. Er hatte es inzwischen aufgegeben, um mich zu werben; nun ging es ihm darum, mich auszunützen. Nachdem er unseren Kühlschrank halb leer gegessen hatte, legte er sich in mein Bett und schlief ein paar Stunden; danach ver-

schwand er wieder. Als am folgenden Tag das Gleiche geschah, wurde mir mulmig zumute. Wie sollte ich diesen Typen nur wieder loswerden? Eigentlich wollte ich Peter mein Verhältnis zu Lane nicht auf die Nase binden, doch nun musste ich es wohl oder übel tun. Schweren Herzens vertraute ich mich ihm an, worauf sich Peter diesen Kerl einmal vorknöpfen wollte.
Den nächsten Tag hatte sich mein Vater freigenommen, doch Lane tauchte nicht auf. Auch an den folgenden Tagen ließ er sich nicht blicken. Ich konnte es kaum glauben, bis ich von einem Bekannten erfuhr, dass er bei einer Razzia am Monopteros mit einer größeren Menge LSD-Trips erwischt und verhaftet worden war. Nach einiger Zeit bekam ich von meinem Ex-Schwarm einen Brief aus dem Gefängnis in Stadelheim, in dem er mich um 2000 Mark bat, damit er eine Kaution hinterlegen könne. Selbst wenn ich das Geld gehabt hätte, wäre es mir nicht in den Sinn gekommen, es ihm zu geben. Im Gegenteil, ich war erleichtert, dass er nach Kanada ausgewiesen werden sollte.

Peter war oft auf Geschäftsreisen und überließ mir eine sturmfreie Bude. Solche Tage nutzte ich gerne, um große Partys zu feiern, die bis in die Morgenstunden dauerten. Meist gab es dabei keine Probleme; nur einmal geriet mir alles außer Kontrolle, als ich in der Schule haufenweise Flyers verteilt hatte, damit möglichst viele Leute zu dem Fest kamen. Und tatsächlich, die bevorstehende Party sprach sich wie ein Lauffeuer herum.
Da die Szene am Monopteros mittlerweile für Manu und mich ihren Reiz verloren hatte, trafen wir uns mit unseren

Freunden gerne an der Münchner Freiheit, einem Platz im Norden Schwabings. Dort verbrachten unzählige Cliquen von Jugendlichen ihre Nachmittage. Wir in unserer Clique gehörten eher zur Hippie-Fraktion – weite indische Pumphosen, fast knielange Männerhemden, Ledersandalen und Fußkettchen. Deutlich hoben wir uns also von den geschniegelten Poppern und den trashig gekleideten Punks ab, die sich fortwährend bekriegten. Wir mischten uns da nicht ein und wurden auch in Ruhe gelassen. Ich hatte also mit den Punks kein Problem; trotzdem wäre es mir lieber gewesen, sie hätten nichts von meiner Party mitbekommen, denn diese Clique war für ihre Randale bekannt. Durch meine leichtsinnige Flyer-Aktion ließ sich das aber nicht mehr verhindern. Ohne Ankündigung stürmte eine Gruppe von Punks meine Wohnung; sie bedienten sich ausgiebig bei den Getränken und ließen sich grölend auf dem Boden nieder. Im Laufe des Abends kamen so viele Leute, dass ich völlig den Überblick verlor. Rücksichtslos drückten sie ihre Zigarettenkippen auf dem Teppich aus, stießen Rotweinflaschen um und zerschlugen Gläser. Verzweifelt rannte ich von einem zum anderen und versuchte zu retten, was zu retten war. Richtig schlimm wurde es aber erst, als gegen Mitternacht die Getränke ausgingen. Die Punks fingen an wüst herumzupöbeln; zerschlugen leere Bierflaschen, gingen dann auf die Dachterrasse, schnitten die Polster der Gartenstühle auf und zerstreuten den Inhalt in der ganzen Wohnung. Hilflos schaute ich zu und wusste nicht, wie ich sie hätte bremsen können. Die Polizei wollte ich nicht rufen, sonst wäre zwischen unserer Clique und den Punks ein heilloser Krieg ausgebrochen. Heulend verzog ich mich mit zwei Freundinnen in mein

Zimmer und schloss die Tür ab. In der Situation wäre mir Manu ein großer Trost gewesen, aber ich wusste nicht, wo sie war. Die Musik und das Gegröle der Punks waren so laut, dass ich nicht hören konnte, wie sie verzweifelt an die verschlossene Zimmertür klopfte. Da beschloss Manu, durch ein offenes Fenster über die glitschige Dachrinne am Hausdach entlang zu uns zu gelangen. Es war ein Wunder, dass sie in ihrem angetrunkenen Zustand unbeschadet bei uns ankam und nicht abstürzte. Dramatischer wurde es noch, als mehrere Leute sich durch Manus gefährliche Luftnummer inspiriert fühlten und es ihr nachtaten. Eine Frau aus dem Nachbarhaus beobachtete das Ganze und rief sofort die Polizei. Die machte dem ganzen Treiben dann schnell ein Ende. Völlig aufgelöst saß ich schließlich allein mit Manu inmitten eines heillosen Schlachtfeldes und versuchte nicht an den folgenden Tag zu denken.
Als mein Vater zwei Tage später nach Hause kam, verschlug es ihm glatt die Sprache. Ein Großteil unseres Geschirrs sowie Vasen und Lampenschirme waren zu Bruch gegangen. Einige zerstörte Möbelstücke konnten wir nur noch entsorgen. Eine Fensterscheibe war kaputt; Pflanzen waren herausgerupft und mehrere Blumentöpfe umgestülpt worden. Außerdem war das Muster des Teppichs vor lauter Rotweinflecken und Brandlöchern kaum noch zu erkennen. Zu meiner Verwunderung machte Peter keinen großen Aufstand; allerdings rastete er aus, als ich ihm erzählte, dass gut ein Dutzend Teenager über die Dachrinne geklettert waren. Er schlug drei Kreuze, dass keiner abgestürzt war, denn er hatte als Erziehungsberechtigter seine Aufsichtspflicht verletzt. Immer wieder sagte er zu mir: »Mensch, Katharina, seid ihr denn alle wahnsinnig

geworden? Ist dir überhaupt bewusst, dass ich bei einem Unglücksfall ins Gefängnis gewandert wäre?« Schuldbewusst saß ich ihm gegenüber und versprach, so etwas nie wieder zu machen.

Zwischenfälle wie dieser konnten freilich das sehr innige Verhältnis zwischen meinem Vater und mir nicht trüben. Die Gewissheit, dass er zu mir hielt, egal was passierte, gab mir einen gewissen Halt. Dennoch ließ sich nicht überspielen, dass ich meine Mutter manchmal sehr vermisste. Unsere Beziehung war zwar problematisch, und wir hatten oft Streit, doch es gab andererseits auch so viele Situationen, in denen wir uns sehr nahe standen. Vor allem wenn es um emotionale Dinge ging wie zum Beispiel Liebeskummer, war sie die Einzige, der ich mich voll anvertrauen konnte. Mein Vater hingegen konnte als Kopfmensch nur schwer auf emotionale Stimmungen eingehen. Puja hingegen fiel es leicht, sich Probleme anderer Menschen zu vergegenwärtigen, und nun, da sie in Indien weilte, hatte ich niemanden, der mir bei meinen Herzensgeschichten mit Rat und Tat zur Seite stand. Sicher konnte ich mich mit meinen Freundinnen austauschen, doch die hatten meist die gleichen Probleme. Das half mir nicht richtig weiter. So blieb mir nichts anderes übrig, als Puja lange Briefe zu schreiben, die sie ausführlich beantwortete.

Mein Vater war wie ein älterer Freund zu mir; ich hatte Spaß mit ihm und fühlte mich beschützt. Während Puja in Poona lebte, hatten Peter und ich lange Zeit eine sehr enge Beziehung. Das änderte sich allerdings an dem Tag, als ich erfuhr, dass er eine Geliebte hatte. Das erste Mal sah ich sie im Bett meines Vaters, bevor ich zur Schule ging und ihm noch einen Abschiedskuss geben wollte. Dieser Anblick war ein Schock für mich, denn er verschaffte mir die Gewissheit, dass es da plötzlich eine andere Frau gab, die den Platz meiner Mutter eingenommen hatte. Sie hieß Marianne, war nur sechs Jahre älter als ich und Sekretärin im Verlag meines Vaters.

Anfangs versuchte Peter sein Verhältnis zu Marianne vor mir zu verheimlichen, doch dann wurde die Beziehung zwischen den beiden so eng, dass sie sich nicht mehr verbergen ließ.

Peter war diese neue Beziehung zunächst mal sehr peinlich. Wenn er mit mir und Marianne zusammen war, wusste er nie, wie er sich verhalten sollte. Auch Marianne waren diese Begegnungen sichtlich unangenehm. Und ich kam nicht umhin, mich von Peter zurückgestoßen und abgelehnt zu fühlen, denn er hatte nun kaum noch Zeit für mich. Auch auf emotionaler Ebene hatte sich eine Barriere zwischen uns beiden aufgebaut. Da ich Marianne ablehnte und nicht als die neue Frau an der Seite meines Vaters akzeptieren konnte, distanzierte sich Peter immer mehr von mir. Er hatte sich für diese Frau entschieden und wollte nicht, dass ich mich in ihre Beziehung einmische.

Marianne kam aus einem kleinen Ort in Franken, wo sie in einer Großfamilie aufgewachsen war. Sie lebte noch nicht lange in München und wirkte auf mich sehr schüchtern und etwas unsicher. Mit ihrer ruhigen, zurückhaltenden Art war sie ganz offensichtlich der Antityp zu meiner lebhaften Mutter. Marianne war klein und zierlich; ihre dunkelbraunen Haare fielen ihr bis auf die Schultern, und sie hatte sehr lange, schöne Wimpern. Peter war hingerissen. Ich war maßlos eifersüchtig und konnte nicht verstehen, dass sich mein Vater in eine Frau verliebt hatte, die nur sechs Jahre älter war als ich. Eines konnte ich jedoch gut nachvollziehen: Peter genoss es, dass Marianne ihn in seinem Lebensstil gewähren ließ und ihm nicht wie meine Mutter sagte, was er tun oder lassen solle.

11

Am Rande des Wahnsinns

Im Sommer 1981 bekam ich einen Brief von meiner Mutter aus Poona, in dem sie mich fragte, ob ich mit ihr und meiner Schwester Garima in den nächsten Sommerferien an den Lago Maggiore fahren wolle. Pavesh würde dort mit seiner Partnerin Soma eine vierwöchige Gruppentherapie, das Bodydharma, leiten, und sie selbst sei dabei eine der Assistentinnen. Es könne ein toller Urlaub für mich werden, schrieb sie weiter, denn wir würden alle in einer schönen, großen Villa in der Nähe von Intra direkt am See wohnen. Ich könne an der Therapie teilnehmen, aber auch baden gehen – ganz nach meinen Bedürfnissen. Da Peter in den Sommerferien ohnehin arbeiten musste, hatte ich keine Einwände. Das Bodydharma reizte mich zwar weniger, aber Pujas Angebot war eine gute Gelegenheit, dem Alltag in München zu entrinnen.

Anfang August fuhr ich also mit meiner Mutter und mit meiner Schwester nach Intra. Die Villa Volpi, in der die Gruppetherapie stattfand, war ein herrschaftliches Schlösschen inmitten eines prachtvollen Parks, der sich bis zum Seeufer erstreckte. Völlig geblendet von dieser Szenerie, malte ich mir bereits die schönsten Ferien aus. Gleichzeitig mit uns trafen auch die anderen Gruppenmitglieder ein. Die meisten kamen aus Deutschland; es waren aber auch ein Franzose, zwei Engländer, ein Italiener und vier Schweizer dabei – insgesamt achtundneunzig Teilnehmer. Auch Usch hatte sich entschlossen, an dem Bodydharma teilzunehmen.

Nach der Ankunft sollte sich jeder Gruppenteilnehmer bei Pavesh melden. Bei diesem Vorstellungsgespräch würde er auch jedem einen passenden Namen geben, denn für die Zeit des Bodydharma sollte die alte Identität aufgegeben werden.

Als ich an die Reihe kam, fragte mich Pavesh über mein Leben aus – welche Hobbys ich hätte, welche Träume und Ängste. Dann wollte er auch wissen, warum ich mich entschlossen hatte, am Bodydharma teilzunehmen. Ich antwortete ehrlich, dass ich nur wegen meiner Mutter mitgekommen sei und eigentlich gar nicht vorhatte, das ganze Therapieprogramm mitzumachen. Puja, die unser Gespräch verfolgte, mischte sich gleich ein und sagte zu Pavesh: »Es wäre doch toll, wenn Katharina am Bodydharma teilnimmt, aber auch mal baden oder Eis essen gehen könnte, wenn sie Lust dazu hat.« Pavesh schaute uns beide an und sagte schließlich: »Nein, das geht nicht. Entweder sie nimmt teil und konzentriert sich ausschließlich auf das Bodydharma, oder sie fährt wieder nach Hause. Halbe Sachen laufen hier nicht.«

Was sollte ich nun machen? Für die betreute Kindergruppe, in die auch meine kleine Schwester ging, war ich mit meinen 15 Jahren zu alt. Die intensive Gruppentherapie für die Erwachsenen entsprach jedoch auch nicht meiner Altersklasse; die anderen Gruppenteilnehmer waren alle

mindestens 20 Jahre alt, und einige gingen schon auf die 40 Jahre zu. Noch hätte ich mit dem Zug nach Hause fahren können, doch die Vorstellung, meine Ferien allein in München zu verbringen, war nicht gerade erheiternd, zumal fast alle meine Freundinnen weggefahren waren. Also beschloss ich, zu bleiben und an der Gruppentherapie teilzunehmen. So schlimm würde es schon nicht werden.
Vereesh gab mir den Namen »Lolita«, während meine Mutter »Inbetween« genannt wurde, weil sie sich als assistierendes »Staff«-Mitglied nicht dem innersten Kreis zugehörig fühlte, sich aber auch nicht mit den einfachen Gruppenteilnehmern identifizieren konnte.
Bereits am ersten Tag wurden alle Gruppenteilnehmer in größere Familien aufgeteilt. Jede Familie bekam ein eigenes Zimmer mit einer »Mama« und einem »Papa«, also zwei Leuten aus dem Staff. Meine Familie bestand aus achtzehn Mitgliedern. Meine Mutter war in einer anderen Familie als »Mama« eingeteilt. Die »Eltern« hatten die Aufgabe, innerhalb der vier Wochen für ihre »Kinder« zu sorgen und ihnen bei Kummer, Schmerz oder Angst beizustehen. Die einzelnen Familien hatten jeden Abend ein Meeting, bei dem sie sich über die verschiedenen Gruppenerlebnisse des Tages austauschen konnten.
Wie alle anderen wurde auch unsere Familie in ein leeres Zimmer geführt, in dem sich jeder von uns mit seiner Luftmatratze ein geeignetes Schlafplätzchen suchen sollte. Sogleich brach ein Gerangel um die besten Plätze aus. Als sich endlich alle etabliert hatten, lagen die Luftmatratzen in mehreren Reihen dicht nebeneinander auf dem Boden; die Koffer waren jeweils zwischen Fuß- und Kopfende der

Matratzen platziert. Mein Lager befand sich unglücklicherweise genau in der Mitte des Raums. Ich war einfach nicht schnell genug gewesen, um einen der begehrten Wandplätze zu ergattern. Nur unsere »Eltern« hatten das Recht, sich ihre Plätze auszusuchen. Der Raum war schließlich so voll gestopft, dass ich Mühe hatte, über all die Menschen zu steigen. Jemand, der unter Platzangst leidet, hätte hier sicher eine Panikattacke bekommen. Ich fragte mich, wie ich das nur vier Wochen lang aushalten sollte, zumal sich direkt neben mir ein Mann sein Lager aufgeschlagen hatte, der äußerst unangenehm roch. Immer wieder redete ich mir ein: »Du musst positiv denken.« Gut dass wir bald darauf zum Abendessen gerufen wurden, denn ich hatte einen Bärenhunger. Draußen im Garten waren Biergartenbänke und Tische aufgestellt worden. Auf einem Buffet standen einige dampfende Töpfe mit undefinierbarem Inhalt; es sah aus wie Kartoffelbrei, entpuppte sich aber als kaum gesalzene und völlig verkochte Nudeln – grauenhaft. Als sich mehrere Teilnehmer über das Essen beschwerten, wurde uns mitgeteilt, dass die Köche während der ersten beiden Tage nur Aushilfskräfte seien; danach würden die Gruppenteilnehmer im Wechsel den Küchendienst übernehmen. Ich hatte so einen Hunger, dass ich den ungenießbaren Nudelbrei herunterwürgte.

Nach dem Essen trafen sich die meisten Gruppenteilnehmer noch im großen Gemeinschaftsraum des Hauses, um sich näher kennen zu lernen. Ich verkroch mich aber lieber in meinen vertrauten Schlafsack auf dem leeren Matratzenlager in unserem Zimmer. Ich war müde und wollte meine Ruhe haben. Zum Glück schlief ich schon, als sich mein stinkender Nachbar später neben mich legte.

Der nächste Tag ließ sich zunächst sehr schön an. Es fanden noch keine Therapiesitzungen statt; die Gruppenteilnehmer sollten sich erst einmal eingewöhnen. Begeistert ging ich mit meiner Mutter und meiner Schwester an den Strand, wo sich bereits viele Gruppenteilnehmer ausgebreitet hatten. Ein Typ fiel mir sofort auf; er war Anfang zwanzig, hatte blonde Locken und baggerte unentwegt eine sehr gut aussehende Brasilianerin in einem knappen Bikini an, die ihn aber nicht beachtete. »Maccaroni« wurde er genannt; er kam unverkennbar aus Schwaben und übertönte alle mit seiner sagenhaft lauten Stimme. Genervt ging ich ins Wasser. Wir waren zuvor darauf hingewiesen worden, nicht über die Markierungen hinauszuschwimmen, doch ich genoss die Weite des Sees dermaßen, dass ich vergaß, darauf zu achten. Als ich endlich wieder zurückkam, herrschte mich eine der Assistentinnen an: »Du sollst sofort zu Pavesh kommen. Er will mit dir sprechen.« Da fielen mir die Markierungen wieder ein, und mir schwante nichts Gutes.

Pavesh residierte im obersten Stock der Villa in einem eigenen Gemach und hatte mich aus dem Fenster mit einem Fernglas beobachtet. Als ich die Tür öffnete, saß er mit einigen Assistenten in seinem Wohnzimmer. Er schwieg und schaute mich nur streng an. Dann fragte er mich in einem bestimmenden Ton: »Hast du mitgekriegt, was ich angeordnet hatte?« Schuldbewusst nickte ich. Daraufhin sprang er auf und brüllte mich so vehement an, dass ich es wirklich mit der Angst zu tun bekam. In seinem Wutanfall machte er mir deutlich klar, dass jeder seine

Anordnungen zu befolgen habe und er keine Ausnahmen dulde. Klein wie eine Maus zog ich wieder ab und verkroch mich in eine Ecke des Badestrandes. Dann schwor ich mir, in diesen vier Wochen keine Fehler mehr zu begehen.

Am nächsten Morgen begann um sechs Uhr im großen Gruppenraum unten im Keller die Dynamische Meditation. Die ersten fünfzehn Minuten sollten wir immer wieder tief durch die Nase atmen, uns dabei mit angewinkelten Armen kraftvoll nach vorne beugen und danach so schnell wie möglich wieder aufrichten. Durch schnelle Wiederholung dieses Bewegungsablaufs sollte ein starker Energiefluss erzeugt werden. Danach mussten wir mit weit erhobenen Armen zehn Minuten hüpfen und dabei tief aus dem Bauch heraus »Hu, hu, hu« rufen. Nach dem so genannten »Freeze«, bei dem wir uns fünf Minuten lang nicht rühren durften und in unserer jeweils letzten Bewegung verharren sollten, folgte die Tanzphase und danach die erlösende Entspannung auf dem Boden.

Die Dynamische Meditation fand jeden Morgen zur gleichen Zeit statt und dauerte eine Stunde. Viele Sannyasins schätzten diese Meditation zum Aufwachen, doch ich hasste sie, nicht zuletzt weil einige der Teilnehmer dabei so stark schwitzten, dass ich in dem stickigem Kellerraum kaum Luft bekam. Vielleicht wäre diese Kraft raubende Meditationsübung für mich leichter zu ertragen gewesen, wenn ich sie in Ruhe hätte durchführen können, doch wir wurden von einem Dutzend Assistenten angetrieben. Während ich mich hüpfend abmühte, aus dem Bauch heraus »Hu, hu, hu« zu rufen, brüllte mich pausenlos ein Assistent an: »Na los, beweg dich. Schneller, schneller …«

Dieses sinnlose Anfeuern brachte mich jedes Mal so in Rage, dass ich mich gar nicht mehr auf meine Meditation konzentrieren konnte. Das Brüllen bewirkte bei mir genau das Gegenteil dessen, was bezweckt werden sollte. Manchmal erkannte ich unter den anfeuernden Assistenten auch meine Mutter, merkte aber, dass es ihr sichtlich unangenehm war. Sie vermied auch die ganze Zeit, in meine Nähe zu kommen.

Nach der Dynamischen Meditation begaben sich alle Gruppenteilnehmer nackt in einen der beiden großen Duschräume des Hauses. Mir war es äußerst unangenehm, mich vor allen so offen zu zeigen, zumal es einige Männer gab, die einen sehr eindringlich musterten. Einige Gruppenteilnehmer kokettierten sehr selbstbewusst mit ihrer Nacktheit, andere konnten ihr Schamgefühl nur schwer verbergen, und einige überspielten ihre Unsicherheit mit betont lockeren Sprüchen. Da es insgesamt nur zwanzig Duschen für hundertdreißig Leute gab, hatte jeder von uns nur drei Minuten zum Duschen. Während ich also gerade unter dem Wasserstrahl stand, wartete schon der Nächste ungeduldig in der Schlange, um endlich an die Reihe zu kommen. Wer Wert auf Intimsphäre legte, hatte beim Bodydharma keine Chance.

Danach wurden die Teilnehmer in Arbeitsgruppen aufgeteilt. Es gab den Küchendienst, den Putzdienst, den Waschdienst, den Kinderdienst und den so genannten Antreiber-Dienst. Die Antreiber hatten die Aufgabe, alle Mitteilungen und Weisungen von »oben« nach »unten« weiterzugeben, die Teilnehmer bei wichtigen Meetings zusammenzutreiben und grundsätzlich dafür zu sorgen, dass alles nach Plan ablief. Ich wurde zu meinem Bedauern

für den Küchendienst eingeteilt, während Puja als Staff-Mitglied für den Waschdienst verantwortlich war. Mit dieser hierarchischen Arbeitseinteilung sollten wir in extreme Stresssituationen gebracht werden; wir sollten lernen, besser mit Autoritätspersonen zurechtkommen.
Der erste Tag in der Küche war hart. Wir waren ungefähr zwanzig Küchenhilfen, die vier ausgebildeten Köchen zuarbeiteten. Dreimal am Tag mussten wir für hundertdreißig Leute kochen und dabei die Befehle unserer Chefs kritiklos ausführen. Die wiederum bekamen strenge Anweisungen von »oben«. In der Küche war es nicht nur unerträglich heiß und stickig, sondern auch sehr eng. Ich war es bis dahin nicht gewöhnt, so hart zu arbeiten. Am ersten Abend war ich dermaßen erschöpft, dass ich bei unserem Familien-Meeting fast eingeschlafen wäre. Ich muss so fertig ausgesehen haben, dass mich »Mama« und »Papa« besorgt fragten, ob es mir gut ginge. Ich nickte nur stumm. Während die anderen nach dem Austausch ihrer Erfahrungen und Erlebnisse des Tages wieder runter in den Gemeinschaftsraum gingen, fiel ich todmüde ins Bett. Ich war so erledigt, dass mir selbst mein stinkender Nachbar gleichgültig geworden war.
Dass im Laufe der folgenden Abende und Nächte immer wieder das Licht anging, weil andere Familienmitglieder später ins Bett gingen, störte mich weniger; Probleme hatte ich vielmehr damit, dass einige aus meiner Familie anfingen, einen Partner für die Nacht mitzubringen, und es im Dunkeln hemmungslos miteinander trieben. Bei dem heftigen Gestöhne konnte ich unmöglich wieder einschlafen. Auch andere Familienmitglieder fühlten sich in ihrer Nachtruhe gestört und beschwerten sich darüber. Ihnen

wurde aber ganz klar beschieden, dass beim Bodydharma jeder das Recht auf Sex hätte und sie sich daran einfach gewöhnen müssten.
Nachdem ich fünf Tage lang knochenharte Arbeit in der Küche geleistet hatte, hieß es, jetzt würde ein noch härterer Wind wehen. Alles war darauf angelegt, uns völlig aus der Reserve zu locken. Sieben Tage lang sollten wir durch fortwährende Stresssteigerung an unsere Grenzen geführt werden. Ab sofort sollten wir alles mit enormer Schnelligkeit erledigen. Wir durften nie stehen bleiben und mussten alle Tätigkeiten in schneller Bewegung verrichten. Wer etwas im Stehen zu tun hätte, musste dabei an Ort und Stelle rennen. Die Antreiber hatten die Aufgabe, uns auf Trab zu halten und zu kontrollieren.
Morgens weckten uns die Antreiber ausgesprochen unsanft; innerhalb von drei Minuten sollten wir uns fertig angezogen im Gruppenraum zur Dynamischen Meditation einfinden. Danach durften wir kurz duschen und hatten eine halbe Stunde Frühstückspause. Das Frühstück musste natürlich vorher noch schnell vom Küchendienst vorbereitet werden. Dann wurden alle Teilnehmer wie Vieh zum Arbeiten angetrieben. Ich rannte, was das Zeug hielt. Während ich das Gemüse im Eiltempo schnitt, stand hinter mir einer der Antreiber und schrie ständig auf mich ein: »Schneller, schneller ... Beweg deinen Arsch! Na, mach schon!«
Ich war so gestresst, dass ich Mühe hatte, mir nicht in die Finger zu schneiden. Nach zwei Stunden war ich bereits am Ende meiner Kräfte, doch an Ausruhen war ja nicht zu denken. Abgesehen von einer kleinen Mittagspause, wurden wir von morgens bis abends von einem Ort zum

anderen gehetzt. Der einzige Ort, wo ich mal kurz Luft holen konnte, war das Klo.
Wie ein Stein fiel ich am Abend ins Bett. Doch viel Schlaf wurde uns nicht gegönnt. Mitten in der Nacht stürmte ein Antreiber in unser Zimmer, schaltete das Licht an und schrie panisch: »Feueralarm! Alle sofort anziehen und unten im Gemeinschaftssaal erscheinen.« Schlaftrunken zog ich mich hastig an und rannte mit den anderen die Treppe herunter. Im Gemeinschaftssaal der Villa stand auf einem für das Bodydharma errichteten Podest Pavesh persönlich und begrüßte uns. Ganz gelassen meinte er, der angebliche Feueralarm sei nur ein Mittel gewesen, uns schnell aus den Betten zu holen. Er hätte jetzt zur Abwechslung etwas ganz Besonderes mit uns vor. Jeder von uns solle sich bis auf den Slip ausziehen und sich je nach Geschlecht einen männlichen oder weiblichen Partner suchen. Daraufhin stürzte ein dürrer, sehr behaarter Typ auf mich zu und bedrängte mich: »Wir machen es zusammen, ja?« Mir war ohnehin schon alles egal; gleichgültig nickte ich. Als ich hörte, was uns bevorstand, bereute ich allerdings meinen Entschluss. Wir sollten uns zu zweit auf eine Bodenmatte legen und so tun, als ob wir miteinander schliefen – mit Slip. Diese Übung hielt Pavesh für harmlos und auch für mich geeignet. Nur extremere sexuelle Begegnungen müsse ich noch nicht mitmachen, meinte er.
Ängstlich legte ich mich mit »Spaghetti«, wie mein Partner hieß, auf den Boden und war gespannt, was passieren würde. Während einige um uns herum spielerisch stöhnten und manche sogar wirklich herumknutschten, lag ich bewegungslos unter meinem Partner und spürte plötzlich seine Erektion. Es war der blanke Horror. Als er merk-

te, dass ich vor Angst zitterte, sagte er peinlich berührt: »Keine Angst, ich tue dir nichts.« Meine Panik ließ nach, doch erleichtert war ich erst, als ich nach zwei Stunden endlich wieder in meinen Schlafsack kriechen durfte und noch ein paar Stunden schlafen konnte.

In den nächsten Tagen ging der Stress noch weiter. Ich konnte das permanente Geschrei der Antreiber kaum noch ertragen. Es hallte noch im Schlaf nach und bereitete mir Albträume. Manchmal schreckte ich im Schlaf hoch und wollte schon panisch losrennen, bis ich merkte, dass ich nur geträumt hatte. Wenn ich abends bei unserem Familien-Meeting mein Leid klagte, hieß es nur: »Da musst du durch. Uns geht es doch genauso.«

Auch Usch war mit den Nerven am Ende und hatte extreme Angstzustände beim Bodydharma. Sie hieß »Per-Bot«, ein Name, der die Abkürzungen von »person« und »robot« vereinen sollte. Usch arbeitete als »Antreiberin« und wurde von ihrem Chef täglich fertig gemacht, weil sie nicht laut genug schreien konnte. Sie hasste ihren Job. Als sie sich einmal versteckt hatte, um in Ruhe eine Zigarette zu rauchen, wurde sie erwischt und nun erst recht getriezt. Gerne hätte ich mich bei Usch ausgeheult, aber sie war selbst so im Stress, dass sie sich auf mich nicht einlassen konnte. Und meine Mutter bekam ich kaum noch zu Gesicht. Da sie dem Staff angehörte, hatte sie wichtigere Dinge zu tun, als mich in der Küche zu besuchen. Nur bei den Mahlzeiten sahen wir uns, hatten aber auf Grund der kurzen Zeit kaum Möglichkeit, miteinander zu sprechen.

Puja ging das Bodydharma genauso an die Nieren. Als Chefin des Waschdienstes war sie dafür verantwortlich, dass die dreckige Wäsche von hundertdreißig Leuten täg-

lich aus den jeweiligen Zimmern abgeholt, gewaschen, gebügelt und wieder zurückgebracht wurde. Sie hatte acht Leute unter sich, die ihre Weisungen ausführen mussten, stand aber selbst maßlos unter Druck. Auch ihr Team war extremem Stress ausgesetzt und gezwungen, alles im Eiltempo auszuführen. Kein Wunder, dass einige Leute immer mehr aufbegehrten und sich sträubten, ihre Arbeit zu machen. Puja, die dann auf ihrer Wäsche sitzen blieb, bekam in solchen Fällen großen Ärger mit ihrer Vorgesetzten; sie müsse lernen, sich durchzusetzen.
Ein Mann machte ihr besonders zu schaffen – Chepetto; er war Schweizer, 35 Jahre alt, groß, gut aussehend und ein machohafter Querulant. Chepetto wollte Puja aus der Reserve locken und boykottierte bewusst ihre Anweisungen. Jeden Tag inszenierte er einen neuen Konflikt mit ihr und machte sie fertig. Als er es eines Tages schaffte, das ganze Team auf seine Seite zu ziehen, brach Puja heulend zusammen. Sie rannte zu Pavesh und erklärte ihm, sie könne mit Chepetto nicht mehr zusammenarbeiten. Daraufhin antwortete er ihr: »Im richtigen Leben kannst du dir auch nicht aussuchen, mit wem du zusammenarbeitest und mit wem nicht. Du musst lernen, mit Chepetto auszukommen.« Und dann fragte er Puja, ob sie ihm vertraue, was sie bejahte. Pavesh forderte daraufhin meine Mutter auf, sie solle Chepetto an die Hand nehmen, mit ihm ins Gartenhäuschen gehen, sich vor ihm entkleiden und ihm sagen: »Du kannst jetzt mit mir machen, was du willst.« Puja schnürte es die Kehle zusammen. Wie sollte sie das nur über sich bringen? Sie wollte sich jedoch vor Pavesh keine Blöße geben, ging auf Chepetto zu, nahm schweigend seine Hand und marschierte mit ihm los. Der fragte

sie völlig verdutzt, was das denn zu bedeuten habe, doch Puja entgegnete nur, er solle sich gefälligst in Geduld üben. Insgeheim zitterte sie aber vor Angst. Im Gartenhäuschen zog sie sich dann etwas verunsichert vor ihm aus. Chepetto stand sprachlos da und traute seinen Augen nicht. Es herrschte eine knisternde Spannung zwischen den beiden. Als Puja endlich die Worte herausbrachte, die ihr Pavesh aufgetragen hatte, dachte sie, dass Chepetto sich nun gleich wie ein Tier auf sie stürzen würde, doch er blieb einfach sprachlos stehen und starrte sie verständnislos an. Nach einer Weile zog auch er sich dann aus, setzte sich aufs Bett und forderte Puja auf, neben ihm Platz zu nehmen. Dann streichelte er sie zärtlich und forderte sie auf, es sich bequem zu machen. Puja, die mit einer Vergewaltigung gerechnet hatte, konnte es nicht fassen. Erleichtert fing auch sie an, ihn zu streicheln. Drei Stunden lang tauschten sie Zärtlichkeiten aus. Miteinander zu schlafen kam für beide nicht in Betracht; dafür kamen sie sich auf emotionaler Ebene sehr nahe. Seit diesem Erlebnis machte Chepetto meiner Mutter keine Schwierigkeiten mehr bei der Arbeit.

Im Gegensatz zu meiner Mutter, die sichtlich entspannter wurde, musste ich während der folgenden Tage eine Verschärfung meiner Situation durchmachen. Mittlerweile hatten wir die Anweisung erhalten, während der Arbeitszeit mit keinem mehr zu sprechen. Wir sollten nur noch so schnell wie möglich die Orders unserer Chefs befolgen und den ganzen Tag rennen. Darüber hinaus gab es verschiedene Vorfälle, die uns um den Schlaf brachten. Dreimal mussten wir mitten in der Nacht mit Sack und Pack in ein anderes Zimmer umziehen; wieder ging es darum, unsere Grenzen auszuloten. Vor lauter Müdigkeit ließ ich jedes Mal die Hälfte meiner Sachen liegen. Ich schnappte mir nur den Koffer, klemmte mir meine Luftmatratze unter den Arm und schlurfte halb schlafend in das andere Zimmer. Dort legte ich mich bei grellem Licht und lautem Palaver meiner Familienmitglieder irgendwohin und schlief sofort wieder ein. Viele meiner Klamotten gingen zwar auf diese Weise verloren und waren am nächsten Tag nicht mehr aufzufinden, doch ich war bereits in einer Verfassung, dass mir solche Nebensächlichkeiten völlig egal waren.

Während des stressigen Arbeitsalltags gab es immer wieder Vollversammlungen im großen Gruppenraum, bei denen Pavesh persönlich erschien und neue Orders gab oder therapeutische Übungen mit uns machte. Einmal sollten wir beispielsweise zwei große Kreise bilden. Der Reihe nach mussten sich alle Teilnehmer in die Mitte ihres Kreises setzen und die Meinung der anderen über sich ergehen lassen – erst das Negative, dann das Positive. Als ich in der Mitte saß, prasselte zehn Minuten lang heftige Kritik auf mich nieder. Ich hörte alles, was die anderen nicht an mir mochten. »Du blöde Tusse«, oder: »Du verklemmte Kuh! Kannst du auch etwas anderes als herumjammern?« Ich war geschockt. Mit hochgezogenen Schultern saß ich zusammengekauert da und wagte nicht zu atmen. Als dann zehn Minuten lang das positive Feedback folgte, war ich so dankbar dafür, das ich hemmungslos heulen musste. Diese therapeutischen Zwischeneinlagen waren für mich das einzige Highlight während des Bodydharmas. Auch wenn ich die körperlich sehr intimen Übungen, wie zum Beispiel mit verbundenen Augen durch den Gruppenraum zu gehen und sich bei einer Begegnung gegenseitig zu befühlen, weniger schätzte, konnte ich dabei wenigstens den Arbeitsstress abbauen.

Meiner Schwester Garima ging es in der Zwischenzeit bestens. Sie war in der betreuten Kindergruppe und durfte jeden Tag im Lago Maggiore baden oder Eis essen gehen. Manchmal sah ich sie frühmorgens mit den anderen Kindern lachend zum Strand gehen und beneidete sie zutiefst. Wie gerne wäre ich dabei gewesen; stattdessen musste ich bei unerträglicher Hitze Küchendienst schieben. Die Kinder schliefen in einem separaten Zimmer unter der Obhut einer »Mama« und eines »Papa«. Wenn meine Schwester wollte, konnte sie aber auch jederzeit unsere Mutter besuchen.

Garima und ihre Freunde vertrieben sich gerne die Zeit, indem sie sich kleine Streiche ausdachten. Manchmal gingen sie unbemerkt in die Speisekammer und klauten Süßigkeiten, die für den hohen Staff bestimmt waren, oder sie ließen bei den Leuten, die sie nicht mochten, die Luft aus der Matratze. Einmal schauten sie heimlich bei einer sexuellen Übung im Gruppenraum zu. Sie öffneten ganz leise die Tür, spähten durch den Türschlitz hinein und sahen, wie an die fünfzig nackte Pärchen nebeneinander auf Bodenmatten miteinander schliefen. Als Pavesh plötzlich die Kinder entdeckte, schimpfte er nicht, sondern forderte sie auf hereinzukommen. Dann sagte er zu ihnen: »Wenn euch das Zuschauen hier so viel Spaß macht, dann stellt euch mal jeder vor eines der Pärchen und feuert es an.« Garima, die perfekt Englisch verstand, ging zu einem Paar und brüllte: »Na los, macht schon! Tut es!«, worauf der Mann von seiner Partnerin sofort abließ; er war derart verwirrt, dass er nicht mehr weitermachen konnte, so peinlich war es ihm, von einem Kind beobachtet zu werden. Meine Schwester und ihre Freunde fanden so viel Gefallen an ihrer neuen Aufgabe, dass sie mit wilden Anfeuerungsrufen von einem Pärchen zum anderen zogen. Ich musste bei dieser Übung nicht teilnehmen, sondern arbeitete in der Küche. Und ich hasste diese Sklavenarbeit. Ich hasste meinen dominanten Vorgesetzten, und ich hasste die schreienden Antreiber. Ich wollte und ich konnte einfach nicht mehr. Sollten das wirklich meine Ferien gewesen sein? Nachdem ich fünf Tage lang gehetzt wurde, war meine Leidensfähigkeit erschöpft. Ich ließ meine Küchenarbeit liegen und rannte heulend zu meiner Mutter. Unter Tränen schluchzte ich: »Mami, ich halte es nicht mehr aus. Ich will nach Hause.« Puja versuchte mich zu trösten und sagte: »Das geht aber nicht, Katharina. Du hast dich für das Bodydharma entschieden und musst da jetzt durch. Du wirst sehen, das hat alles seinen Sinn.« Also biss ich die Zähne zusammen und ging mit hängendem Kopf wieder zurück zu meinem Arbeitsplatz. Kochend vor Wut wartete dort schon mein Chef auf mich. Er war so verärgert über meinen unerlaubten Ausflug, dass er mir eine Strafarbeit gab. Ich musste alle Küchenschränke ausräumen und danach wieder einräumen. Nachdem ich den Küchenboden geschrubbt hatte, trampelte mein Vorgesetzter mit seinen dreckigen Schuhen wieder darüber und schrie mich an: »Mach es noch mal.« Verständnislos fragte ich ihn: »Warum? Warum tust du mir das an?« Doch er schrie nur aufgebracht: »Du sollst hier keine Fragen stellen, sondern das tun, was ich dir sage.« Nachdem ich immer noch nicht klein beigab und vor mich hin

schimpfte, musste ich auf Anordnung von oben drei Tage lang ein großes Pappschild um den Hals tragen, auf dem stand »Don't ask why«. Von nun an war es mir strikt verboten, mit meiner Mutter Kontakt aufzunehmen. Mir war nur noch zum Heulen zumute; noch nie in meinem Leben hatte ich derart Heimweh gehabt. Einmal stand ich nachts heimlich auf, packte ein paar Sachen zusammen und ging zum Gartentor. Ich hatte mich entschlossen abzuhauen, doch das Tor war verriegelt. Völlig verzweifelt musste ich feststellen, dass ich gefangen war. Das Schlimmste aber war für mich, als ich Puja einmal zufällig mit meinem großen Schild um den Hals begegnete. Mit Tränen in den Augen schaute ich sie an, doch statt auf mich zuzugehen, ging sie einfach weiter. Pavesh hatte ihr striktes Kontaktverbot erteilt. Sie litt zwar darunter, mich so unglücklich zu sehen, doch sie wagte es nicht, ihren Gefühlen zu folgen. Pavesh hatte ihr eingeredet, dass es besser für mich wäre, wenn sie sich nicht immer einmische, dass ich schließlich alt genug sei, um allein zurechtzukommen. Sie solle sich keine Sorgen machen, denn der »Staff« würde sich täglich vergewissern, dass es mir gut ginge.
Nach sechs Tagen Schwerstarbeit ohne ausreichenden Schlaf brach ich eines Nachmittags mitten beim Gemüseschneiden zusammen. Mir war plötzlich so schwindelig, dass ich alles nur noch verschwommen sah und das Geschrei der Antreiber kaum noch wahrnahm. Dann wurde alles schwarz um mich herum. Als ich wieder zu mir kam, befand ich mich im Krankenzimmer der Villa und sah in die Augen meiner Mutter. Besorgt hielt sie meine Hand und beteuerte wiederholt, wie Leid ihr alles täte. Sie hätte nicht bemerkt, wie überfordert ich war. Nun sei aber alles

vorbei; ein Arzt würde mich rund um die Uhr versorgen. Da ich über 40 Grad Fieber hatte, konnte ich ihr nicht antworten; ich war auch zu schwach, um mich zu bewegen. Eine ganze Woche lag ich wie gelähmt in diesem Zimmer. Dreimal am Tag schaute der Arzt vorbei, und ich erhielt meine Mahlzeiten. Morgens und abends besuchte mich meine Mutter, ansonsten war ich allein. Sie wollte eigentlich, dass ich in ein Krankenhaus überwiesen würde, weil ich dort mehr Ruhe hätte, aber ich wollte in ihrer Nähe bleiben. In diesem abgelegenen Zimmer fühlte ich mich gut aufgehoben. Nach acht Tagen ging es mir ein bisschen besser. Ich konnte das Bett verlassen und hatte meine Kräfte so weit wiedererlangt, dass ich gelegentlich einen kleinen Spaziergang machen konnte.

In der Zwischenzeit war Frank Natale, einer der bekanntesten und erfolgreichsten Therapeuten aus Amerika, in Intra eingetroffen. Er war sehr eng mit Pavesh befreundet; die beiden kannten sich, seit sie am Anfang ihrer Laufbahn in einem New Yorker Therapiezentrum mit Drogensüchtigen gearbeitet hatten. Obwohl Frank Natale kein Sannyasin war, arbeitete er immer noch gelegentlich mit Pavesh zusammen. Wie ein König wurde er in der Villa Volpi empfangen, in der er für ein paar Tage als Gasttherapeut tätig sein sollte.

Auch ich hörte von dem Stargast Frank Natale, bekam ihn aber nie zu sehen, weil ich in meinem Zustand noch nicht an der Gruppetherapie teilnehmen konnte. Ich traf ihn zufällig, als ich im Garten einen Spaziergang machte. Es war für ihn offenkundig, dass ich noch schwach auf den Beinen war. Frank sprach mich an und war erstaunlich herzlich zu mir. Er war Anfang vierzig, hatte eine tiefe

Stimme, schütteres Haar und wirkte mit seiner korpulenten Erscheinung auf mich wie ein gutmütiger Bär. Ich erzählte ihm von meiner Krankheit, worauf er mir den Ratschlag gab, mich unbedingt zu schonen und nichts zu überstürzen. Ich war geschmeichelt, dass eine so wichtige Persönlichkeit wie Frank Natale derart um meine Gesundheit besorgt war. Noch erfreuter war ich, als er mir anbot, ich könne ihn am Abend in seiner Wohnung besuchen und in seiner großen Wanne ein entspannendes Bad nehmen. Nach all den Strapazen würde mir das sicher gut tun und den Genesungsvorgang beschleunigen. Danach würde er mich massieren, wenn ich Lust dazu hätte. Da er ein anerkannter Therapeut war, zweifelte ich keine Sekunde an seiner guten Absicht und nahm das Angebot gerne an.

Als ich am Abend das Privatgemach des Gasttherapeuten betrat, war ich überwältigt. Er wohnte in einer separaten Luxuswohnung, bestehend aus einem Schlafzimmer, einem Wohnzimmer und einem schönen großen Bad. Im Gegensatz zu unserem engen Luftmatratzenlager und den kargen Duschräumen war der Anblick umwerfend. Die Badewanne war schon gefüllt und lockte mit weißem Schaum auf dem Wasser. Frank Natale ließ mich allein und sagte nur: »Viel Spaß beim Baden.« Es war herrlich, das warme Wasser zu spüren und endlich mal richtig entspannen zu können. Nach einer halben Stunde kam Frank mit einem Handtuch in der Hand wieder ins Bad, forderte mich auf, aus der Badewanne zu steigen, und trocknete mich ab. Ganz wohl fühlte ich mich zwar nicht dabei, vertraute ihm aber wegen seiner fürsorglichen Ausstrahlung.

Nackt wie ich war, sollte ich mich auf das Sofa im Wohnzimmer auf den Bauch legen. So könne ich besser entspannen, versicherte er mir. Dann fing er an, mich zu massieren. Immer wieder sagte er zu mir: »Atme tief und lass dich fallen.« Langsam spürte ich, wie die Spannung nachließ; es tat unglaublich gut.

Als ich mich schließlich in einem Zustand völliger Entspannung befand, spürte ich plötzlich einen stechenden Schmerz in meiner Scheide. Frank Natale hatte mit seinem Zeigefinger blitzartig hineingestoßen. Ich war wie elektrisiert und schrie so laut, dass es im ganzen Haus zu hören war. Sofort stürzten Pavesh, seine Partnerin Soma und kurz danach meine Mutter ins Zimmer und fragten Frank, was passiert sei. Ich schrie immer noch und war dermaßen außer mir, dass ich nicht mitbekam, was sie sagten. Nach einer Weile kam Puja auf mich zu, nahm mich in die Arme und versuchte mich zu trösten. Während ich am ganzen Leib zitterte und mich nicht beruhigen konnte, redete sie auf mich ein, dass es in Ordnung war, was passiert sei. Frank Natale hätte ihr alles erklärt.

Der amerikanische Therapeut erzählte meiner aufgebrachten Mutter, er habe nur seinen Zeigefinger in meinen After gesteckt, weil ihm aufgefallen sei, dass ich unter Verstopfung litt. Es sei ihm darum gegangen, dass ich mich entleeren und dann besser entspannen könne, denn er hätte mit mir eine bestimmte Therapie machen wollen. Dass ich nun so schreie und außer mir sei, wäre ganz normal; das passiere immer bei solchen Schocktherapien. Sie solle sich keine Sorgen machen, ich würde mich bald wieder beruhigen.

Frank Natale trug das Ganze so überzeugend und professionell vor, dass ihm keiner der Anwesenden widersprach.

Als sich dann aber Puja noch einmal über meinen aufgelösten Zustand beklagte, sagte ihr Pavesh: »Jetzt reg dich mal ab. Was Frank macht, ist richtig. Er ist einer der besten Therapeuten und weiß, was er tut.« Pavesh hatte einen derartigen Einfluss auf meine Mutter, dass er es schaffte, ihre Zweifel aus dem Weg zu räumen. Sie vertraute ihm. Und keiner hatte bemerkt, dass ich leicht aus der Scheide blutete.

Ich stand unter Schock und war unfähig, etwas zu sagen. Mir war entgangen, welche Erklärung Frank Natale meiner Mutter kurz zuvor gegeben hatte. Ich dachte natürlich, sie wüsste genau, was vorgefallen war. Deswegen verstand ich auch nicht, warum diese brutale Handlungsweise richtig gewesen sein sollte. Ich war jedoch so außer mir, dass ich resignierte und keine Fragen mehr stellte. Ich fühlte mich wie in einem Irrenhaus, in dem ich kein Recht darauf hatte, etwas zu verstehen oder zu fragen. Nicht umsonst musste ich drei Tage lang ein Schild mit der Aufschrift »Don't ask why« um den Hals tragen. Alles, was in der Villa Volpi passierte, war mir zuwider. Warum sollte es bei Frank Natale anders sein? Ich nahm die Erklärung meiner Mutter hin, so wie ich alles während des Bodydharma hinnahm, und sprach mit ihr nicht darüber.

Erst zehn Jahre später erfuhr Puja, was damals tatsächlich geschehen war. Während eines Spaziergangs kamen wir zufällig auf das Bodydharma zu sprechen; bis dahin hatte ich nie darüber gesprochen und die Ereignisse weitgehend verdrängt. Das Gespräch wühlte mich dann sehr auf, und schließlich fragte ich meine Mutter: »Warum musste ich eigentlich auf so brutale Weise entjungfert werden?« Fassungslos schaute sie mich. Dann erzählte ich ihr alles und

wunderte mich, dass sie das nicht schon längst wusste; sie war völlig ahnungslos – und entsetzt.
Während ich diese tief greifende Erfahrung bereits verarbeitet hatte, war Puja fest entschlossen, der Sache auf den Grund zu gehen. Sie schrieb Frank Natale einen anklagenden Brief und bekam daraufhin eine unverschämte Antwort; er stritt alles ganz entschieden ab. Als dann meine Mutter Frank Natale wegen sexuellen Missbrauchs anzeigen wollte und einen Anwalt einschaltete, sagte ihr dieser, dass der Fall nach zehn Jahren verjährt sei und juristische Schritte aussichtslos seien. Pavesh wiederum hielt sich aus allem heraus. Aber sein Finanzberater, der damals auch am Bodydharma teilgenommen hatte und mit Frank befreundet war, wusste Bescheid. Er vertraute meiner Mutter an, dass ihm Frank Natale noch während des Bodydharmas im betrunkenen Zustand und sehr stolzgeschwellt erzählt habe, dass er mich entjungfert hätte.
Wie ich erfuhr, soll Frank Natale auch andere junge Mädchen sexuell missbraucht haben. Vor zwei Jahren starb er nach einer langwierigen, sehr qualvollen Krankheit – vermutlich als Folge seines ausschweifenden Lebenswandels.

12

Verführung in Rot

Im Juni 1981 floh Bhagwan wegen angeblicher Steuerschulden aus Indien, und der Ashram löste sich auf. Puja schrieb Peter, dass sie nun wieder nach München zurückkommen würde und sich schon auf ihn freue. Obwohl meine Eltern faktisch schon getrennt lebten, zog Puja es durchaus in Erwägung, mit Peter noch mal einen neuen Anlauf zu nehmen.

Trotz der langen Trennung spürte sie immer noch eine tiefe Zuneigung. Für meinen Vater, der ja in einer neuen Beziehung lebte, war diese Nachricht eher beängstigend. Er mochte Puja zwar sehr gerne, aber auf keinen Fall wollte er wieder mit ihr zusammen sein. Bis dahin hatte Peter sein Verhältnis meiner Mutter gegenüber immer heruntergespielt, doch nun war es an der Zeit, ihr offen zu beichten, wie wichtig ihm Marianne geworden war. Puja war zunächst sehr betroffen, als sie erfuhr, dass Peter bereits mit seiner neuen Freundin zusammenlebte, doch dann akzeptierte sie es recht schnell. Schließlich war sie ja diejenige gewesen, die mit ihrer Reise nach Indien die Trennung provoziert hatte. Meine Eltern beschlossen, dass Peter weiterhin bei Marianne blieb und Puja mit mir und meiner

Schwester in unserer Wohnung in der Viktoriastraße wohnen würde.

Schon bald nach ihrer Rückkehr nach München beschloss meine Mutter, dort ein Sannyas-Center aufzubauen, denn abgesehen von unserer Wohnung gab es keinen Ort, wo sich die Sannyasins treffen und meditieren konnten. Auf ihre Initiative hin wurde eine leer stehende Papierfabrik in einem Hinterhof in der Klenzestraße angemietet und mit Hilfe von einigen Sannyasins nach aufwändiger Renovierung als neues Therapiezentrum eingerichtet. Es war nahe liegend, dass Puja zur Leiterin ernannt wurde. Von nun an war sie kaum noch zu Hause, denn bereits in der Anfangsphase trafen sich etwa achtzig Sannyasins im Center; ein Meeting folgte dem anderen. Es gab dort ein Restaurant, eine Boutique und einen großen Raum, in dem Meditationen und Gruppentherapien stattfanden. Später wurden noch eine Sannyas-Disco und ein weiteres Restaurant eröffnet – das »Zorba«. Im obersten Stockwerk gab es fünf Zimmer und im Nachbarhaus sogar acht angemietete Wohnungen, in denen alle Sannyasins lebten, die im Center arbeiteten. Wenn es Probleme gab, musste Puja schlichten; sie hatte alle Hände voll zu tun.

Ich war damals 16 Jahre alt und lebte bereits weitgehend gemäß meinen eigenen Vorstellungen; meine Schwester fühlte sich jedoch nirgends richtig zugehörig und litt darunter. Nach der Schule besuchte sie entweder unseren Vater im Verlag, verbrachte mit mir die Nachmittage in der Viktoriastraße oder ging zu unserer Mutter ins Sannyas-Center. Dort bekam sie wenigstens mittags eine warme Mahlzeit und hatte engen Kontakt zu einem gleichaltrigen Mädchen – Parago. Sie war im Grunde in der gleichen

Situation wie Garima, denn auch sie hatte mit ihrer Mutter längere Zeit in Poona gelebt. Mit ihren Klassenkameraden konnte Garima anfangs nichts anfangen; sie waren ihr viel zu konformistisch. Ständig musste sie erklären, wer der Mann auf ihrer Kette war und warum sie nur rote Kleidung trug. (Zu der Zeit war Rot als neue Sannyas-Farbe eingeführt worden.) Meine Schwester war das freie Leben in Poona gewöhnt, und sich nun in das rigide bayerische Schulsystem einzufügen fiel ihr nicht leicht – zumal sie in der Ashram-Schule kaum etwas gelernt hatte und den Unterrichtsstoff nachholen musste. Sie war in der 2. Klasse und brauchte Nachhilfestunden, um überhaupt mitzukommen.

Das Sannyas-Center entwickelte sich zu einem der erfolgreichsten Therapiezentren Deutschlands. Meine Mutter machte trotzdem keinen eigenen Profit, denn die Haupteinnahmen flossen auf Bhagwans Konten, der sich in der Zwischenzeit mit seinen engsten Vertrauten in die USA nach Oregon abgesetzt hatte. Die Abgabe eines Großteils des Gewinns war von Anfang an Bedingung gewesen, sonst hätte meine Mutter das Sannyas-Center nicht aufbauen dürfen. Wie zuvor im Ashram konnten die arbeitenden Sannyasins im Center kostenlos wohnen und essen, verdienten aber kein Geld; nur eine kleine Summe und das Nötigste an Kleidung wurden ihnen regelmäßig zur Verfügung gestellt.

Als das Therapiezentrum immer größer wurde und entsprechend mehr Sannyasins dort arbeiteten, bereitete es bald Schwierigkeiten, alle in den angemieteten Wohnungen unterzubringen. In dieser Situation verfiel meine Mutter eines Tages auf die Idee, einige Sannyasins bei uns in der Viktoriastraße einzuquartieren. Ganz selbstverständlich erklärte sie mir, dass am folgenden Tag sechs Sannyasins bei uns einziehen würden. Und tatsächlich: In die beiden ungenutzten Zimmer wurden jeweils drei Matratzen gelegt und eine große Kleiderstange angebracht. Als ich am Nachmittag von der Schule nach Hause kam, saßen bereits sechs Sannyasins im Gemeinschaftsraum und begrüßten mich mit der Frage, wer ich denn sei. Da ich bis dahin selten im Center gewesen war, kannten mich nur die wenigsten. Ich ließ meinen Unmut über diese rote Invasion deutlich erkennen, brummelte nur kurz, dass ich Katharina hieße, und verzog mich dann in mein Zimmer. Für mich war es ein Albtraum, mit so vielen Sannyasins zusammenzuleben, aber ich wurde ja nicht um meine Meinung gefragt.

Von dem Tag an ging es bei uns zu wie in einem Taubenschlag. Da die wenigsten Sannyasins längere Zeit an einem Platz blieben, zogen einige ebenso schnell wieder aus, wie sie eingezogen waren. Es herrschte ein reger Wechsel, so dass ich mich in der eigenen Wohnung bald fremd fühlte. Manchmal fand ich im Wohnzimmer zwei mir völlig unbekannte Leute vor, die sich freudig als meine neuen Mitbewohner vorstellten. Weil die Sannyasins tagsüber alle im Center arbeiteten, beschloss meine Mutter, dass eine Sannyasin für Garima und mich mittags und abends kochte und die Wohnung sauber hielt; als Center-Workerin verrichtete auch sie diesen Job unentgeltlich.

In dieser Zeit hatte ich meinen ersten festen Freund. Er hieß Franz und war ein »Söhnchen« aus reicher Familie, die in Grünwald, der Nobelgegend von München, lebte. Franz war 21 Jahre alt, sportlich und sehr gut aussehend.

Er fuhr ein schickes Auto und wurde von allen Mädchen umschwärmt. Ich konnte es daher kaum fassen, dass er sich ausgerechnet in mich verliebte. Kurz nachdem wir uns kennen gelernt hatten, schlenderten wir in einer lauwarmen Sommernacht turtelnd durch die Stadt; da schlug ich ihm vor, dass wir bei uns zu Hause auf der Dachterrasse übernachten könnten. Ich schwärmte ihm vor, wie romantisch es dort sei und wie schön es wäre, unter freiem Sternenhimmel zu schlafen. Er war begeistert von dieser Idee. Als wir dann auf die Dachterrasse kamen, traf uns allerdings fast der Schlag. Dort lagen bereits vier Sannyas-Pärchen auf Matratzen, teils nackt und in heftige Zärtlichkeiten verstrickt. Ich wäre am liebsten im Erdboden versunken. Franz kam aus bürgerlichem Hause, wo Sex ein Tabuthema war und allenfalls bei geschlossener Tür stattfand. Fassungslos schaute er dem Treiben zu und fragte mich schließlich: »Sollen wir uns etwa hier noch dazulegen?« Ich verneinte sofort, entschuldigte mich für meine Mitbewohner und zog ihn schnell wieder aus der Wohnung. Mit einer leicht gedrückten Stimmung fuhren wir dann zu ihm nach Hause und übernachteten in der Luxusvilla seiner Eltern in Grünwald. Nach diesem peinlichen Vorfall war ich überzeugt, Franz würde mit mir Schluss machen. Schließlich war er solche chaotischen Verhältnisse nicht gewöhnt, doch das Gegenteil war der Fall. Mein neuer Freund erwärmte sich mit der Zeit sogar für meine exotischen Mitbewohner.

Als ich eines Tages nach Hause kam, saß eine dicke Frau nur mit roter Unterhose und rotem BH bekleidet im Schneidersitz auf dem Sofa und stopfte rote, löchrige Socken. Es war ein witziger Anblick, denn ihr Bauch warf drei dicke Speckfalten, während die üppigen Schenkel das halbe Sofa einnahmen. In unverkennbar rheinischem Dialekt stellte sie sich mir vor: »Hi, ich bin Unmado. Schön, dich kennen zu lernen.« Irgendwie fand ich die Frau sympathisch; ich mochte ihre offene, herzliche Art und ihren unbändigen Kölner Humor. Schon bald wurde Unmado zu meiner Vertrauten. Bei jedem Problem stand sie mir mütterlich zur Seite und drückte mich fest an ihren großen, weichen Busen.

Eines Abends, als es mir nicht gut ging, weil ich mich heftig mit Franz gestritten hatte, sagte sie: »Du, ich bin schon so müde und muss ins Bett. Aber du kannst heute Nacht gerne bei mir schlafen, dann tröste ich dich noch ein bisschen.« Dieses Angebot war für mich völlig selbstverständlich, denn körperliche Nähe war bei Sannyasins normal, und mit meinen anderen Freundinnen, vor allem mit Manu, hatte ich schon öfter in einem Bett geschlafen. Also krabbelte ich unter ihre Bettdecke und dachte mir nichts dabei, dass sie mich herzlich in ihre Arme nahm. Als sie jedoch plötzlich zärtlich wurde, sprang ich schnell wieder aus dem Bett. Erst da wurde mir klar, dass Unmado lesbisch war. Ich war sehr verunsichert, und ihr war die Sache äußerst peinlich. Unsicher stotterte sie: »Ich dachte, du würdest es vielleicht mögen.« Zwei Tage lang herrschte dicke Luft zwischen uns, doch dann war alles wieder in Ordnung. Unmado wusste, woran sie war, und machte mich nie wieder an.

Auch die Assistentin meiner Mutter, die hauptsächlich für die Finanzen im Center verantwortlich war, wohnte mit ihrem 14-jährigen Sohn Somen in unserer WG. Von Beginn an hatte ich mich mit Somen hervorragend verstanden. Ich war froh, endlich einen fast gleichaltrigen Jungen als Verbündeten gegen die anderen Sannyasins zu haben, mit denen ich nicht immer gut auskam. Somen, der lange in Poona gelebt hatte, war mitten in der Pubertät und wollte sich von den Erwachsenen nichts mehr sagen lassen – vor allem nicht von seiner Mutter. Aber auch gegen meine Mutter lehnte er sich auf, die sich seiner Ansicht nach übertrieben als Chefin aufspielte und ihre Sannyas-Worker nur herumkommandierte. Immer wieder eckte er mit Puja an und hatte Spaß daran, sie zu provozieren.

Auch ich hatte damals ein sehr gespanntes Verhältnis zu meiner Mutter. Vor allem wollte ich mich nicht mehr von ihr bevormunden lassen. Puja war zwar nur abends und morgens zu Hause, zeigte aber immer deutlich, wer das Sagen hatte. Die Sannyasins aus dem Center waren natürlich von ihr abhängig und machten alles, was sie wollte. Ich nahm allerdings eine andere Position ein und gab ihr deutlich Kontra. Wir stritten immer öfter und zum Teil nur wegen Belanglosigkeiten. Ich fand Puja zickig und schrill. Sie hingegen sah in mir einen bockigen Teenager, der sich nur von unserer neuen »Sannyas-Putze« bedienen ließ.

Eines Sonntags regte Puja sich sehr darüber auf, dass mein Zimmer mal wieder so unordentlich sei und ich meine Brotkrümel nicht vom Küchentisch gewischt hätte. Sie schrie mich an, so könne es nicht mehr weitergehen, und hörte nicht auf, mir Vorhaltungen zu machen. Als ich ihr dann hochgradig genervt an den Kopf warf, sie solle mich doch am Arsch lecken, ging sie zornig auf mich zu und knallte mir eine. Fassungslos stand ich da und bekam eine solche Wut, dass ich spontan zurückschlug. Puja war sprachlos. Dann ging sie wie eine Furie auf mich los und versuchte, auf mich einzudreschen. Da ich ihr körperlich aber längst nicht mehr unterlegen war, hatte sie keine Chance. Wir lieferten uns einen erbitterten Kampf und wälzten uns ineinander gekeilt auf dem Boden hin und her. Puja riss mir ein Büschel Haare aus, ich trat ihr dafür heftig in den Bauch. In diesem Moment kam Somen nach Hause und begann sofort mich heftig anzufeuern: »Ja, Katharina, gib's ihr! Ja genau, zeig's ihr!« Es war eine unerbittliche Auseinandersetzung. Danach packte ich mit zerzausten Haaren und zerkratztem Gesicht meine Sachen zusammen und ging heulend zu meinem Vater. Mit Puja wollte ich nichts mehr zu tun haben. Glücklicherweise nahm mich Peter erst mal bei sich auf, doch die Wohnung, die er mit Marianne teilte, war entschieden zu klein für drei Leute – ganz abgesehen davon, dass ich mich dort völlig fehl am Platz fühlte. So blieb mir nichts anderes übrig, als nach einigen Tagen wieder in die Viktoriastraße zurückzukehren.

In jener Zeit waren hunderte von Sannyasins ihrem Meister nach Oregon gefolgt, um gemäß seinen Vorstellungen eine Ranch zu gründen. Mitten in der Wüste sollte eine Stadt für ungefähr 100 000 Sannyasins entstehen, und Bhagwans Jünger versuchten in knochenharter Arbeit, nahezu unfruchtbares Steppenland urbar zu machen. Auch Premal und Anando waren unter den Pionieren.

Im Juli 1982 sollte dann die Ranch im Rahmen eines zweiwöchigen Festivals eingeweiht werden. Zu diesem feierlichen Anlass reisten tausende Sannyasins aus aller Welt an. Auch Puja hatte es in die Wege geleitet, mit ihren »Sannyas-Workern« und meiner kleinen Schwester nach

Oregon zu fliegen. Die Flugtickets wurden von den Center-Einnahmen bezahlt.

Kurz bevor Puja abreiste, verbrachte ich mit Manu die Pfingstferien in Berlin; es war das erste Mal, dass wir allein verreisten. Mittlerweile waren wir 17 Jahre alt und gingen jede Nacht bis in die Morgenstunden aus. Wir wohnten bei einer alten Bekannten meiner Eltern, Ute, der es völlig egal war, wann wir kamen und gingen. Sie war Alkoholikerin und befasste sich immer nur kurz mit uns. Nachdem wir sämtliche Discos unsicher gemacht hatten, hörten wir, dass in Kürze ein großes Sannyas-Fest in Berlin stattfinden sollte, auf dem auch eine Verlosung stattfinden sollte. Als Hauptgewinn war eine Reise zum Festival auf der Ranch in Oregon ausgeschrieben. Eigentlich hatten wir keine große Lust, auf eine Sannyas-Veranstaltung zu gehen, da wir aber von unseren Discobesuchen so erschöpft waren, beschlossen wir, uns dieses Gartenfest einmal anzuschauen. Prompt traf ich dort einen Sannyasin, den ich beim Bodydharma am Lago Maggiore kennen gelernt hatte. Er freute sich sehr, mich zu sehen, und schenkte mir spontan zehn Mark für ein Los. Ich hätte nie so viel dafür bezahlt. Auf seine Bitte hin kaufte ich mir also ein Los mit der Zahl 69.

Als der große Moment der Verlosung gekommen war, warteten ungefähr hundertfünfzig Sannayasins mit ihren Losen in der Hand auf das Ergebnis. Ich hingegen unterhielt mich im Hintergrund ganz angeregt mit einem jungen Mann und hatte mein Los schon fast vergessen. Da ich ohne Tasche gekommen war, gab ich es Manu. Nach einer Weile rief der Sannyasin auf dem Podest: »... und der Hauptgewinn ist die 69.« Während ich mich weiter unterhielt und nichts mitbekam, rief mir Manu zu: »Katharina, du bist es. Du hast gewonnen!«, und rannte auf mich zu. Ehe ich mich versah, wurde ich auch schon von der jubelnden Menge auf das Podest gezerrt und von allen Seiten beglückwünscht. Alle beneideten mich und wunderten sich, dass ich so wenig Begeisterung zeigte. Schließlich konnte niemand ahnen, dass ich unter normalen Umständen nie auf die Ranch gefahren wäre. Ich hatte mich zwar mit einigen Sannyasins angefreundet, doch was sollte ich bei Bhagwan in Oregon? Letztendlich freute ich mich dann aber doch, zwei Wochen Schule schwänzen zu dürfen und so eine weite Reise zu machen. Puja war außer sich vor Freude. Wie oft hatte sie versucht, mich von ihrem spirituellen Leben zu überzeugen. Nun hatte es das Schicksal bestimmt, dass ich ihrem Meister näher kommen sollte.

Eine Sannyasin aus unserer WG begleitete mich auf der langen Reise, weil meine Mutter bereits einen späteren Flug gebucht hatte. Vierunddreißig Stunden waren wir unterwegs, weil – wie so oft bei Billigflügen – alles viel länger dauerte als geplant. Die Hälfte der Zeit verbrachten wir auf verschiedenen Flughäfen, denn unsere Maschinen hatten Verspätung, und wir verpassten die Anschlussflüge. Von Portland aus mussten wir dann noch drei Stunden mit dem Bus durch die Wüste fahren, bis wir endlich auf der Ranch ankamen. Rajneeshpuram, wie die neue Sannyas-Stadt offiziell hieß, war für den Ansturm von tausenden von Sannyasins noch nicht gewappnet. Es gab zwar bereits ein Einkaufszentrum und Wohncontainer für die »einheimischen« Sannyasins; die Festivalbesucher mussten aber in Vier-Mann-Zelten untergebracht werden. Diese Zelte waren in Reih und Glied aufgestellt und zogen sich endlos weit in die Steppe. Es gab verschiedene Zeltdörfer, die so schöne Namen wie »Buddha«, »Zarathustra« oder »Socrates« trugen. Mir wurde ein Zelt in »Zarathustra« zugewiesen. Dort ließ ich mich auf eine der Matratzen fallen und schlief erst mal fünfzehn Stunden durch.

Am nächsten Tag traf ich Premal und Anando, die mir zunächst das ganze Gelände der Ranch zeigten. Wir fuhren mit einem der öffentlichen Busse, die speziell für die Festivalgäste eingesetzt wurden. Die Straßen waren so sandig, dass der Bus eine riesige Staubwolke hinter sich herzog. Zuerst fuhren wir zu dem landwirtschaftlichen Betrieb, bestehend aus einer Molkerei und künstlich bewässerten Feldern. Es gab mehrere Restaurants und Cafés, verschiedene Boutiquen, Open-Air-Discos und einen großen Badesee. Mir fiel auf, dass sich die Kleidung der Sannyasins auf der Ranch sehr verändert hatte. Während in Poona noch lange weite Roben angesagt waren, liefen hier Bhagwans Jünger mit Cowboyhüten, amerikanischen Sonnenbrillen, Jeans und Westernstiefeln herum – natürlich alles in Rot. Als richtige Rancher passten sie sich eben dem Wüstenklima an. Unübersehbar war auch, dass Bhagwan auf der Ranch in typisch amerikanischer Weise vermarktet wurde. Überall strahlte mir sein Gesicht entgegen: auf T-Shirts, Jacken, Taschen, Bettwäsche, sogar auf Tassen. Der Renner war aber eine Armbanduhr mit einem holografischen Bhagwan-Bild auf dem Zifferblatt. In den Geschäften gab es nicht nur zahllose Bhagwan-Artikel, sondern auch eine Unmenge Bücher und Kassetten von ihm zu kaufen. Was mich aber am meisten beeindruckte, war die gigantische Buddhahalle, die zehntausend Sannyasins

Bhagwans Rolls-Royce beim »drive by«
in Rajneeshpuram

Platz bot. Noch am gleichen Tag gab es dort eine Veranstaltung, bei der der Meister persönlich auftrat. Seitdem Bhagwan in Oregon lebte, verharrte er »in silence«. Er redete nicht mehr öffentlich, stattdessen wohnte er allabendlich in der Budhahalle einem stillen Satsang bei. Dort saß Bhagwan, der mittlerweile in seinen prächtigen Glitzergewändern aussah wie der Weihnachtsmann persönlich, still auf seinem Podest, während die Schar seiner Jünger zu begleitender Livemusik wippte und sang oder meditierte.

Persönlich sehen konnten die Sannyasins ihren Meister auch bei dem so genannten »drive by«, seiner täglichen

Spazierfahrt in einem seiner dreiundneunzig Rolls Royce. Jeden Nachmittag um 14 Uhr fuhr der Meister in Schrittgeschwindigkeit die gleiche Strecke durch Rajneeshpuram, während tausende seiner Jünger mit gefalteten Händen am Straßenrand standen und selig waren, einen kurzen Blick von ihm zu erhaschen. Viele zeigten ihm ihre Liebe, indem sie Rosen auf die Kühlerhaube legten. Die Stimmung beim drive by war immer sehr aufgelockert, weil die Sannyasins am Straßenrand laut sangen, trommelten und tanzten.

Anfangs fand ich den Verehrungszirkus um Bhagwan etwas übertrieben; ich fühlte mich dort fehl am Platz. Doch allmählich genoss ich das Festivalleben. Jede Nacht gab es in den zahlreichen Open-Air-Discos eine Party und in der Budhahalle eine feierliche Veranstaltung. Tagsüber ging ich baden, spazieren oder saß in einem der vielen Cafés. Überall traf ich sehr offene, gut gelaunte Leute. Über 7000 Sannyasins hatten die staubbraune Wüstenlandschaft von Rajneeshpuram in ein rotes Meer verwandelt. Meine Mutter und meine Schwester sah ich kaum, da sie in einem anderen Zeltdorf lebten und andere Interessen hatten. Zu meinem Freundeskreis zählte auch Santosh, ein 22-jähriger Sannyasin aus Berlin, in den ich mich sehr verliebte. Er hatte braunes lockiges Haar und war am ganzen Körper braun gebrannt; sein freches, unbändiges Auftreten zog mich sehr an. Begehrenswert machte ihn natürlich auch, dass er als DJ in einer der Discos auflegte. Als wir die erste Nacht gemeinsam verbrachten, schwebte ich im siebten Himmel. Santosh war ein unbeschreiblich zärtlicher Liebhaber, der mich in ungeahnte Liebeskünste einweihte und dabei so leidenschaftlich war, dass ich beinahe

den Boden unter den Füßen verlor. Wir konnten uns kaum noch voneinander lösen. Unser Liebesnest verließen wir nur selten, und wenn, dann nur eng umschlungen. Selbst wenn Santosh nachts in der Disco arbeitete, nützten wir jede Gelegenheit, um uns zu küssen und zu umarmen. Noch nie war ich so glücklich gewesen. Eines Tages fragte mich Santosh: »Willst du nicht auch eine Sannyasin werden? Dann wären wir uns noch näher. Ich würde mir das wünschen.« Ich war so glücklich mit ihm, dass ich wahrscheinlich zu allem »ja« gesagt hätte. Doch losgelöst davon, erschien mir sein Ansinnen gar nicht mehr so abwegig. Inzwischen hatte ich eine Menge Sannyas-Freunde und fühlte mich auf der Ranch sehr wohl. Vor allem wollte ich aber mit Santosh auf einer Ebene sein, und das konnte ich nur, wenn ich eine Sannyasin wurde.
Am nächsten Tag ließ ich mir einen Termin für einen Sannyas-Darshan geben. Ich bedauerte es, nicht mehr von Bhagwan persönlich initiiert zu werden, doch die Zeiten waren vorbei. Der Meister hatte sich zurückgezogen und das ehrenvolle Amt seinem engsten Vertrautem Teertha übergeben. Der ehemalige Gruppentherapeut legte mir also bei meinem Sannyas-Darshan die Mala um den Hals und sagte: »Your name is now Amrita Katharina.« Wenn man wollte, durfte man seinen bisherigen Namen behalten und bekam nur einen Sannyas-Vornamen. Mein Vorname war also »Amrita«, was Nektar bedeutet. Als frisch ernannte Sannyasin rannte ich in die Arme meines Liebsten und verbrachte noch eine wunderbare Zeit mit ihm.
Kurz bevor ich abreiste, machte mir Premal ein schönes Abschiedsgeschenk. Da sie als Bhagwans Vertraute sehr einflussreich war, verschaffte sie mir einen »front seat«.

In Rajneeshpuram wurde ich schließlich doch eine Sannyasin

Ich durfte also bei einem der Satsangs in der großen Buddhahalle ganz vorne in der zweiten Reihe direkt gegenüber von Bhagwan sitzen. Für die meisten Sannyasins war ein solcher front seat wertvoller als ein Lottogewinn, denn normalerweise hatten nur Auserwählte wie meine Tante das Privileg, Bhagwan so nahe zu kommen. Ich fühlte mich zutiefst geehrt und war sehr aufgeregt, als ich da vorne saß und auf meinen Meister wartete. Als Bhagwan hereinkam und sich auf seinen Sessel setzte, konnte ich aus dieser geringen Entfernung seine Ausstrahlung spüren. Und dann passierte etwas Unglaubliches. Der Satsang war schon fast zu Ende, als mir Bhagwan auf einmal derart intensiv in die Augen schaute, dass ich plötzlich anfing zu zittern. Ich konnte es mir nicht erklären, aber ich spürte dabei eine enorme Energie durch meinen Körper fließen. Noch lange nach dem Satsang fühlte ich mich, als wäre ich in Watte eingehüllt. Es war ein sehr schönes Gefühl. Von der Liebe meines Lovers und der Energie meines Meisters aufgetankt, trat ich die Heimreise an.

Zurück in München holte mich die Realität schnell wieder ein. Ich vermisste Santosh. Während er in einer Berliner Sannyas-Disco als DJ arbeitete, musste ich wieder in die Schule gehen. Die Honeymoonzeiten waren vorbei; nun wehte wieder ein härterer Wind – zumal ich mich in der Schule permanent dafür rechtfertigen musste, dass ich eine Sannyasin geworden war. Keiner nahm mir meine angebliche Bronchitis ab, die mich zwei Wochen lang von der Schule fern gehalten hatte. Alle wussten, dass ich bei Bhagwan in Oregon gewesen war. Anfangs machte mir das blöde Gerede meiner Mitschüler nichts aus. Erhobenen Hauptes betrat ich mit meiner Mala und meinen roten Kleidern das Schulgebäude und ignorierte das Getuschel. Doch bald schon litt ich darunter, von vielen Schülern gemieden zu werden. Nur Manu und Gabi, eine andere enge Freundin, hielten zu mir. Zunehmend distanzierte ich mich von meinem früheren Freundeskreis und hielt mich immer mehr in der Münchener Sannyas-Szene auf. Trotzig redete ich mir ein, dass dies jetzt meine Welt sei und ich die anderen nicht mehr bräuchte. Dass ich in der Schule immer schlechter wurde, störte mich nicht, vor allem auch weil meine neuen Sannyas-Freunde mich darin bestärkten, dass die Schule für mein weiteres Leben ohnehin nicht wichtig sei. Auch Puja versuchte mich in der zehnten Klasse zu überreden, von der Schule zu gehen. Während andere Mütter sehr genau darauf achteten, dass ihre Kinder gute Noten bekamen, sagte meine: »Mensch, Katharina, hör doch einfach auf mit der Schule. Du quälst dich doch nur unnötig herum. Fürs Leben ist das doch alles nur Quatsch, was ihr da lernt. Glaub mir, Meditation und Selbstfindung sind viel wichtiger.« Als ich kurz davor war, alles hinzuschmeißen, mischte sich jedoch mein Vater ein. Irgendwie schaffte er es, mich mit plausiblen Argumenten davon zu überzeugen, in der Schule zu bleiben, so dass ich mich doch noch bis zum Ende durchbiss.

An manchen Wochenenden fuhr ich über die Mitfahrzentrale nach Berlin zu Santosh, oder er besuchte mich in München. Diese glücklichen Momente entschädigten mich für alle negativen Erlebnisse in der Öffentlichkeit. Dass ich in der U-Bahn als Bhagwan-Schlampe angepöbelt wurde, war ich schon gewohnt; ebenso, dass viele hinter meinem Rücken über mich lästerten. Aber schon bald hielt ich diese Außenseiterrolle nicht mehr aus. Die Sannyasins, die ich kannte, hatten dieses Problem nicht, denn sie verkehrten nur in ihren Kreisen. Ich wollte mich aber nicht so sehr abkapseln, denn das Center und die Meditation waren nicht mein ganzer Lebensinhalt. Außerdem war ich es langsam leid, immer nur rote Kleidung zu tragen.

Eines Abends, als ich mit Manu in eine Szene-Disco gehen wollte, beschloss ich spontan, schwarze Klamotten anzuziehen. Mit diesem coolen Outfit erlebte ich das Nachtleben in einem ganz anderen Licht. Endlich konnte ich einen unbeschwerten Abend ohne Belästigungen oder

Rechtfertigungen verbringen. Es war ein Genuss, von allen akzeptiert zu werden. Seitdem zog ich mich jedes Mal, wenn ich abends ausging, vor der Haustür heimlich um. Meine roten Kleider stopfte ich in eine Tüte, die ich im Hausflur versteckte. Sobald ich nach Hause kam, zog ich mir meine Sannyas-Kluft wieder an. Wochenlang ging dieses Versteckspiel gut, bis mich eines Tages Lalita, die Vorgesetzte meiner Mutter, erwischte.

Als in Oregon strengere Regeln eingeführt wurden, kam Lalita, eine Abgesandte von Bhagwans Sekretärin Sheela, regelmäßig zu uns. Alle Therapiezentren in Deutschland und insbesondere ihre Leiter und Leiterinnen wurden von Lalita auf Konformität kontrolliert. Wenn Lalita kam, rollte ihr Puja den roten Teppich aus. Sie wurde wie eine Königin bei uns in der Viktoriastraße untergebracht. Meine Mutter überließ ihrer Chefin ihr eigens für sie ausgeschmücktes Zimmer und übernachtete in meinem Zimmer oder bei einem anderen Mitbewohner. Lalita erinnerte mich irgendwie an ein Pferd. Sie war groß und breit gebaut, hatte einen unglaublich dicken Hintern und etwas hervorstehende, große Schneidezähne.

Ich konnte es kaum ertragen, wie Puja und die anderen Sannyasins sich bei dieser Frau anbiederten. Wenn Lalita bei uns war, musste man mucksmäuschenstill sein, denn sie hatte entweder Kopfschmerzen, oder es wurde ein wichtiges Meeting abgehalten. Bei diesen Besprechungen versuchten meine Mutter und Bhagwans Abgesandte, reiche Sannyas-Interessierte zu überreden, ihr Geld zum weiteren Aufbau von Rajneeshpuram zu spenden. Dabei verliebte sich Puja in einen sehr wohlhabenden Rechtsanwalt, der später ein Sannyasin wurde und neun Jahre lang mit meiner Mutter zusammen war. Prashant wurde ihre zweite große Liebe.

Ein weiterer Grund, warum ich Lalitas Besuche hasste, war, dass der Kühlschrank für mich praktisch zur Tabuzone wurde. Wenn ich es wagte, eine der köstlichen Leckereien zu nehmen, hieß es sofort: »Nein, nein, nicht nehmen. Das ist für Lalita bestimmt.« Alle anderen sollten das gewöhnliche Essen aus dem untersten Fach nehmen. Ich verabscheute es, mich in unserer Wohnung so einschränken zu müssen.

Eines Abends also, als ich mich mal wieder im Hausflur heimlich umgezogen hatte und gerade dabei war, meine roten Klamotten in die Tüte zu stopfen, kam Lalita aus der Haustür. Entsetzt schaute sie mich an und fragte dann: »Was soll denn das? Wo sind deine roten Kleider?« Ich stotterte kleinlaut: »Hier in meiner Tüte.« Lalita antwortete daraufhin nur kurz: »Das wird Konsequenzen haben«, und ging die Treppe hinunter. Am Abend musste ich in Anwesenheit meiner Mutter bei ihr antreten und eine Erklärung abgeben. Ich sagte, dass ich es nicht mehr ausgehalten hätte, nur noch Rot zu tragen, dass ich aber innerlich trotzdem eine Sannyasin sei, auch wenn ich manchmal eine andere Farbe tragen würde. Lalita hatte kein Verständnis dafür. Sie schimpfte mich eine Verräterin, die nicht zu ihrem Meister stehe und deswegen nicht würdig sei, eine Sannyasin zu bleiben. Daraufhin musste ich meine Mala abgeben und war ab diesem Moment kein Jünger Bhagwans mehr. In ihren Augen war es eine große Strafe, doch mir machte es eigentlich nichts aus. Nun konnte ich endlich wieder ohne Gewissensbisse anziehen und machen, was ich wollte.

Bei einer Gelegenheit hatte ich es Lalita allerdings noch heimgezahlt. Ich saß zu Hause und machte gerade Hausaufgaben, als plötzlich das Telefon klingelte. Lalita war am Apparat. Sie erklärte mir, dass sie spontan einen Zwischenaufenthalt in München eingelegt habe und in etwa zwei Stunden bei uns vorbeikäme. Wir sollten schon mal alles vorbereiten, denn sie würde bei uns übernachten. Ich bestätigte ihr, dass das in Ordnung ginge, obwohl ich wusste, dass meine Mutter erst spätabends nach Hause kommen würde. Sie war in einem wichtigen Meeting im Center und hatte mir ausdrücklich gesagt, nicht gestört werden zu wollen. Lalita war natürlich eine Ausnahme und hatte stets Vorrang, doch ich hielt mich an unsere Abmachung und rief meine Mutter nicht an. Puja wusste also nichts von Lalitas Besuch in München.
Nach ungefähr zwei Stunden klingelte es an der Tür. Normalerweise stürzten bei Lalitas Ankunft immer gleich drei Sannyasins die Treppe herunter und trugen ihre Koffer hoch. Danach wurde sie mit einem erfrischenden Getränk begrüßt und in ihr hergerichtetes Zimmer geführt. Als es klingelte, öffnete ich zwar die Tür, dachte aber nicht daran herunterzugehen und Lalita beim Koffertragen zu helfen. Kurze Zeit später klingelte es noch mal – entschieden nachdrücklicher, doch ich rührte mich nicht vom Fleck. Nachdem sie noch ein drittes Mal lange geklingelt hatte, hörte ich schließlich im Treppenhaus ein lautes Stöhnen und Ächzen. Völlig außer Atem betrat Lalita mit ihren Koffern unsere Wohnung und schien – schon reichlich pikiert – eine herzliche Begrüßung zu erwarten. Sie sah allerdings nur mich und fragte etwas unwirsch, ob denn meine Mutter nicht da sei. Ich verneinte nur kurz und erklärte

ihr im selben Atemzug: »Wenn du dich hinlegen willst, kannst du dir gerne aus der Kommode Bettzeug holen und dir dein Bett machen.« Dann verließ ich die Wohnung. Beim Abschied rief ich ihr noch zu: »Ach ja, der Kühlschrank ist übrigens leer. Wir müssen erst einkaufen gehen.« Lalitas verdutzten Gesichtsausdruck genoss ich sehr und nahm dafür gerne Pujas späteren Anschiss in Kauf.

13

Fremdbestimmt im Hier und Jetzt

Im März 1983 beschloss meine Mutter, die Leitung des Sannyas-Center abzugeben und nach Rajneeshpuram zu ziehen. Sicher war ihr das Center, das sie ja selbst aufgebaut hatte, sehr ans Herz gewachsen, doch sie wollte ihrem Leben eine neue Wendung geben. Die aufwändige Verwaltungsarbeit war ihr die ganze Zeit ein Dorn im Auge gewesen; sie sehnte sich nach einem Leben in freier Natur, und dafür bot ihr die Ranch in Oregon die besten Vorrausetzungen, zumal sie dort ihrem Meister sehr nahe war.

Puja war sich darüber im Klaren, dass das Leben in Rajneeshpuram kein Zuckerschlecken werden würde. Die Sannyasins mussten dort von früh bis spät körperlich hart arbeiten, um die Sannyas-Stadt weiter aufzubauen und das Land zu bewirtschaften. Ihrem Meister zuliebe nahm sie das aber gerne in Kauf. Garima, die mittlerweile neun Jahre alt war, sollte sie begleiten und in Oregon in die Sannyas-Schule gehen.

Bevor meine Mutter nach Oregon übersiedelte, verkaufte sie einen großen Teil unserer Wohnungseinrichtung. Alle Wertsachen wurden auf einem privaten Sannyas-Basar zum Verkauf angeboten: Antiquitäten, Schmuck, Silberbesteck, alte Lampen und andere Erbstücke. Der Erlös kam der Kommune in Oregon zugute und war gewissermaßen Pujas Eintrittskarte. Mir ging das sehr zu Herzen, mich von all diesen vertrauten Sachen zu trennen; bitterlich heulend saß ich schließlich in einer halb leeren Wohnung. Puja versuchte mich zu trösteten: »Sei nicht traurig, Katharina. Morgen fahren wir zu Ikea und richten die Wohnung neu ein. Ok?« Ikea-Möbel fand ich jedoch scheußlich. Ich vermisste unsere alten Möbel.

Alles war bereits gepackt und vorbereitet, als meine Schwester zwei Tage vor der Abreise erklärte, sie hätte es sich noch mal überlegt und würde nicht mitfahren. Auslöser für diesen Entschluss war Peter, der noch am Abend zuvor in Tränen ausbrach, während er sie beim Abschied fest an sich drückte. Er hatte Angst, seine kleine Tochter an Bhagwan zu verlieren und sie vielleicht nie wieder zu sehen, und er wünschte sich, dass Garima bei uns in München bliebe.

Dieser unerwartete Gefühlsausbruch hatte meine Schwester so berührt, dass sie in letzter Minute entschied, nicht nach Oregon mitzureisen. Puja war schockiert; sie hing an Garima und hatte sehr auf diese innige Verbundenheit gesetzt. Dass ich zurückbleiben würde, hatte sie wohl oder übel akzeptiert, doch Garimas Entscheidung versetzte ihr nun einen schweren Schlag. Angesichts dieser neuen Situation war sie allerdings nicht bereit, ihre eigenen Pläne zu überdenken. Ihr Platz war in der Nähe Bhagwans; dieses Bedürfnis war einfach stärker als ihre Muttergefühle. Also verließ sie sich auf Peter, der ihr versprach, für uns beide zu sorgen.

Auf der Ranch arbeitete Puja auf dem Bau – ein extrem harter Job. Sie schuftete von morgens um sieben bis abends um acht Uhr, manchmal sogar noch länger. Danach aß sie nur noch kurz und fiel todmüde ins Bett. Doch wenigstens war sie mit ihrem Freund Prashant, dem ehemaligen Rechtsanwalt, zusammen; sie arbeiteten zusammen und teilten sich ein Zelt. Als überzeugter Sannyasin hatte Prashant einen großen Teil seines Vermögens Bhagwan vermacht.
Puja litt unter dem extremen Wüstenklima. Im Sommer war es unerträglich heiß, im Winter hingegen herrschten eisige Temperaturen. Doch nicht nur das Wetter machte meiner Mutter zu schaffen, auch die harte Arbeit belastete sie. Freizeit gab es kaum, und Freundschaften konnten sich unter diesen Bedingungen kaum entwickeln. Anfangs war meine Mutter trotz zunehmender körperlicher Erschöpfung noch glücklich. Sie klammerte sich an den allgemein vorherrschenden Pioniergeist, an das beglückende Gefühl, im Kollektiv an einem Strang zu ziehen und für den geliebten Meister etwas aufzubauen.
Meine Tante Premal hatte auch in Rajneeshpuram eine Sonderstellung: Sie wohnte in Bhagwans Nähe und hatte die »Ehre«, das Lao Tsu House zu putzen. Während alle anderen Sannyasins in Containern oder Zelten lebten, waren Bhagwans Privatgemächer unglaublich luxuriös ausgestattet. Manchmal durfte Premal ihren Meister sogar auf einer Fahrt in einem seiner Rolls-Royce begleiten. Seit es keine Energie-Darshans mehr gab, bei denen sie als Medium um Bhagwan herumtanzte, waren diese Spazierfahrten das Schönste für sie. Der Meister liebte es, schnell zu fahren; mit geradezu kindischer Freude raste er durch die

staubigen Straßen auf dem Gelände der Ranch und fragte Premal, was für ein Fahrgefühl man auf deutschen Autobahnen habe.

Auch Anando, die mittlerweile 14 Jahre alt war, führte auf der Ranch ein privilegiertes Leben. Sie musste zwar wie alle älteren Kinder und Jugendlichen auch in Rajneeshpuram arbeiten, hatte aber einen Traumjob. Während die meisten Kids unattraktive Aufgaben wie zum Beispiel in der Wäscherei, im Büro, oder in der Landwirtschaft hatten, war Anando die persönliche Stewardess von Bhagwan. Abgesehen davon, dass sie dabei ihrem Meister beneidenswert nahe war, machte ihr die Arbeit sehr viel Spass.

Meine Tante und Cousine waren jedoch Ausnahmen. Wie hart es in der Regel auf der Ranch zuging, erlebte meine Schwester, als sie unsere Mutter ein Jahr nach ihrer Übersiedlung nach Rajneeshpuram in ihren Sommerferien besuchte. Gleich nach ihrer Ankunft bekam Garima eine Arbeit zugeteilt: Sie sollte 20 Kilometer von ihrem Wohnort entfernt in einem Pferdestall arbeiten, wo sie nur mit dem Bus hinkam – eine Stunde Fahrt. Unsere Mutter, wegen der meine Schwester eigentlich gekommen war, sah sie bei diesem Job kaum, denn wenn Puja spätabends vom Bau kam, war sie so erschöpft, dass sie sofort ins Bett ging. Garima hätte gerne bei Puja im Zelt geschlafen, doch das durfte sie nicht. Stattdessen sollte sie mit zwei Mädchen, die auch zu Besuch auf der Ranch waren, in einem Zelt wohnen.

Schon nach zwei Tagen hatte es meine Schwester satt, den Pferdestall auszumisten. Garima wollte auf der Stelle wieder abreisen, denn so hatte sie sich ihre Ferien nicht vorgestellt. Puja, die sich monatelang auf ihre Tochter gefreut hatte, war zum Heulen zumute. In ihrer Verzweiflung ging sie ins Office und erreichte wenigstens, dass meine Schwester in einer Gärtnerei in ihrer Nähe arbeiten durfte. So konnten die beiden zumindest ihre Mittagspausen zusammen verbringen.

Garima war schockiert, als sie unsere Mutter nach einem Jahr wiedersah. Puja sah müde und ausgemergelt aus, und sie war um einiges gealtert. Zeit zum Erholen gab es nicht; sieben Tage pro Woche wurde gearbeitet. Ihr von Optimismus getragener Pioniergeist war schon lange verflogen, denn das Leben auf der Ranch wurde immer härter. Statt eines liebevollen Zusammengehörigkeitsgefühls, das Puja am Anfang noch unter den Sannyasins spürte, gab es nun zunehmend Verbote und Unterdrückung. Kritik und Widerspruch waren streng untersagt, denn »negative« Sannyasins, die ihren »Egotrip« verfolgten, waren auf der Ranch unerwünscht. Sheela, Bhagwans Sekretärin, die seit seinem Aufenthalt in Amerika den Ablauf auf der Ranch bestimmte und alles unter Kontrolle hatte, führte jeden Morgen vor der Arbeit die so genannten »Reminder« ein – eine Art Gebet, in dem sich jeder »Worker« ins Gedächtnis rufen sollte, den ganzen Tag nur an die Arbeit zu denken. Es gab auch kein Privatleben mehr. Jede Form von Individualität war untersagt; selbst persönliche Gespräche waren verboten. Wer sich nicht daran hielt, musste die Ranch sofort verlassen, was Puja unter allen Umständen vermeiden wollte. Wenn sie jedoch Bhagwan bei seinem täglichen drive by in seinem Rolls-Royce sah, waren alle Qualen wieder vergessen. Sie hing an ihrem Meister und war überzeugt, alle weiteren Zwänge und Schikanen zu überstehen, wenn sie nur in seiner Nähe sein konnte. Außerdem sah sie die Zeit in Rajneeshpuram als persönliche Herausforderung. Bhagwan hatte ihr eben eine harte Aufgabe gestellt.

Puja biss also die Zähne zusammen und arbeitete auch dann noch bis zu fünfzehn Stunden am Tag, als sie eine schwere Sehnenscheidenentzündung bekam. Ihre Chefin wusste zwar davon, nahm aber keine Rücksicht darauf. Meine Mutter musste weiterarbeiten. Trotz starker Schmerzen traute sie sich nicht zu jammern, denn das hätte Konsequenzen gehabt. Puja hatte Angst und litt darunter, mit niemandem über ihre Probleme sprechen zu können, denn man sollte alles mit sich selbst ausmachen. Am meisten aber vermisste sie meine Schwester und mich. Sie hatte nicht in Rechnung gestellt, dass sie derart an der Trennung von ihren Kindern leiden würde, zumal unter diesen extremen Umständen. Sie fühlte sich allein. Die einzigen Personen, zu denen sie weiterhin Vertrauen hatte, waren Prashant und ihre Schwester Premal. Doch auch ihnen konnte sie ihre Sorgen nicht mitteilen, denn sie befürchtete, belauscht und verraten zu werden. Es wurden nicht nur Telefongespräche abgehört, Sheela ließ auch versteckte Wanzen anbringen und hatte überall ihre Informanten, die »verdächtige« Sannyasins beobachten sollten. Als meine Mutter in ihrer Verzweiflung trotzdem einmal Premal ihr Leid klagte, ermahnte die ihre Schwester sofort, ihr »negatives Gerede« zu unterlassen; sie wisse doch, dass das verboten sei. Im Grunde wollte Premal meine Mutter nur schützen, denn sie wusste, dass jeder auf der Ranch Noten bekam. Meine Mutter hatte anscheinend eine sehr schlechte Note, weil sie nicht hart genug arbeitete und zu oft krank wurde. Puja stand also bereits auf der Abschussliste.

Auf der Ranch lebten die Kinder von ihren Eltern getrennt und hatten nur wenig Kontakt zu ihnen. Anders als in Poona, wo der Arbeitseinsatz noch spielerischen Charakter hatte, sollten die Erwachsenen auf der Ranch nun hart arbeiten und nicht von ihren Kindern abgelenkt werden. Das Gelände war auch so groß, dass es unmöglich war, sich zu treffen, wenn man völlig unterschiedliche Arbeitsplätze hatte. Da die Eltern keine Zeit hatten, sollten die größeren Kinder auf die kleineren aufpassen. Während die Kids in Rajneeshpuram anfangs noch alle in einem großen Haus auf der Ranch lebten und entweder arbeiteten oder auf die Kleinen aufpassten, wurden sie später nach Antilope, die nächst größere Stadt, umgesiedelt, wo sie auf mehrere Häuser verteilt wurden und zur Schule gingen. Es war ein großes Gelände, das die Sannyasins gekauft hatten. Die Schule, die wie ein Internat betrieben wurde, war sogar dem amerikanischen Schulsystem angepasst. Anders als im Ashram von Poona mussten die Sannyas-Kinder nun richtig viel lernen, um die Schule erfolgreich abzuschließen. Vielen fiel das nicht leicht, denn nebenbei sollten vor allem die Älteren auch noch auf der Ranch arbeiten. Selbst in den Ferien wurden sie zum Arbeitsdienst herangezogen.

Trotz dieser Anforderungen und des strengen Reglements hatten Anando und ihre Freunde eine aufregende Zeit in Antilope, denn sie feierten heimlich Partys und hatten ihre ersten sexuellen Erlebnisse. Dass sie ihre Mutter kaum noch sah, machte Anando wenig aus. Im Gegenteil, sie war nun mit ihren 15 Jahren in einem Alter, in dem sich

Töchter von ihren Müttern lösen. Nur die jüngeren Kinder litten sehr darunter, von ihren Eltern getrennt zu leben, und vermissten die familiäre Geborgenheit. Anando tat es immer weh, wenn sie sah, wie einige bitterlich weinten. Sie waren einer strengen Betreuerin ausgeliefert, der es Spaß machte, Kinder zu schikanieren. Im Grunde war die systemtreue Sheela-Anhängerin mit ihrer Aufgabe überfordert und ließ ihren Frust bei den Kleinen ab. Sie hatte Angst, etwas falsch zu machen und ihren Job zu verlieren. Auch Anando litt unter dieser neurotischen Frau, doch zum Glück war sie alt genug, sich schon bald über ihre Schikanen hinwegzusetzen. Trotz vieler Abenteuer und ihres Jobs als Bhagwans Stewardess schaffte es meine Cousine, das Schulpensum zu erfüllen. Das war bewundernswert, denn es gab einige Kinder, die mit ihren Aufgaben auf der Ranch überfordert waren und später das Gefühl hatten, dort ihre unbeschwerte Kindheit verloren zu haben.

Drei Wochen nach Garimas Ankunft in Rajneeshpuram brachen die Windpocken aus und verbreiteten sich rasend schnell; vor allem die Kinder waren betroffen. Um Bhagwan vor einer Ansteckung zu schützen, sollte jedes Kind bei den geringsten Anzeichen von Windpocken ins Sannyas-Krankenhaus gebracht werden. Schon bald war dieses so überfüllt, dass kaum noch ein krankes Kind aufgenommen werden konnte.

Garima war eines der wenigen Kinder, das sich noch nicht angesteckt hatte. Da sie jedoch die Chance sah, der harten Arbeit zu entrinnen, wandte sie sich eines Tages an ihre Vorgesetzte: »Schau mal, da habe ich einen roten Punkt. Ich bin sicher, das sind die Windpocken.« Sofort wurde

Puja aufgefordert, ihr Kind auf der Stelle ins Krankenhaus zu bringen. Nachdem meine Mutter das Pünktchen gesehen hatte, sagte sie »Das ist doch lächerlich und nur ein kleiner Pickel. Wenn Garima aber ins Krankenhaus kommt, wird sie dort ganz sicher die Windpocken bekommen.« Da Kritik strengstens verboten war, brüllte die Chefin sie an, sie hätte hier gar nichts zu melden, das würde der Arzt entscheiden. Puja kannte den Sannyas-Arzt bereits und fand ihn äußerst unsympathisch. Auf der Ranch war er bekannt dafür, den Leuten das Geld aus der Tasche zu ziehen; seine Behandlungen waren sehr teuer, und der Krankenhausaufenthalt kostete dreißig Dollar am Tag. Puja konnte das nicht zahlen, denn sie hatte ihr ganzes Geld für den Aufenthalt auf der Ranch hergegeben. Sie hoffte, der Arzt würde den Irrtum aufklären, doch der dachte nicht daran. Nachdem er das Pünktchen untersucht hatte, diagnostizierte er Windpocken und nahm Garima mit ins Krankenhaus. Kurz darauf bekam meine Schwester dann tatsächlich die Windpocken, und Puja musste das Geld für den zweiwöchigen Krankenhausaufenthalt bei einigen Sannyasins zusammenbetteln.
War die Angst vor Windpocken schon reichlich übertrieben, so stellte die in Rajneeshpuram grassierende Aids-Phobie wirklich alles in den Schatten. Alle drei Monate mussten die Sannyasins einen Aids-Test machen – auch die Kinder. Es gab die strikte Anweisung, sich mehrmals am Tag mit einem Desinfektionsmittel die Hände einzusprühen. Umarmungen und Hautberührungen sollten vermieden werden. Sich zu küssen war strengstens verboten, denn in Rajneeshpuram hatte sich die Überzeugung durchgesetzt, dass Aids auch durch Speichel übertragen

werden kann. Ein abgebissenes Stück Brot durfte man also unter keinen Umständen weiteressen. Genauso war es untersagt, benütztes Besteck noch einmal zu verwenden. Jedes Risiko wollte man vermeiden, denn Bhagwan hatte prophezeit, dass im Jahr 2000 zwei Drittel der Menschheit bereits ausgestorben sein würden.

Die grassierende Panik führte zu den skurrilsten Maßnahmen: Nun sollten nämlich die Sannyasins beim Geschlechtsverkehr nicht nur Kondome benutzen, sondern auch Gummihandschuhe tragen. Damit sich die Jünger auch an diese neue Anweisung hielten, setzte Sheela in vielen Zelten und Zimmern Spitzel ein. Offiziell hieß es, dass ab sofort statt zwei meist drei Leute zusammenleben würden; meine Mutter wusste aber genau, dass ihrer neuen Mitbewohnerin einzig und allein die Aufgabe zufiel, sie und ihren Freund Prashant zu kontrollieren. Immer wenn die beiden spät abends miteinander schlafen wollten, zogen sie in Anwesenheit ihrer »Aufpasserin« die Gummihandschuhe an, die sie dann später im Dunkeln wieder auszogen.

Obwohl jeder dachte, Premal hätte im Lao Tsu House den Himmel auf Erden, fühlte auch sie sich dort manchmal einsam. Meine Tante lebte zwar mit zehn anderen Vertrauten von Bhagwan zusammen, doch wenn sie das Lao Tsu House putzte, war sie den ganzen Tag allein. So sehr wünschte sie, sich mit jemanden austauschen zu können, doch auch für sie waren Vertraulichkeiten tabu. Trotzdem war meine Tante insgesamt recht zufrieden. Sie liebte Bhagwan über alles und war überzeugt, er wolle seine Schüler zu ihrem eigenen Seelenheil einem bedingungslosen Selbstfindungsprozess unterziehen, wobei die Bedin-

gungen dafür von seiner strengen Sekretärin Sheela geschaffen wurden, die dafür bestens geeignet war.
Da auf der Ranch immer mehr Leistung erbracht werden sollte, verlängerte Sheela die Arbeitszeiten. Ab sofort sollten alle Sannyasin täglich eine Doppelschicht einlegen. Für Premal bedeutete dies, die Teppiche zweimal am Tag zu saugen. Jeden einzelnen Fußabdruck sollte sie auf der Stelle entfernen. Meine Tante fand das völlig unnötig, doch die anderen Frauen aus dem Lao Tsu House bestanden darauf – vor allem Vivek, die engste Vertraute von Bhagwan, die immer an seiner Seite war. Premal litt darunter, dass sie alle herumkommandierte und sich gerne als First Lady aufspielte.
Durch das ständige Bücken beim Staubsaugen bekam Premal nach einer Weile starke Rückenschmerzen, doch sie wagte es nicht, sich darüber zu beschweren. Als sie es nicht mehr aushielt, machte sie Vivek folgenden Vorschlag: »Was hältst du davon, wenn wir Frauen uns einmal in der Woche zusammensetzen und uns austauschen? Dann wissen wir mehr voneinander und haben die Möglichkeit, unsere Probleme zu formulieren.« Daraufhin antwortete Vivek nur kurz angebunden: »Das Lao Tsu House ist kein Therapiezentrum. Wenn du Probleme hast, musst du sie woanders lösen.« Premal war sehr enttäuscht, denn sie wusste, dass die anderen Frauen ihre Idee sehr befürworteten. Hinzu kam, dass Vivek nun meine Tante auf dem Kieker hatte; sie spürte, dass Premal ihr dominantes Verhalten nicht mochte, und schaffte es schließlich, den »Störenfried« aus dem Lao Tsu House zu verbannen. Premal wurde in ein Großraumbüro versetzt, was ihr allerdings hinsichtlich ihres Rückenleidens ganz recht war.

Im Laufe der Zeit erweiterte Sheela ihre Machtposition erheblich. Ganz Antilope unterstand ihr bereits; die Sannyasins aus Rajneeshpuram hatten im Laufe der Zeit sämtliche Geschäfte und Einrichtungen der Stadt aufgekauft und die Abwanderung der ursprünglichen Bürger vorangetrieben. Selbst der Bürgermeister von Antilope war mittlerweile ein Sannyasin. Da die Einwohner aus der Region die roten Eindringlinge hassten und als ernsthafte Bedrohung ansahen, wurden auf der Ranch entsprechende Maßnahmen getroffen. Sheela stellte überall bewaffnete Sannyas-Sheriffs auf, die mit gezückten Maschinenpistolen das Sannyas-Gelände beschützen und im Notfall verteidigen sollten. Unter den Sannyasins herrschte zunehmend Angst. Die Ranch entwickelte sich immer mehr zu einem isolierten Überwachungsstaat. Sheelas Kontrollmechanismen waren perfekt. Sie strebte nach totaler Macht und duldete keinen Widerstand. Im Oktober 1985 wurde Bhagwans Sekretärin schließlich von den amerikanischen Behörden verhaftet. Sie soll versucht haben, die engsten Vertrauten und Mitarbeiter ihres Meisters mit kleinen Mengen Salmonellen zu vergiften. Es wurde auch ein unterirdisches Waffenlager gefunden, das Sheelas Leute angelegt hatten. Bei einigen Sannyasins, die Sheela aus persönlichen Gründen in ein isoliertes AIDS-Dorf verbannen ließ, stellte sich später bei einem Test heraus, dass sie negativ waren. Obwohl Bhagwan beteuerte, von den Machenschaften seiner Sekretärin nichts gewusst zu haben, wurde auch er verhaftet. Es wurde Anklage wegen illegalen Aufenthalts in den USA erhoben, und schließlich wurde Bhagwan ausgewiesen. Daraufhin löste sich die Ranch auf.

Vor etwa zwölf Jahren vollzog sich eine große Veränderung im Leben meiner Tante, als sie mit Somesh, einem Italiener, der in Poona Bhagwans Augenarzt gewesen war, eine Beziehung einging. Premal hatte in der Zwischenzeit festgestellt, dass sie auch als Sannyasin immer wieder in eingefahrene Strukturen glitt, aus denen sie wieder ausbrechen wollte. Aus dieser Sicht war es für sie die größte Herausforderung, Somesh zu heiraten. Heute leben die beiden in der Toskana. Auch wenn ihre wilden Zeiten längst vorbei sind und sie ohne Reue ein vergleichsweise bürgerliches Leben führt, fühlt sich Premal noch sehr mit Osho, wie sich Bhagwan später nannte, verbunden. Vor einiger Zeit machte sie eine Ausbildung als Farbpunktur-Therapeutin. In dieser Funktion versteht sich meine Tante immer noch als Medium, weil sie sich Menschen gegenüber öffnen und deren Beschwerden mit Farbenergie heilen kann. Da sie mit ihrem Mann in der Toskana auf dem Lande lebt, kommt sie öfter nach München, wo sie nicht nur Familie, sondern auch viele Freunde hat. Mit meiner Mutter versteht sie sich viel besser als früher. Die permanente Eifersucht und der Konkurrenzkampf zwischen den beiden sind heute kein Thema mehr.
Nach der Auflösung von Rajneespuram zog Bhagwan im Dezember 1986 wieder in den Ashram in Poona. Wie viele andere Sannyasin auch folgten ihm Premal und Anando dorthin. Nach kurzer Zeit ernannte Bhagwan meine Tante zur Leiterin des Ashrams; damit nahm sie in der Hierarchie der Sannyasins eine sehr herausgehobene Stellung ein und trug erhebliche Verantwortung. Nach Bhagwans Tod im Januar 1990 verließ meine Tante jedoch den Ashram, denn ohne ihn, den wichtigsten Menschen in ihrem Leben,

erschien ihr ein weiteres Verbleiben dort sinnlos. Premal kehrte wieder nach Deutschland zurück.
Anando hingegen blieb in Poona, denn der Ashram, den sie von Kindheit an kannte, war ihr Zuhause. Sie lebte dort mit einem erfolgreichen Therapeuten zusammen und assistierte ihm bei den Gruppentherapien. Im Alter von 28 Jahren machte sie eine größere Erbschaft und kaufte sich ein Häuschen in Australien, wo sich eine größere Sannyas-Kommune gebildet hatte. Mit ihrem Freund Arvind, einem Musiker, führte sie dort ein sorgenfreies, geradezu paradiesisches Leben. Die beiden richteten sich ein Tonstudio ein, wo sie täglich Musik machten. Nach dem Börsencrash im Jahr 2001 veränderte sich allerdings Anandos Situation; sie hatte ihren finanziellem Rückhalt weitgehend verloren und war plötzlich gezwungen, ihren Lebensunterhalt selbst zu verdienen. Erst dachten Arvind und Anando, von ihrer Musik leben zu können, doch dies erwies sich als Trugschluss, und zum ersten Mal in ihrem Leben beschlichen meine Cousine Existenzängste. In Poona und in Oregon und später mit der Erbschaft im Rücken hatte Anando nie Unsicherheit verspürt, nie musste sie sich in der harten Konkurrenzgesellschaft durchsetzen; sie glich einem zarten Schmetterling, der von Blume zu Blume flog und das Leben genoss, und nun musste sie auf einmal die bittere Realität kennen lernen. Sie fiel in ein tiefes Loch und fragte sich, was sie nur machen solle ohne fertigen Schulabschluss. Dann kam ihr jedoch die Idee, ihre im Ashram erworbenen Gruppenerfahrungen in der therapeutischen Arbeit mit Kindern zu nutzen. Mit dieser Perspektive macht sie derzeit eine Ausbildung.
Meine Cousine bereut ihre Kindheit in Poona nicht; sie ist

sogar davon überzeugt, im Ashram eine sehr vorteilhafte Persönlichkeitsentwicklung durchgemacht zu haben. Auch Premal hat keinen Zweifel, dass Anando ihre Lebensstärke der Sozialisation im Ashram zu verdanken habe, dass die Möglichkeit, sich individuell entwickeln zu können, bei den Sannyasins von ihrem Leben in der Kommune profitierte. Nur so war eine freie Entfaltung möglich. Auch heute noch haben meine Tante und Cousine eine sehr innige Beziehung. Premal glaubt, dass eine normale Mutter-Tochter-Beziehung zum Scheitern verurteilt ist, weil Mütter den Töchtern gerne ihre eigenen Überzeugungen »aufdrücken« und dadurch verhindern, dass diese sich individuell entwickeln können. Die Töchter reagieren darauf aber mit Widerstand, so dass Mutter und Tochter sich entfremden.

Meine Cousine ist heute 36 Jahre alt und bedauert es sehr, sich damals für die Sterilisation entschieden zu haben, denn sie hätte gerne ein Kind bekommen. Auch Premal tut es nun sehr Leid, dass sie keine Enkelkinder hat; nie hätte sie gedacht, dass sich ihre Meinung einmal ändern würde. Mittlerweile hat sich Anando jedoch einer Unterleibsoperation unterzogen, der erfolgreich verlief; vielleicht wird sie doch noch ein Kind bekommen können. Ich wünsche es ihr von ganzem Herzen.

14
Tiefe Wunden

Während Puja in Oregon lebte, wohnte ich mit meiner Schwester allein in der Viktoriastraße. Peter hatte zwar meiner Mutter versprochen, sich um uns zu kümmern, doch wir sahen ihn so gut wie nie, da er mit Marianne in eine neue große Wohnung gezogen war. Anfangs übernachtete mein Vater noch gelegentlich bei uns, doch dann wurden seine Aufenthalte in der Viktoriastraße immer seltener. Meist kam er einmal in der Woche vorbei und ließ mir 150 Mark Haushaltsgeld da. Diese Summe hätte bis zu seinem nächsten Besuch reichen müssen, aber ich war wohl mit dieser Situation etwas überfordert, sonst hätte ich nicht den Großteil des Haushaltsgeldes schon am Anfang der Woche abends in der Stadt verprasst. Für meine kleine Schwester gab es dann an den folgenden Tagen nur noch alte Semmeln. Als Ausgleich lud ich jedoch Garima, sobald wieder Geld im Hause war, zu McDonalds ein, wo sie sich bestellen durfte, was sie wollte.
Ich bemühte mich zwar, für meine kleine Schwester da zu sein, aber ich konnte und wollte nicht ihre Ersatzmutter sein. Manchmal schaffte ich es, Garima abends eine Mahlzeit zu kochen und sie dann ins Bett zu bringen, doch meistens schlief sie vorm Fernseher ein, nachdem sie ein Butterbrot gegessen hatte. Ich hatte genug eigene Pro-

bleme und empfand meine neunjährige Schwester als Belastung. Wie sollte ich mich auf das Abitur vorbereiten, wenn ich darüber hinaus den ganzen Haushalt machen und mich auch noch um meine Schwester kümmern sollte? Das war einfach zu viel verlangt. Oft brüllte ich Garima an, weil sie mit ihren Freundinnen wild in der Wohnung herumtobte, während ich für eine Lateinschulaufgabe lernen musste.

Peter entging nicht, dass ich völlig überfordert war, und besorgte uns eine Haushaltshilfe, die täglich nach dem Rechten sah. Frau Vogel war nicht nur nervig, sondern auch derart neugierig, dass ich sie schnell wieder rausekelte. Stattdessen brachte ich Nirmohi ins Spiel, einen Sannyasin, den ich aus früheren Zeiten kannte. Nirmohi arbeitete nachts als DJ in der Sannyas-Disco, bot sich aber tagsüber gerne als »Putze« an.

Ich verstand mich prächtig mit ihm. Meistens kam er jedoch eine Stunde später als vereinbart, saugte die Böden, wobei er zu der Musik aus seinem Walkman laut sang, und drehte sich danach erst mal einen Joint. Dabei leistete ich ihm gerne Gesellschaft. Nirmohi war 26 Jahre alt und hatte andauernd Liebeskummer, denn er verliebte sich grundsätzlich in Frauen, die nichts von ihm wissen wollten. Er war nicht nur sehr klein, sondern hatte auch ein rundes, weiches Gesicht und eine Halbglatze. Vielen Frauen war er einfach zu unattraktiv, dabei hätte er alles für sie getan. Da er ständig eine Abfuhr bekam, flüchtete er gerne in die leidende Opferrolle. Ich ging mitfühlend auf Nirmohis Sorgen ein, indem ich seine Hand hielt und ihm gut zuredete. Zeit spielte für uns keine Rolle, bis Nirmohi irgendwann aufsprang und meinte, jetzt müsse er sich

Wilde Partys – und Abitur

wirklich beeilen, denn sein Job in der Disco würde bald beginnen. Dann räumte er in einem Affentempo unser Chaos auf und machte sich aus dem Staub. Je länger Nirmohi bei uns arbeitete, desto weniger putzte er. Mir war das egal, solange der gröbste Dreck weggeräumt wurde. Oft überredete ich ihn schon nach einer halben Stunde, mit dem Putzen aufzuhören und lieber einen Joint mit mir zu rauchen; ich musste ihn schließlich nicht bezahlen. Mein Vater, der jedes Wochenende in die Viktoriastraße kam, um mir Nirmohis Geld für die nächste Woche zu bringen, wunderte sich natürlich, dass die Sauberkeit zunehmend zu wünschen übrig ließ. Glücklicherweise ging

er aber nie näher darauf ein; im Grunde war es ihm auch egal, denn er musste ja nicht mit uns zusammenwohnen.
Am Wochenende feierte ich öfter Partys. Meine Schwester schickte ich, wenn möglich, dann immer zu einer ihrer Freundinnen, was ihr natürlich recht war, denn bei der lauten Musik hätte sie sowieso nie einschlafen können. Ich musste ihr allerdings versprechen, ihr Zimmer nicht als Abstellkammer oder als Rückzugsmöglichkeit für die Gäste zu benutzen. Selbstverständlich versprach ich es ihr, aber dann verstaute ich doch einmal ein paar störende Möbelstücke in ihrem Zimmer mit der Absicht, sie gleich nach der Party wieder rauszustellen. Da Garima erst am späten Vormittag zurückkommen wollte, hätte sie also nichts bemerkt. Spät in der Nacht war ich aber dann so erschöpft, dass ich es nicht mehr schaffte, schwere Möbelstücke herumzutragen. Ich schwor mir, früh aufzustehen und sie dann aus Garimas Zimmer zu räumen. Wenigstens verstauten Manu und ich schon mal einige Becher und den gröbsten Dreck in Mülltüten. Dann fielen wir totmüde ins Bett. Unglücklicherweise kam Garima am nächsten Morgen etwas früher nach Hause als geplant. Als sie die Möbel in ihrem Zimmer sah und dann noch volle, zum Teil umgekippte Aschenbecher auf ihrem Teppich vorfand, war sie so sauer, dass sie eine der voll bepackten Mülltüten nahm und sie über mir in meinem Bett ausleerte. Schreiend hüpfte ich aus den Federn und sprang sofort in die Dusche. Garimas Rache hatte gesessen. Zumindest missbrauchte ich nie wieder ihr Zimmer.
Abgesehen von kleineren Meinungsverschiedenheiten und geschwisterlichen Reibereien arrangierte ich mich mit meiner Schwester ganz gut. Das ehemalige Elternschlaf-

zimmer funktionierten wir zum Fernsehzimmer um und das Wohnzimmer zu meinem Partyraum. Platz hatten wir nun wirklich genug. Immer wieder übernachteten Freunde bei mir, die Stress zu Hause hatten und in unserer sturmfreien Bude Zuflucht suchten. So war es auch kein Problem, dass irgendwann meine beste Freundin Manu zu uns zog. Sie hielt es zu Hause nicht mehr aus, denn ihr Vater hatte wieder geheiratet, und sie vertrug sich nicht mit ihrer Stiefmutter.

Während ich mein Leben zunehmend in den Griff bekam, war es für Garima eine harte Zeit. Sie war noch zu jung, um ihre Freiheit wirklich genießen zu können, und vermisste die Geborgenheit und Fürsorge ihrer Mutter. Sie übernachtete zwar gelegentlich bei unserem Vater, doch in seiner neuen Wohnung hatte sie kein eigenes Zimmer, so dass sie sich dort wie das fünfte Rad am Wagen fühlte. Außerdem war Marianne schwanger, insofern war Peter nun gedanklich primär auf die sich anbahnende neue Familiensituation ausgerichtet. Marianne registrierte jedoch sehr wohl, wie verloren Garima wirkte, und kümmerte sich manchmal um sie. Wenn es nötig war, ging sie mit ihr Kleider einkaufen und kochte auch für sie. Doch meine Schwester fühlte sich nirgends richtig zugehörig. Bis fünf Uhr nachmittags war sie in der Ganztagsschule; dort bekam sie Mittagessen und machte ihre Hausaufgaben. Aber auch dort ging niemand auf ihre Bedürfnisse ein.

Meine Schwester sehnte sich nach einer liebevollen, fürsorglichen Familie – und vor allem nach unserer Mutter. Sie hatte zwar ein paar enge Freundinnen, mit denen sie nachmittags in unserer Wohnung herumhing, doch sie

Garima in unserer »sturmfreien Bude«

waren kein vollwertiger Ersatz. Wenn ich abends ausgehen wollte und mich im Bad vor dem Spiegel schminkte, kam Garima manchmal und beobachtete mich verstohlen aus der Ecke.

Einmal sagte sie zu mir: »Kann ich heute Abend mal mitgehen?« Doch genervt, wie ich es nun mal war, entgegnete ich: »Du spinnst wohl. Geh lieber ins Bett, sonst kommst du morgen wieder nicht rechtzeitig raus zur Schule.«

Traurig ging sie dann in ihr Zimmer und schloss die Tür hinter sich.
Garima zog sich immer mehr in sich zurück und legte sich eine harte Schale zu. Ich war viel zu sehr mit mir selbst beschäftigt, um zu erkennen, was in meiner Schwester wirklich vorging. Anstatt ihr Trost und Geborgenheit zu geben, herrschte ich sie oft an – sie solle mich nicht nerven und in Ruhe lassen. Ich achtete zwar darauf, dass Garima genug zu essen bekam und morgens rechtzeitig zur Schule ging, ansonsten war ich aber alles andere als eine liebevolle große Schwester. Mit der Zeit verwahrloste sie immer mehr, denn niemand fühlte sich für sie verantwortlich. Wie ein Straßenkind trieb Garima sich mit ihren Freundinnen in Schwabing herum; sie kam und ging, wann es ihr passte. Da ich selbst viel unterwegs war, sah ich sie nur noch selten und wusste oft nicht, wo sie sich gerade aufhielt. Ich merkte es auch nicht, als meine Schwester einmal mit ihrer besten Freundin mitten in der Nacht aufstand, um das Münchener Nachtleben zu erkunden. Um drei Uhr morgens zogen die beiden durch Schwabings dunkle Straßen und fanden ihren Ausflug unheimlich spannend. Unglücklicherweise liefen sie schließlich zwei Polizisten in die Arme, die sie mit auf die Wache nahmen. Als Garima den Polizisten erzählte, dass sie nur mit ihrer älteren Schwester zusammenlebe, weil ihre Mutter in Oregon und ihr Vater auch ausgezogen sei, bekam Peter Ärger mit dem Stadtjugendamt. Er musste versichern, sich mehr um seine Tochter zu kümmern. Danach übernachtete Garima dann wesentlich öfter bei Marianne und Peter.
Nach der Auflösung von Rajneeshpuram im Jahr 1985 kehrte Puja wieder zurück zu uns nach München, Anfangs

freute ich mich sehr, meine Mutter wiederzusehen; während der zwei Jahre ihrer Abwesenheit hatte ich mich oft nach ihr gesehnt. Bei ihrer Ankunft fielen wir uns in die Arme und waren uns während der ersten Tage so nah wie selten zuvor. Doch schon bald fühlte ich mich in meiner Freiheit zunehmend eingeschränkt. Zwei Jahre lang hatte ich in der Wohnung nach meinem Gutdünken schalten und walten können, und nun übernahm meine Mutter wieder das Kommando. Es fiel mir sehr schwer, mich in diese neue Situation zu fügen.

Garima, die sich eigentlich am meisten über die Rückkehr unserer Mutter hätte freuen müssen, reagierte erstaunlich reserviert. Als Puja freudig auf sie zuging, erwiderte sie zwar kurz deren stürmische Umarmung, wandte sich dann aber schnell wieder ab. Während unsere Mutter überglücklich war, Garima wieder bei sich zu haben, wich ihr meine Schwester ständig aus. Sie verhielt sich Puja gegenüber ebenso verschlossen, wie sie es bei mir die ganze Zeit gewesen war. Puja war ratlos. Mit Entsetzen erkannte sie, dass ihre Abwesenheit bei Garima Spuren hinterlassen hatte, und machte sich nun große Vorwürfe. Sie ärgerte sich auch über Peter, der ihr versprochen hatte, sich um uns zu kümmern. Aus ihrer Sicht hatte er uns – und speziell Garima – im Stich gelassen. Doch diese nachträglichen Schuldzuweisungen waren müßig. Puja sah ein, dass sie einen Fehler gemacht hatte, und widmete sich nun voll und ganz meiner Schwester. Jeden Wunsch las sie ihr von den Lippen ab. Doch Puja mochte noch so sehr um die Liebe ihrer jüngeren Tochter buhlen, Garima ließ sie abblitzen und blieb verschlossen. Unbewusst hatte meine Schwester die ganze Zeit eine enorme Wut auf unsere

Mutter genährt, die nun in vielen Situationen ausbrach. In scharfem Ton kommandierte sie Puja herum und sprach sie grundsätzlich nur an, wenn sie etwas von ihr wollte. Es war wie ein Rachefeldzug.

Bereits bei ihrer Ankunft war meine Mutter entsetzt über den heruntergekommenen Zustand unserer Wohnung. Die Wände hatten mittlerweile einen dunklen Grauton, die Spülmaschine, einige Lampen und viele andere Dinge funktionierten nicht mehr. Der mit Brandlöchern gespickte Teppichboden war so versifft, dass sich meine Mutter ekelte, barfuß darüber zu laufen. Kurzerhand beschloss sie, die Wohnung von Grund auf zu renovieren. Ich war damit einverstanden, stellte allerdings zur Bedingung, dass Manu weiter bei uns wohnen konnte. Für Puja war das kein Problem, schließlich hatte sie ja auch Prashant mitgebracht, der nun auch bei uns wohnte. Mit ihm verstand ich mich recht gut; er hatte immer einen Witz auf Lager und eine angenehme, zwanglose Art, auf mich einzugehen.

Aufgrund unserer finanziellen Situation renovierten wir die Wohnung selbst. Manu und ich strichen die Wände, Puja riss den verdreckten Teppichboden heraus, und Prashant schliff das zutage tretende Parkett ab, das er und Garima später lackierten. Danach war unsere Wohnung kaum wiederzuerkennen – wie ein Abbild aus *Schöner Wohnen*.

Es war ein gutes Gefühl, gemeinsam etwas geleistet zu haben. Abgesehen von den atmosphärischen Problemen zwischen Garima und Puja hatten uns die Renovierungsarbeiten gut getan. Besonders Manu und Prashant lernten sich dabei besser kennen und schätzen. Aber auch Puja und ich kamen uns bei der Arbeit näher und hatten Spaß

zusammen. Leider hielt die Harmonie nicht lange an, denn ordnungsliebend wie Puja geworden war, musste die Wohnung immer tipptopp aufgeräumt sein. Früher, in ihren wilden Hippiezeiten, war ihr das nicht so wichtig, denn penible Sauberkeit galt damals als spießig. Doch je weiter sich meine Mutter auf den spirituellen Weg begab, desto ordentlicher musste ihr Umfeld sein; zum Meditieren brauchte sie eine schöne Atmosphäre.
Mir ging Pujas Ordnungswahn gehörig gegen den Strich. Ich war 19 Jahre alt und hatte Besseres zu tun, als ständig aufzuräumen. Immer wieder regte sich meine Mutter über meine Schlampigkeit auf; doch ich ignorierte ihre Zurechtweisungen. Zwei Jahre lang hatte sie mich mit meiner Schwester allein gelassen und mir das Ruder in die Hand gegeben, und nun wollte sie wieder den Ton angeben. Das sah ich nicht ein. Ständig hatten wir Streit. Wenn noch spätabends das Telefon für mich klingelte, flippte sie regelmäßig aus, und jedes Mal, wenn ich nachts einen Freund mit nach Hause brachte und es etwas ausgelassener zuging, stürzte sie wutentbrannt aus ihrem Zimmer – ab dem späten Abend solle absolute Ruhe in der Wohnung herrschen. Auch tagsüber beschwerte sie sich fortwährend, dass ich zu laut Musik hören würde. Ich fühlte mich wie in eine Zwangsjacke gepresst, ebenso Manu; sie wollte so bald wie möglich ausziehen, denn sie war nicht von zu Haus weggegangen, um woanders wieder bevormundet zu werden.
Die Reibereien zwischen mir und meiner Mutter eskalierten immer mehr. Da ihr dominantes Verhalten für mich nicht mehr länger tragbar war, beschloss ich, nach Berlin zu ziehen, um dort Publizistik und Germanistik zu

studieren. Mein Vater unterstützte mich finanziell, und glücklicherweise fand ich auch sehr schnell ein Zimmer in einer WG.
Diese Freiheit hatte meine Schwester natürlich nicht, denn sie war schließlich erst elf Jahre alt. Sie strafte unsere Mutter weiterhin mit offener Ablehnung und entwickelte eine tiefe Aversion gegen alle Formen der Spiritualität und insbesondere gegen die Sannyas-Welt. Seit sie das Gymnasium besuchte, ging eine Veränderung mit ihr vor. Ihren Sannyas-Namen Garima hatte sie abgelegt; sie war nun wieder Luise; ja, sie verheimlichte sogar ihre Sannyas-Vergangenheit und kleidete sich plötzlich auffallend bürgerlich. Luise war es leid, mit ihren roten Kleidern und der Mala überall herauszustechen und als Exotin angesehen zu werden. Sie wollte ein normales, unauffälliges Leben führen, aber es war nicht immer leicht für sie, diesen biederen Anschein nach außen zu wahren, zumal unsere Mutter immer noch in den Sannyas-Kreisen verkehrte. Doch meine Schwester war durchaus in der Lage, auf Puja Druck auszuüben. Sie wusste genau, dass unsere Mutter ein schlechtes Gewissen hatte, und nutzte das gnadenlos aus. Wenn sie Besuch bekam, musste Puja ihre Mala unter den Kleidern verstecken, alle Sannyas-Bücher aus den Regalen entfernen und sämtliche Bhagwan-Bilder abhängen. Spirituelle Themen durften in Gegenwart ihrer Freunde nicht angesprochen werden. Erstaunlicherweise ging Puja auf jeden Wunsch meiner Schwester ein. Umso härter traf es sie, als Luise ihr eines Tages mitteilte, sie wolle nun zu Peter und Marianne ziehen; unser Vater hatte es in der Zwischenzeit zu einem beträchtlichen Wohlstand gebracht und hatte nach der Geburt seiner kleinen Tochter

eine große Wohnung in Schwabings bester Lage gekauft. Peter und Marianne hätten ihr das angeboten, sagte sie Puja, und das entspräche auch ihrem Wunsch nach einer richtigen Familie. Für unsere Mutter war diese Entscheidung ein schwerer Schlag, denn sie hatte sich solche Mühe gegeben, alles wieder gutzumachen, und nun wollte Luise sie verlassen.

In der Anfangsphase war Luise begeistert von dem luxuriösen Leben, das Peter ihr bot. Sie hatte ein großes Zimmer mit eigenem Telefonanschluss, und sie konnte auch die Dienste der Haushälterin in Anspruch nehmen. Marianne war eine ausgezeichnete Köchin, und es gab zweimal täglich ein hervorragendes Essen. Luise kümmerte sich sehr liebevoll um ihre kleine Halbschwester und hatte zum ersten Mal das Gefühl, in einer wirklich heilen Welt zu leben. Doch bald gab es auch hier Probleme. Isabelle war ein Schreibaby, und daher musste es in der Wohnung immer mucksmäuschenstill sein, denn beim geringsten Geräusch wachte die Kleine auf. Kein Wunder also, dass Luise großen Ärger bekam, wenn sie mit ihren Freundinnen nachmittags Lärm in der Wohnung machte. Noch schlimmer war es, wenn sie abends Besuch erwartete und es an der Tür klingelte. Isabelle fing sofort an zu schreien und war nur schwer wieder zu beruhigen. Marianne war mit ihren Nerven am Ende; meine Schwester wiederum war in einem Alter, wo sie etwas erleben wollte. Wenn Peter und Marianne übers Wochenende wegfuhren, feierte Luise heimlich ausufernde Partys. Außerdem ging sie immer öfter aus, ohne dass jemand wusste, wo sie sich aufhielt. Auch Peter und Marianne gegenüber war meine Schwester verschlossen, so dass immer mehr Missverständnisse aufkamen. Marianne, die sich um ihr Baby kümmern musste, war mit Luises bockigem Verhalten völlig überfordert, und auch Peter, der sich früher nie mit Erziehungsfragen befasst hatte und in typischer Hippiemanier alles hatte schleifen lassen, stieß an seine Grenzen. Überhaupt hatte sich mein Vater in seiner zweiten Ehe sehr verändert. Er nahm sich nun sehr viel mehr Zeit für die Familie, wurde andererseits aber auch mit allen anfallenden Problemen konfrontiert. Und die Schwierigkeiten mit Luise trugen ganz erheblich mit dazu bei, dass er zunehmend genervt reagierte. Meine Schwester wiederum, die bis dahin alle Freiheiten genossen hatte, litt unter diesen Einschränkungen und war nicht bereit, sich darin zu fügen. Ihr Traum vom glücklichen Familienleben war geplatzt, und daher entschied sie sich, wieder zu unserer Mutter zurückzukehren. Puja war darüber sehr glücklich. Es dauerte zwar noch eine ganze Weile, bis Luise sich ihr gegenüber öffnete, doch Puja war geduldig, und schließlich brach auch das Eis zwischen ihnen. Fünf Jahre lebten die beiden zusammen mit allen Höhen und Tiefen einer Mutter-Tochter-Beziehung. Nach ihrem Schulabschluss zog Luise dann nach London, und dort lebt sie auch heute noch.

15
Angekommen

Inzwischen bin ich 39 Jahre alt und lebe mit meiner Familie in München. Mein Kindheitstraum ging tatsächlich in Erfüllung: Ich habe einen liebenswerten Ehemann und zwei süße Kinder. Auch wenn unsere Beziehung seit neun Jahren wechselvolle Phasen durchläuft, bin ich mit meinem Leben zufrieden. Ich habe mich so lange ausgelebt, dass ich getrost in den Hafen der Ehe einlaufen konnte.

Mit 23 Jahren hatte ich schon einmal geheiratet, doch diese Ehe war gewissermaßen eine Jugendsünde und hielt nur ein Jahr. Ich erinnere mich, wie meine Eltern damals darüber empört waren, dass ich mich ausgerechnet in einen Mann aus kleinbürgerlichen Verhältnissen verliebt hatte, und sie sich fragten, ob ihre liberale Erziehung völlig umsonst gewesen sei.

Meine Mutter wünschte, dass ich in ihre Fußstapfen trete, und schenkte mir nach meinem abgebrochenen Germanistik-Studium Geld für eine Ausbildung als »Rebalancerin« in Poona. Ich reiste zwar mit gemischten Gefühlen nach Poona, doch die Einführung in diese Form der Körpertherapie war für mich eine sehr positive Erfahrung. Zum ersten Mal in meinem Leben entwickelte ich eine Beziehung zu meinem Körper, der mir bis dahin fremd geblieben ist. Da ich als Teenager etwas pummelig wurde, begann ich meinen Körper zu hassen und verbot es mir, mich nackt im Spiegel anzuschauen; alle Körperteile unterhalb meiner Schultern existierten gewissermaßen für mich nicht. Kein Wunder, dass ich mit der Zeit etwas steif und verklemmt wurde.

Im Rebalancing-Training lernte ich nun, mich mit meinem Körper auseinander zu setzen. Es war eine harte Herausforderung, doch schließlich gelang es mir, meinen Körper zu akzeptieren. Nun war ich ausgebildete Rebalancerin und beherrschte sogar die Tiefenmassage, doch zum großen Bedauern von Puja lag mir nicht daran, mich beruflich in diese Richtung zu entwickeln.

Ich absolvierte dann in Wien ein Volontariat bei einem Reisemagazin – zur Freude meines Vaters, der ja ebenfalls eine Zeit lang in Wien als Journalist gearbeitet hatte. Bitter enttäuscht war er jedoch, als ich nach meinem Volontariat dann diesen machohaften Mann heiratete, der mich aus Peters Sicht rigoros unterdrückte und zum »Frauchen« machen wollte. Und aus seiner Anschauung heraus hatte er natürlich Recht: Als Ehepaar lebten wir genau das, was meine Eltern seinerzeit bekämpft hatten. Sie empfanden es als skandalös; so etwas hätten sie nicht von ihrer Tochter erwartet.

Lange hielt ich dieses spießige Eheleben allerdings nicht aus. Bald darauf zog ich nach Hamburg und begann als Fernsehjournalistin zu arbeiten.

In meiner Ehe mit Markus fühle ich mich geborgen; er gibt mir den Halt, den ich in meiner Kindheit und Jugend vermisst habe. Schon bei unserer ersten Begegnung erschien er mir sehr vertraut. Mein Mann arbeitet als freiberuflicher Regisseur fürs Fernsehen und ist alles andere als festgefahren. Ich schätze seinen Freigeist und seine Flexibilität, die unsere Beziehung nicht erstarren lässt. Unsere Ehe hat, glaube ich, deswegen bis heute Bestand, weil wir uns sehr viel Freiheiten lassen. Jeder gibt dem anderen die Möglichkeit, seinen Neigungen zu folgen. Trotzdem versuchen wir, nicht nebeneinanderher zu leben und uns auszutauschen. Dennoch ist das Eheleben nicht immer leicht, und ich ertappe mich manchmal dabei, dass ich Markus gegenüber genauso aufbrausend und ungeduldig bin wie früher Mona gegenüber Peter. In der Hinsicht habe ich gegen meinen Willen wohl doch einiges von meiner Mutter übernommen.

Meine Kinder sind das schönste Geschenk, das mir das Leben bislang bereitet hat. Mein Sohn Jonas ist sieben und meine Tochter Selina zwei Jahre alt. Nie hätte ich gedacht, dass mich Kinder so glücklich machen können. Bis zu meinem 30. Lebensjahr wollte ich unter keinen Umständen Kinder in die Welt setzen. Zu der Zeit arbeitete ich noch als Redakteurin beim Fernsehen und hatte neben meiner Arbeit nur eines im Kopf: Männer, Reisen und Geld ausgeben. Doch irgendwann hatte ich genug davon. Mein Leben drehte sich im Kreis.

Meine Kinder bereiten mir mehr Freude als aller Luxus dieser Welt. Vor allem bewundere ich ihre natürliche, ehrliche Art. Sie bringen mich immer wieder auf den Boden der Tatsachen zurück und halten mir täglich einen Spiegel vor. Mittlerweile arbeite ich nur noch gelegentlich als Dokumentarfilmerin, denn ich möchte so viel wie möglich für meine Kinder da sein. Sie sollen die Geborgenheit bekommen, die mir als Kind fehlte. Mein Berufsleben werde ich jedoch nicht ganz aufgeben, denn nur wenn ich zufrieden bin, kann ich meinen Kindern das geben, was sie brauchen.

Markus und ich erziehen unsere Kinder frei, setzen ihnen aber Grenzen. Kinder brauchen für sie nachvollziehbare Strukturen, sonst verlieren sie den Boden unter den Füßen.

Ich kenne genug Kinder aus der Achtundsechziger-Bewegung und der Sannyas-Welt, die es im Leben sehr schwer hatten, weil sie nie Grenzen kennen lernten und immer über die Stränge schlugen. Noch als Erwachsene haben sie Schwierigkeiten, ein Gefühl für die Realität zu bekommen und sich den Gegebenheiten anzupassen.

Meine Schwester ist inzwischen 30 Jahre alt und lebt seit 10 Jahren in London. Sie hat sich dort alles selbst aufgebaut und arbeitet heute in verantwortungsvoller Position bei einer weltweit renommierten Filmproduktionsfirma. Luise ist eine ehrgeizige Frau, die schon immer das erreicht hat, was sie wollte. Schon in der Schulzeit erzählte sie mir sehr bestimmt, dass sie später einmal zum Film gehen wolle.

Damals glaubte ihr niemand, dass sie ihren Traum tatsächlich verwirklichen würde, doch zielstrebig ging sie ihren Weg. Es begann damit, dass Robert, der frühere Liebhaber unserer Mutter, der in London als Regisseur arbeitete, ihr bei einem seiner Fernsehfilme einen Job als Praktikantin verschaffte. Seitdem hat Luise in atemberaubendem Tempo Karriere gemacht. Unter 600 Bewerbern erhielt sie einen der sechs zu vergebenden Ausbildungsplätze an der National Film School in London, und mittlerweile ist sie diejenige, die Entscheidungen trifft.

Unsere Familie – Jonas und Selina sollen die Geborgenheit erfahren, die mir als Kind fehlte

Als Kind war Luise viel hin- und hergereicht worden und konnte nirgends richtig Wurzeln schlagen. Daraus hat sie wohl ihre mentale Stärke und Durchsetzungskraft bezogen, denn schon als kleines Mädchen musste sie in Poona sehr selbstständig sein. Zu jener Zeit wurde Luise von niemandem bevormundet und machte ihre eigenen Erfahrungen.

Heute ist sie überzeugt, dass ihr das freie, unkonventionelle Leben im Ashram ein starkes Selbstbewusstsein verliehen hat. Sie hatte in der Situation auf sich selbst vertraut, und seitdem kennt sie auch keine Existenzängste. In Notsituationen wusste sie sich immer schon zu helfen. Auch die Erfahrung, damals mit mir allein in der Wohnung unserer Eltern zu leben, hat zu ihrer Persönlichkeitsentwicklung beigetragen. Luise war gezwungen, sich durchzuboxen, und legte sich eine harte Schale zu.

Trotz ihres ausgeprägten Selbstbewusstseins musste meine Schwester sich aber auch mit verdrängten Schmerzgefühlen aus ihrer Kindheit auseinander setzen. Deswegen unterzog sie sich einer Psychoanalyse, bei der tiefe Wunden aufbrachen. Luise musste erkennen, dass sie keine wirkliche Nähe zulassen konnte. Liebe wehrte sie stets ab, denn sie hatte sich als Kind nirgendwo zugehörig gefühlt und kein tiefes Vertrauen zu einer Bezugsperson entwickeln können. Kein Wunder also, dass sie sich später immer bedrängt fühlte, wenn ein Partner mehr von ihr wollte.

Die Therapie hat jedoch bewirkt, dass sie nun immer mehr in der Lage ist, sich zu öffnen. Vor einem Jahr zog sie mit ihrem Freund Chris zusammen und wagte damit einen großen Schritt. Zuvor hatte Luise ihn immer auf Distanz gehalten, bis er sich schließlich von ihr trennte. Erst da merkte meine Schwester, wie sehr sie Chris liebte. Glücklicherweise gab er ihr eine zweite Chance, und es ist schön mitzuverfolgen, wie liebevoll er auf sie eingeht. Luise verfolgt zwar zielbewusst ihre Karriere, später möchte sie aber ganz bestimmt eine große Familie haben. Und auch in dieser Hinsicht wird sie sicher unbeirrt ihren Weg gehen.

Nach jahrelanger rigoroser Ablehnung schloss meine Schwester schließlich mit der Sannyas-Welt Frieden und akzeptierte den Weg unserer Mutter. Heute steht sie Menschen, die sich für einen spirituellen Weg entschieden haben, offener gegenüber. Ihre kindlichen Eindrücke von der freien Liebe im Ashram haben bei ihr diesbezüglich allerdings zu einer konservativen Einstellung geführt. Für Luise ist Treue in einer Partnerschaft Grundvoraussetzung; nie könnte sie ein derart freizügiges Sexualleben führen wie die Sannyasins damals in Poona. Noch heute denkt sie mit einem gewissen Ekel daran zurück, wie sie damals als Kind bei der Gruppentherapie von Pavesh fünfzig Pärchen beim Geschlechtsverkehr zuschaute; es war zwar sehr aufregend für sie gewesen, aber eben auch beängstigend.

Vermutlich ist es gerade auch auf dieses Erlebnis zurückzuführen, dass sie sich lange Zeit sexuellen Annäherungen ihres ersten Freundes, mit dem sie immerhin zehn Jahre zusammen war, verweigert hatte.

Luise hat unserer Mutter viele Jahre lang nicht verzeihen können, dass sie sie damals im Stich gelassen hatte. Der Schmerz saß so tief, dass sie unfähig war, darüber zu reden. Vor zwei Jahren sprachen sich die beiden dann zum ersten Mal aus; sie arbeiteten ihre Vergangenheit auf, und seitdem haben sie wieder ein gutes, entspanntes Verhältnis. Voraussetzung dafür war sicher auch, dass sie sich beide mit der Zeit sehr verändert haben: Unsere Mutter strahlt nun mehr Gelassenheit aus, und Luise ist reifer und souveräner geworden. Nach wie vor kann jedoch Luise das damalige Verhalten unserer Mutter nicht nachvollziehen; sie selbst würde ihren Kindern so etwas nie antun.

Unsere Mutter hat mittlerweile ihren Sannyas-Namen Puja abgelegt und nennt sich heute wieder Mona. Sie räumt ein, dass sie uns über weite Strecken sicher keine gute Mutter war, dass sie oft sehr egoistisch handelte und uns Leid zugefügt hat. Sie bedauert auch, dass sie lange nicht erkannte, wie sie uns helfen könnte und was für unsere Entwicklung schädlich war.

Da sie sehr streng erzogen worden war, hatte sie früher große Schwierigkeiten, Zugang zu ihren eigenen Gefühlen zu bekommen, und verließ sich immer auf andere, die ihr sagten, was für ihre Kinder richtig oder falsch sei. Mona hatte unter ihrem autoritären Vater, der ihr sogar noch im Alter von 23 Jahren eine Ohrfeige gab, sehr gelitten. Auch von ihrer Mutter, die der Anforderung, drei Kinder großzuziehen, nicht gewachsen war, bekam sie wenig Zuwendung. Therapeutisch hat sie diese Lebensphase in der Zwischenzeit aufgearbeitet und gelernt, mit ihren Emotionen umzugehen.

Luise und ich wissen auch, dass sie für uns beide im Grunde immer das Beste gewollt hatte. Dass sie uns so viele Freiheiten ließ, muss in dem Zusammenhang mit ihrer eigenen strengen Erziehung gesehen werden. Jahrelang trug sich Mona mit Schuldgefühlen.

Im Nachhinein würde sie ihre Kinder niemals alleine lassen, doch damals konnte sie nicht anders handeln; der Drang, aus ihrem festgefahrenen Leben auszubrechen, war stärker.

Luise und ich haben ihr jedenfalls verziehen, und aus einem anderen Blickwinkel betrachtet, müssen wir auch zugeben, dass wir in unserer Kindheit sicherlich mehr erlebt haben als ein Kind aus einer Familie, in der alles nach geordneten Regeln abläuft. Außerdem ging es in unserer Familie trotz vieler Schwierigkeiten immer offen und ehrlich zu; nie wurde etwas unter den Tisch gekehrt, denn Mona war es sehr wichtig, alles offen auszusprechen. Wir lieferten uns zwar erbitterte Kämpfe, doch danach versöhnten wir uns wieder. Vielleicht ist unser ehrliches Verhältnis der Grund dafür, warum Luise und ich uns mit Mona heute besser verstehen als manch andere Tochter mit ihrer Mutter.

Was mir meine Mutter früher nicht geben konnte, bekommen nun meine Kinder von ihr im Übermaß. Mona ist eine sehr fürsorgliche Großmutter; liebevoll geht sie auf ihre Enkel ein und reagiert in manchen Situationen sogar gelassener als ich. Wenn ich als Kind nur einen Bruchteil von dieser starken Zuwendung erhalten hätte, wäre ich sehr glücklich gewesen. Natürlich bin ich meiner Mutter dankbar dafür, dass sie meine Kinder so oft übernimmt und mir damit Freiraum schenkt; das ist mehr als nur Wiedergutmachung.

Mona hat sich wirklich sehr verändert. Aus der flippigen, abenteuerlustigen Sannyasin ist mittlerweile eine familienbewusste Frau geworden, die auf traditionelle Rituale Wert legt. Jedes Jahr feiert sie zum Beispiel ein großes Adventsfest, zu dem sie nicht nur ihren Vater, sondern die ganze Verwandtschaft einlädt. Im trauten Kreis werden dann Weihnachtslieder gesungen – das wäre früher undenkbar gewesen.

Mit ihrer Jugendfreundin Claudia, die damals den antiautoritären »Mäuseladen« mitgegründet hatte, lebt Mona immer noch in der Viktoriastraße in Schwabing. Es ist schön zu sehen, wie liebevoll die beiden Großmütter heute mit ihren Enkeln umgehen. Wie sehr sich Claudia in Bezug auf Kinder verändert hat, wird an meinem Sohn Jonas deutlich, der sehr an ihr hängt, weil sie sich unglaublich viel Zeit für ihn nimmt.

Claudia hat einen festen Freund; meine Mutter hingegen, die sich nach zehn Jahren von Prashant getrennt hatte, lebt allein. Leichtfertig würde sie auch keine neue Partnerschaft eingehen; dazu sind ihr ihre Unabhängigkeit und ihr spiritueller Weg zu wichtig.
Nach Osho, wie sich Bhagwan in seiner letzten Lebensphase nannte, wandte sich meine Mutter anderen Meistern zu. Seit sechs Jahren hat sie einen neuen spirituellen Lehrer – Mikaire. Er stammt aus Neuseeland und war früher ebenfalls Sannyasin; vor einiger Zeit gelangte er nach eigener Aussage zur Erleuchtung. Nach wie vor weiß ich nicht genau, warum sie in ihrem Leben einen »Wegweiser« braucht. Es erscheint jedenfalls nahe liegend, dass eine wesentliche Ursache hierfür bei ihrem autoritären Vater zu suchen ist, denn seine drei Töchter sind alle Sannyasin geworden und folgten später anderen spirituellen Lehrern. Dennoch ist meine Mutter eine sehr starke Frau geworden. Nicht umsonst arbeitet sie seit 15 Jahren sehr erfolgreich als Therapeutin und hilft anderen Menschen, Kontakt mit ihrem Unterbewusstsein aufzunehmen.
Meine Mutter ist mit ihren 61 Jahren noch sehr attraktiv; sie hat sich ihre offene, herzliche Ausstrahlung bewahrt und wirkt in ihrer begeisterungsfähigen Art manchmal noch wie ein junges Mädchen. Im Gegensatz zu vielen anderen Frauen in ihrem Alter ist sie noch sehr unternehmungslustig und für neue Dinge offen.
Auch zu meiner Schwester habe ich heute eine viel bessere Beziehung als früher. Lange Zeit schlug mir von ihrer Seite nur Ablehnung und sogar eine gewisse Aggressivität entgegen. Ständig widersprach sie mir und zeigte deutlich,

welche Wut sie immer noch auf mich hatte, weil ich mich vermutlich damals als Jugendliche nicht ausreichend um sie gekümmert hatte.

Unser Verhältnis begann sich zu ändern, als ich vor sieben Jahren das erste Mal schwanger wurde. Ich besuchte sie in London, und als wir dann lange über unsere Vergangenheit sprachen, kamen wir uns näher. Meine Kinder haben uns dann noch mehr zusammengeführt. Luise ist die Patentante meines Sohnes und hat eine sehr enge Beziehung zu ihm. Jonas und Selina freuen sich immer, wenn ihre Tante uns besuchen kommt.

Ich bin sehr froh, dass Luise und ich wieder zusammengefunden haben, denn es ist ein schönes Gefühl, eine Schwester zu haben, der ich vertrauen kann und die für mich da ist.

Mein Vater ist inzwischen 64 Jahre alt, aber dank seiner sportlichen Figur sieht er weit jünger aus. Mit Marianne ist er nun 18 Jahre verheiratet; sie haben zwei Kinder – Isabelle ist 17 und Kolia 15 Jahre alt.

Marianne hatte ich lange Zeit abgelehnt; ich sah in ihr nur die Rivalin, die mir meinen Vater weggenommen hatte. Wir hatten auch sehr unterschiedliche Lebensauffassungen. Das änderte sich jedoch, als ich selber Kinder bekam. Die gemeinsame Situation brachte uns nun näher.

Unsere Kinder mögen sich sehr gerne; Jonas himmelt Kolia geradezu an, und Isabelle ist sogar Selinas Patentante. Ich schätze Marianne; sie kommt mir heute wesentlich lockerer und herzlicher vor als früher, und wir können nun sogar über intime Dinge miteinander sprechen. Sie ist mit den Jahren sehr viel selbstbewusster geworden. Im Verlag meines Vaters arbeitet sie als Geschäftsführerin,

und da der Verlag sich kontinuierlich gut entwickelt hat, können sie auch ein sorgenfreies Leben führen.
Im Gegensatz zu Luise und mir wuchsen Isabelle und Kolia sehr behütet auf; Peter und Marianne hätten sie nie allein gelassen.
Mein Vater, der sich erst sehr spät mit Erziehungsfragen befasst hat, wurde im Alter ängstlicher und sah auf einmal bei Isabelle und Kolia mögliche Gefahrensituationen, die ihm damals bei mir und meiner Schwester nie in den Sinn gekommen sind. Auch Marianne hielt die Zügel wesentlich straffer als meine Mutter. Besorgt beobachtete ich meine kleinen Geschwister, die im Verlauf ihrer Kindheit auf mich in vielen Situationen sehr unselbstständig wirkten. Nie hätte ich gedacht, dass sie sich später einmal durchsetzen können, doch allen Erwartungen zum Trotz stehen sie heute als Jugendliche mit beiden Beinen auf dem Boden.
Mit meinem Vater hatte ich viele Jahre kaum Kontakt. Während ich in Berlin, in Wien und dann in Hamburg war, baute sich Peter in München ein neues Leben auf. Da ich meine eigenen Wege ging, war mir seine Familie fremd. So lebten wir uns auseinander und hatten so gut wie nichts mehr miteinander zu tun.
Seitdem ich Kinder habe, sind wir uns jedoch wieder näher gekommen. Heute verbindet uns ein herzliches Verhältnis, doch ich sehe Peter nur selten, und mir scheint es, als verschanze sich mein Vater hinter seiner Arbeit und unendlich vielen Freizeitaktivitäten. Die enge Bindung, die ich einst zu ihm hatte, ist jedenfalls nicht mehr zustande gekommen. Wir verstehen uns zwar oberflächlich sehr gut, doch ich weiß nie, was wirklich in ihm vorgeht. Peter

ist ein offener, unterhaltsamer Mensch, doch hinsichtlich seiner eigenen Gefühle ist er immer noch sehr verschlossen und wirkt auf mich wie ein verträumter Junge. Es tut mir Leid, das zu sehen, denn ich liebe ihn sehr und wünschte mir, ich könnte ihm näher kommen.

Wie Mona lässt auch Peter schon seit vielen Jahren wieder Traditionen aufleben – vor allem zur Weihnachtszeit. Während wir früher ausgeflippte Weihnachtsfeste in Tirol feierten, wird der Heilige Abend von Peter und Marianne sehr feierlich begangen, und seit 16 Jahren ist es Tradition, dass sie Weihnachten zusammen mit Monas Vater feiern, der Peter früher nicht hat ausstehen können. Doch im Laufe der Jahre kamen sich die beiden näher – vor allem als Mona und ihre Schwestern sich Bhagwan zugewandt hatten und Peter sich des gekränkten alten Mannes angenommen hatte.

Heute haben sich zwischen den beiden sogar einige Gemeinsamkeiten herauskristallisiert. Vor allem das Weihnachtsfest ist ihnen beiden heilig – und ein minutiös geregelter Ablauf der Feier. Am frühen Nachmittag wird die prachtvolle Tanne geschmückt. Um fünf Uhr ist es dann Zeit, sich feierlich anzuziehen. Danach steht die Weihnachtsgeschichte auf dem Programm. Punkt sechs Uhr ist das Festmahl fertig, damit um sieben Uhr musiziert und gesungen werden kann.

Allein daran lässt sich erkennen, dass mein Vater seinen früheren Drang, stets etwas Neues auszuprobieren, mittlerweile völlig abgelegt hat. In dieser Beziehung ist er sogar festgefahrener als Marianne, die aus meiner Sicht auch für andere Dinge aufgeschlossen wäre.

Eines hat sich mein Vater aber aus den Achtundsechziger-

Zeiten bewahrt. Er kämpft immer noch für Gerechtigkeit und hat ein großes Herz für sozial schwach gestellte Menschen. In seinem Verlag nahm er auch einige verkrachte Existenzen auf und verschaffte ihnen einen gut bezahlten Job. Als Arbeitgeber kommt es ihm nicht nur auf optimale Leistung an, sondern auch auf eine harmonische Arbeitsatmosphäre und einen guten Teamgeist. Ich kenne nur ganz wenige, die so großzügig sind wie mein Vater. Bis vor einiger Zeit hing noch ein übergroßes Bild von Lenin in seinem Büro.

***

Viele Achtundsechziger- und Sannyas-Eltern wollten ihren Kindern ihre eigene Erfahrung einer autoritären Erziehung ersparen. In ihrem Kampf auf dieser Ebene des Systems verfielen sie jedoch ins andere Extrem. Sicher wollten sie nur das Beste für uns, aber es ist offensichtlich, dass ihr Handeln ganz überwiegend von einem starken Egoismus geprägt war, denn hinter dem Konzept der antiautoritären Erziehung steckten in Wahrheit auch Verantwortungslosigkeit und Gleichgültigkeit gegenüber den Bedürfnissen ihrer Kinder.

Dass ich als fünfjähriges Mädchen nachts während einer wilden Party in einem proppevollen, völlig verqualmten Zimmer einschlief, war sicher nicht gerade gesundheitsfördernd. Wie viele Achtundsechziger entschieden sich meine Eltern jedoch für die einfachste Form der Erziehung. Der Zauberspruch hieß »Laisser-faire« und wurde in fast allen Situationen angewandt.

Da ich selbst zwei Kinder habe, weiß ich, wie schwer es ist, sie gegen ihren Willen ins Bett zu bringen. Trotzdem versuche ich, hart zu bleiben, denn Kinder brauchen ausreichend Schlaf. Sie können noch nicht selbst beurteilen, was gut oder schlecht für sie ist.

Meine Eltern hatten da eine andere Auffassung; sie wählten immer die bequeme Lösung. Und wer weiß, wofür es gut war, denn ich hätte mit Sicherheit einen riesigen Aufstand gemacht, wenn sie mich damals während der Party wieder ins Bett geschickt hätten. Auf diese Weise waren wir alle glücklich, und das Fest konnte ohne Missstimmung weitergehen.

Manchmal wundere ich mich, in welchem Maß viele Eltern ihre Kinder behüten. Auf Schritt und Tritt rennen sie ihnen hinterher – in ständiger Angst, es könnte ihnen etwas zustoßen. Doch Unfälle lassen sich nun mal nicht ausschließen. Wir Kinder aus den siebziger Jahren trugen weder Fahrradhelme, noch waren wir im Auto angeschnallt; trotzdem war die Unfallrate nicht höher als heute.

Ich denke, eine gewisse Portion Lässigkeit kann in der Erziehung nicht schaden, wenngleich dies nicht ausschließt, dass sie sich zunehmend schwieriger gestaltet. Experten zufolge nimmt die Zahl der »Problemkinder« ständig zu. Vielleicht ist eine Ursache hierfür darin zu suchen, dass die meisten Kinder heute entschieden behüteter und verwöhnter sind als früher.

Viele Eltern haben ein Problem, und das heißt Inkonsequenz! Auch mir fällt es nicht immer leicht, konsequent zu bleiben. Aus Bequemlichkeit gebe ich gerne mal nach und ärgere mich später, dass mir meine Kinder nicht mehr gehorchen.

Auch wir Achtundsechziger-Kinder sind inzwischen Eltern geworden und wollen es natürlich besser machen. Doch statt unserer Intuition zu folgen, sind viele von uns auf Erziehungsberater angewiesen; noch nie gab es so viel Literatur über dieses Thema wie heute.

Weil die antiautoritäre Erziehung nicht funktioniert hat, heißt es nun wieder »Grenzen setzen« und »streng sein«. Gleichzeitig soll man aber »lieb und verbindlich« sein, denn das Kind könnte ja sonst Schaden nehmen. Die meisten Eltern schwanken heute zwischen Peitsche und Zuckerbrot und glauben, den richtigen Mittelweg gefunden zu haben. Dabei übersehen sie jedoch, dass diese »Wankel-Pädagogik« den Kindern die Orientierung erschwert.

Obwohl es meinem Sohn Jonas nicht an Geborgenheit mangelt und ich ihn auch möglichst geradlinig erziehe, fühle ich mich manchmal an meine Kindheit erinnert. Dann steht er genauso kontaktscheu in der Ecke wie ich früher und strahlt alles andere als Selbstsicherheit aus. Vieles scheint also doch genetisch bedingt zu sein. Und ich erkenne auch, dass ich meiner Mutter immer ähnlicher werde – dabei hatte ich mir als Kind geschworen, nie so zu werden wie sie.

Manchmal ertappe ich mich zum Beispiel dabei, dass ich meine Kinder aus den gleichen Gründen anschreie, wie mich meine Mutter früher angeschrien hat. Oder ich schicke meine Kinder genervt weg, weil ich meine Ruhe haben will, und registriere im gleichen Moment, dass mich genau dieses Verhalten bei meiner Mutter so sehr verletzt hatte. Durch meine bloße Existenz habe ich meine Mutter oft überfordert. Warum habe ich nur dieses Muster übernommen? Auch meine Kinder überfordern mich manchmal, dennoch versuche ich mich zusammenzureißen. Doch je mehr ich hierbei meinen Anspruch auf Perfektion umsetzen will, desto genervter werde ich und lasse meine Unzufriedenheit dann letztendlich wieder an meinen Kindern aus. Es ist ein Teufelskreis, aus dem ich nur schwer herauskomme.

Ich bin überzeugt, dass die fehlende Nähe zu meiner Mutter – besonders während meines ersten Lebensjahrs – zu einem erheblichen Mangel an Selbstvertrauen geführt hat. Ich war ein kontaktscheues und ängstliches Kind; was mir fehlte, war Halt. Ich konnte mich nie durchsetzen und fühlte mich lange minderwertig.

Mir erscheint es grotesk, dass die Achtundsechziger mit dem Konzept der antiautoritären Erziehung ihre Kinder fürs Leben stärken wollten. Bei mir hat es jedenfalls nicht funktioniert. Im Gegenteil, es hat viele Jahre gedauert, bis ich einen Hauch von Selbstbewusstsein entwickeln konnte, und es war ein einsamer Kampf. Heute fühle ich mich allerdings stark und habe so gut wie keine Ängste mehr. Aus Erfahrung weiß ich, dass es nach kritischen Phasen wieder aufwärts geht.

Lange Zeit hatte ich versucht, das ängstliche Kind in mir zu verdrängen. Als Erwachsene wollte ich stark sein und erkannte nicht, dass diese Stärke nur aufgesetzt war. Ich wurde hart und verbissen. Erst seit kurzem bin ich in der Lage, meine weiche Seite zu zeigen und meinen Schmerz zuzulassen. Dabei haben mir meine Kinder sehr geholfen. Längst habe ich begriffen, dass meine Stärke auch in der Schwäche liegt und dass ich nicht immer stark sein muss, um geliebt zu werden.

Mit grenzenloser Fantasie und unglaublichem Enthusiasmus hatten die Achtundsechziger eine Bewegung ausgelöst, die die Lebenskultur der Jugend ganz wesentlich veränderte. Sicher sind dabei auch viele Fehlentwicklungen eingeleitet worden, doch meine Generation hat von dem gesellschaftsverändernden Drang unserer Eltern sehr profitieren können. Der Kampf der Achtundsechziger gegen die verkrusteten Normen der Nachkriegsgesellschaft war zwar sehr von Egoismus bestimmt, aber insgesamt herrschte ein sehr ausgeprägtes Solidaritätsbedürfnis vor. Unsere Eltern hatten bei allen individualistischen Tendenzen ein gemeinsames Ziel: Sie wollten die Welt verbessern und schauten hoffnungsvoll in die Zukunft, die ihnen in leuchtenden Farben erschien. Mittlerweile hat sich eine unbarmherzige Ellenbogengesellschaft etabliert, die von Konkurrenz- und Leistungsdenken geprägt ist. Immer mehr Menschen sind in die Isolation getrieben und schauen einer ungewissen, trostlosen Zukunft entgegen. Während der Studenten- und Hippiebewegung sowie später bei den Sannyasins war das Streben nach Besitz verpönt; heute bemisst sich nach ihm mehr denn je der gesellschaftliche Status des Individuums. Menschlichkeit, Lebensfreude und gemeinsames Erleben bleiben immer mehr auf der Strecke.

Auch viele Kinder sind heute schon vom Konkurrenzdenken erfasst. Ich finde es sehr traurig, dass in unserer Gesellschaft der Narzissmus einen so hohen Stellenwert einnimmt; der Selbstverwirklichung und dem Ausleben individueller Bedürfnisse wird alles andere untergeordnet. Ich sehe, dass auch mein Sohn Jonas bereits in der ersten Klasse unter enormem Leistungsdruck steht. Daher möchte ich wenigstens versuchen, ihm im privaten Rahmen eine unbeschwerte Kindheit zu ermöglichen. Auch wenn meine Eltern bei meiner Erziehung vieles falsch gemacht haben, in einer Hinsicht haben sie aus meiner Sicht wirklich Großes vollbracht, denn ich verdanke ihnen meinen positiven Freigeist, auf den ich sehr stolz bin.

Dank

Dieses Buch zu schreiben ging auf eine Idee meines Mannes Markus zurück, der mir immer wieder Mut macht, an mich zu glauben und mich neuen Herausforderungen zu stellen. Dafür möchte ich ihm sehr herzlich danken.

Sandra Arango
Cornelia von Schelling

Rebellentochter

Freiheit habe ich nie gekannt

Mit 15 Jahren endet die Kindheit von Sandra Arango schlagartig, als ihr Vater, ein ranghoher Commandante, sie ins Ausbildungscamp der kolumbianischen Guerilla holt. Hier wird das Mädchen zur Kampfmaschine gedrillt. Grausame Einsätze und die Furcht vor drakonischen Strafen bestimmen ihr Leben. Dann wird Sandra schwanger – ein schwerer Verstoß gegen die Gesetze der Rebellen. Sie soll ihr Kind töten, doch sie beschließt, um sein Leben zu kämpfen …

Knaur Taschenbuch Verlag

Senait G. Mehari

Feuerherz

Es sah nicht so aus, als wäre Senait ein langes Leben bestimmt: Ihre Mutter setzte das Neugeborene in einem Koffer aus. Ihr Vater fürchtete, seine Familie nicht mehr ernähren zu können, und gab seine kleine Tochter in eine Rebellenarmee. Als Kindersoldatin wäre Senait um ein Haar von einer Granate zerrissen worden.
Ihre Kindheit war ein Albtraum. Dass sie ihn überlebte, grenzt an ein Wunder. Jetzt erzählt Senait ihre Geschichte – die Geschichte einer jungen Frau, die sich gegen ihr Schicksal stemmt und ihren eigenen Weg ins Leben sucht.

Knaur Taschenbuch Verlag